어나더미닝
another meaning of the word

NEWS ONLINE

어나더미닝

이런 뜻도 있었어?
누구나 다 아는 단어로 영어기사 읽기

ANOTHER
MEANING
OF
THE
WORD

긴기성 지음

생각비행

딕 체니Dick Cheney를 그린 영화 〈바이스Vice〉 도입부에 이런 말이 나옵니다. 세상이 점점 더 복잡해지면서, 사람들은 자신의 삶을 형성하고 변화시키는 거대한 힘은 보지 못한 채 바로 눈앞에서 일어나는 일에만 주목하는 경향이 있고, 가치를 인정받지 못하는 적은 임금에 많은 시간을 일해야 하는 현실에서 조금이라도 쉬는 시간이 생기면 정부, 정책, 로비, 무역협정, 세제법안 등 복잡한 분석이 필요한 일에 신경 쓰지 않으려 한다고 하죠. 그래서 부통령 딕 체니가 역대 아주 소수의 지도자만이 행사한 권력을 남용하며, 수많은 삶이 연루된 역사의 흐름을 영원히 바꿔 놓았어도 아무도 눈치채지 못했다고 말합니다.

우리가 당연시하는 민주주의는 아직도 미완이고, 사람들의 무관심 속에 어떤 일이 벌어질 수 있는지, 국정농단이라는 경험을 통해 우리도 터득했습니다. 일상의 아주 작은 부분까지 권력을 쥔 사람들의 결정에 좌우되기 때문에, 언제나 경계를 늦추지 않는 개개인의 노력이 필요하죠. 우리가 뉴스에 주목하는 까닭입니다.

트럼프가 DMZ에서 만나자고 한 제안에 김정은이 어떻게 반응했는지, 2020년 미국 대선 민주당 예비후보 TV 토론에서 조 바이든Joe Biden이 어떤 비난을 받았는지, 미국 남부 이민자 수용시설에서 아이들이 얼마나 비인도적인 대우를 받는지 등 전세계 소식이 내 휴대폰 안에 실시간으로 들어오는 요즘, 해외 언론이 전하는 뉴스를 직접 접하면 여러 장점이 있습니다. 국내 언론이 해설을 첨가해 전할 때까지 기다릴 필요 없고, 오역과 신빙성에 대한 논란을 직접 확인할 수 있으며, 대안적 시각을 접할 수 있어 관점이 확대되고, 근거자료 확보 능력으로 가짜뉴스를 선별할 안목이 생기죠.

우리나라와 마찬가지로 영어권 언론도 폭넓은 독자를 대상으로 하므로 언론사마다 기사 작성기준이 있고, 이에 따라 복잡하고 어려운 문제도 독자들이 쉽게 이해할 수 있게 해설하려고 합니다. 일반인에게 어려울 수 있는 정부정책이나 법안 등 전문적인 내용 역시 쉽게 풀어서 설명해 주고, 그래서 평이한 어휘, 길지 않은 문장, 단순한 문장 구조로 서술하는 편입니다. 어떤 영어 어휘전문가는 논평이나 특정 분야 전문 지식을 전하는 기사를 제외한 일반적인 뉴스를 읽는 것이 어휘력 향상에 도움이 안 된다고 말했을 정도입니다. 이런 영어기사라면 누구나 읽기를 도전해 볼 만하죠.

영어기사를 읽다 보면 이해가 안 돼 고개를 갸우뚱하는 때가 있습니다. 여러 원인이 있겠지만, 이미 알고 있는 단어인데 다른 뜻으로 쓰였을 때와 읽고 있는 기사에 대한 배경지식이 부족할 때, 아마 이 두 경우가 가장 흔할 듯합니다. 이 책은 이 두 가지를 설명하려 합니다.

　다들 알고 있는 단어지만 "이런 뜻도 있었어?"라고 의아해할 수 있는, 하지만 자주 쓰이는 '또 다른 의미another meaning'를 예문과 함께 설명하고, 이 단어가 등장하는 기사를 소개합니다. (오늘날 주요한 이슈와 관련된 단어를 선별하려고 노력했습니다.) 장기적으로 전개되는 주요 사건이나 문제는 계속 새로운 소식이 축적되기 때문에 큰 흐름을 파악하고 있지 않으면, 문장 자체가 해석이 된다 할지라도, 이해가 어려울 수 있습니다. 이 책은 전세계적으로 주요한, 우리에게도 영향을 미치는, 간과할 수 없는 문제에 대한 이해를 돕기 위해, 그 배경과 전개과정, 현재 상태에 이르기까지 포괄적으로 설명하려 노력했습니다. 이에 더해 연설문, 성명서, 대통령의 행정명령, 대법원 판결문 등 다양한 관련 글을 제시했고, 영어권 주요 언론사들도 간략히 소개했습니다. 영어기사 읽기에 조금이나마 도움이 됐으면 합니다.

Contents

NEWS

World | US Politics | Foreign Policy | Business | Culture | Environment | Immigration | Inequality | Brexit | Tech | More ▾

the full *import* of my words

'수입', '수입품'의 뜻이 있는 import는 '중요성importance'이라는 뜻도 있습니다. 또 '의미meaning'라는 뜻도 있죠. 특히 분명하게 표현되지 않거나not clearly expressed 즉각적으로 알 수 없는not immediately clear 함축된 의미나 취지를 뜻합니다. 이 경우 주로 the import of ~ 형태로 씁니다.

bring in(들여오다), imply(암시하다), mean(의미하다), be of consequence(중요하다)라는 뜻의 중세 라틴어Medieval Latin importare에서 비롯된 말로 중세 영어 후기에late Middle English 'signify(의미하다, 나타내다)'라는 뜻을 띠게 됐다고 합니다.

이해를 돕기 위해 import가 여러 의미로 쓰인 예를 모아봤습니다.

China's plan to impose a 25% tariff on **imports** of US soybeans
미국산 대두에 25% 수입관세를 부과하겠다는 중국의 계획

immigration reform, an issue **of great import** to many Hispanics
라틴계 대부분에게 중대한 문제인 이민개혁

Trump often makes false or misleading claims and the veracity
of these claims seems of little import to him.
트럼프는 종종 사실이 아니거나 오해의 소지가 있는 주장을 하고 이런 주장의 사실여부는 그
에게 그리 중요하지 않아 보인다.

Few readers understood the full import of this sentence.
이 문장의 의미를 완전히 이해한 독자는 거의 없었다.

The political establishment and most of the media have failed to
see the import of what he said.
정계와 대부분의 언론이 그가 한 말의 의미를 파악하지 못했다.

Ivanka Trump quoted Jane Goodall

도널드 트럼프Donald Trump가 대통령이 된 뒤 딸 이방카 트럼프the
first daughter Ivanka Trump가 《Women Who Work》이라는 책을 출간
했습니다. 자신의 패션브랜드 홍보를 위해 시작한 마케팅 캠페인
#WomenWhoWork에서 이름을 딴 이 책에는 영향력 있는 사람들
influential people의 리더십과 성공에 대한 조언이 담겨있다고 합니다.
그런데 이방카가 여기에 제인 구달Jane Goodall의 말을 인용해 화제가
됐죠.
  제인 구달은 침팬지 행동 연구분야 권위자expert on chimpanzee
behavior로 영장류 동물학자primatologist이자 인류학자anthropologist이
며, 유명한 환경운동가iconic conservationist입니다. 제인구달연구소Jane
Goodall Institute를 설립해 야생동물과 환경보존을 위해 활동하고 있고

to advocate for wildlife and conservation, 전 세계를 돌며 위기에 처한 환경을 보호하기 위한 행동을 촉구하고urging people to take action 있습니다. 유엔 평화대사UN Messenger of Peace로 위촉되기도 했죠.

구달은 도널드 트럼프가 대통령 후보였을 때부터 환경에 대한 트럼프의 시각에 비판적인 목소리를 내 왔습니다. 이방카가 책에 인용한 이들 중 트럼프 대통령에게 비판적인 태도를 보이는 몇 사람 중 한 명이라고 하는군요.

the full import of my words

이방카는 "우리의 행동이 변화를 가져오므로what you do makes a difference, 어떤 변화를 일으킬지what kind of difference you want to make 스스로 판단해야 한다"는 구달의 말을 인용했습니다. 행동이 미치는 영향의 중요성을 강조한 말로, 구달은 우리 모두가 세상을 변화시킬 수 있다고"We CAN change the world" 언제나 말해왔죠.

어떤 의도에서든 이방카 트럼프는 이 말을 자신의 책에 인용했고, 나중에 이 사실을 알게 된 구달은 언론사에 보낸 성명서에서in a statement 이방카가 자신이 한 말의 의미를 잘 유념하길 바란다며 "I sincerely hope she will take the full import of my words to heart"라고 했습니다. 또 환경을 위협하는 트럼프 행정부를 언급하며, 이방카가 아주 이로운 일을 할 수도to do much good, 아주 해로운 일을 할 수도to do terrible harm 있는 위치에 있다고 했습니다. 이방카 트럼프가 영향력 있는 자리에 있는 만큼, 그 권한을 자연을 보호하는 방향으로 선용하길 바라는 마음에서 후대를 위한 지구보존에 동참하길to "stand with us" to protect this planet for future generations 바란다고 했죠.

White House power couple, Javanka

아버지가 대통령이 된 뒤 이방카는 남편 재러드 쿠슈너Jared Kushner와 함께 백악관 선임고문senior White House advisers으로 일하고 있습니다. 워싱턴과는 거리가 멀었고, 정부 관련 경험이 전혀 없던no government experience whatsoever 30대 중반의 동갑내기 'Javanka' 부부가 adviser라는 직함을 단 지 2년이 넘었습니다.

트럼프 대통령의 사위the first son-in-law 재러드 쿠슈너는 트럼프 행정부 초기 미국과 해외 여러 나라를 잇는 가교 역할conduit을 하며 외교관계에서 모습을 드러냈습니다. 사우디아라비아 무기거래Saudi Arabia arms deal, 북미자유무역협정North American Free Trade Agreement, 마라라고Mar-a-Lago 리조트에서 있었던 시진핑 중국 국가주석Chinese President Xi Jinping과 트럼프의 첫 만남 등에 관여했다고 하죠. 《CNN》은 쿠슈너를 "Trump's secretary of everything"이라고 칭했고, 《폴리티코POLITICO》는 대통령의 신뢰를 받는 쿠슈너가 웨스트윙 내부 별도의 권력 중추로서separate power center in the West Wing '비공식 국무장관' 같은 역할을 한다며 "a shadow secretary of state"라고 표현했습니다. 하지만 트럼프 집권 2년 차에 들어서며 그의 모습이 뜸해졌고, 《BBC》는 트럼프 행정부 내에서 가장 비밀스러운 인물로 무슨 일을 하는지 모르겠다며 쿠슈너를 "silent adviser"라고 칭하기도 했습니다. 가족이 운영하는 회사가 연방검찰의 수사를 받거나 백악관 견제 세력과의 불화설이 나올 때마다 이따금 몸을 사려온 것으로 보이는 쿠슈너는, 유대인으로서 이스라엘 총리 베냐민 네타냐후와의 인맥family ties to the Israeli prime minister, Benjamin Netanyahu을 배경으로 트럼프 행정부 초기부터 중동 평화협상Middle East peace process을 맡아왔고, 최근에는 이민

CNN

Cable News Network의 머리글자를 딴 《CNN》은 24시간 뉴스를 방송하는 글로벌 멀티플랫폼 네트워크global multiplatform network입니다. 1980년, 미국 언론재벌 테드 터너Ted Turner가 하루 종일 뉴스만 방송하는 케이블 채널 《CNN》을 만드는데, 당시에는 최초의 24시간 뉴스 채널이었다고 합니다. 지금은 《MSNBC》, 《Fox News Channel》등도 24시간 뉴스를 방송합니다.

《CNN》은 AT&T가 소유한 글로벌 미디어 그룹 워너미디어WarnerMedia에 속합니다.

1995년 온라인서비스를 시작한 CNN.com은 US edition과 International edition으로 나뉘고, 기사에 관련 방송보도가 함께 제시되는 경우가 많습니다. 모바일앱에서도 실시간으로 업데이트 되는 기사와 함께 주요 뉴스 보도를 짧은 비디오 클립으로 시청할 수 있습니다.

트럼프와 CNN의 불화는 잘 알려져 있죠. 자신에게 불리한 보도를 한다며 취임 전부터 이미 CNN을 fake news라고 칭한 트럼프는, 백악관 출입기자 Jim Acosta와 공개적으로 설전을 벌인 뒤 그의 백악관 출입을 금지하기도 했습니다. 또 AT&T의 타임워너 인수에 부정적이었던 트럼프는 인수 조건으로 《CNN》의 매각을 요구했다고도 하죠.

▶ website: cnn.com

개혁immigration reform에도 뛰어들었다고 합니다.

《폴리티코》는 그가 지난 반세기 동안 미국이 풀 수 없었던 가장 까다로운 문제 두 가지two of the most stubborn problems를 야심차게 해결하려 한다며 "Jared Kushner's 2 missions impossible"이라고 표현했습니다. 쿠슈너는 자신의 정치적인 경험 부족을 오히려 자산으로 내세운다는데presenting his political inexperience as an asset 문제를 해결하는데 방해가 되는 선입관으로부터 자유롭기free of preconceived notions 때문이라고 한다는군요. 이스라엘·팔레스타인 분쟁Israeli-Palestinian conflict과 이민개혁 분야에서 산전수전 다 겪은 노장들battle-scarred veterans은 그의 유유자적한 자신감self-assurance에 깜짝 놀랐고, 파워포인트를 활용해 브리핑한, 세부사항이 극히 부족한woefully short on detail 그의 이민개혁안immigration plan은 'laughably simplistic(터무니없이 단순한)'이라는 조롱 섞인 비판을 받았다고 합니다.

쿠슈너는 2016년 6월, 민주당 대선후보였던 힐러리 클린턴Hillary Clinton에게 악영향을 끼칠 정보information damaging to Hillary Clinton를 가

진 러시아 관계자들과 트럼프타워Trump Tower in Manhattan에서 만난 트럼프 캠프Donald Trump's presidential campaign 측 사람들(도널드 트럼프 주니어Donald Trump Jr., 폴 매너포트Paul J. Manafort 등) 중 한 명으로, 이 회동Trump Tower meeting은 백악관 고문으로서 쿠슈너의 비밀취급 인가를 위한to obtain a security clearance 신원조회 중 밝혀졌다고 하죠.

백악관에서 업무를 시작한 뒤 엘리너 루스벨트의 전기Eleanor Roosevelt's biography를 열심히 읽었다는 이방카 트럼프는 백악관 홈페이지에 소개된 것처럼 교육, 가족, 여성의 경제적 권한 신장economic empowerment of women 등과 관련된 일에 주력하고 있다고 합니다. 보육비 세금공제child care tax credit, 유급 육아휴가paid family leave 등을 입법 논의로 이끌어 낸 것과 소위 'Ivanka Fund'라고 불리는 세계은행World Bank의 '여성기업가기금Women Entrepreneurs Finance Initiative' 설립에 관여한 것을 그의 성과로 보고 있습니다. 트럼프가 백악관에 입성한 2017년, 이방카는 《TIME》의 '가장 영향력 있는 100인TIME 100'과 《포브스Forbes》의 '가장 영향력 있는 여성 100인World's 100 Most Powerful Women'에 뽑히기도 했습니다.

《뉴욕타임스The New York Times》에 따르면, FBI와 CIA 등의 정보기관이 신원조회 과정에서 우려를 나타낸 쿠슈너와 이방카에게 최고 기밀취급 권한을 인가하라고to grant top-secret security clearances 트럼프가 백악관 비서실장 존 켈리White House Chief of Staff John Kelly에게 지시했다고"ordered" 합니다. 트럼프는 'nepotism(정실주의)'으로 보여지지 않게하려고 존 켈리를 압박했다고 하는데, 그의 거부로 결국 트럼프가 직접 개입해 인가가 났다고 하죠. 부riches의 대부분을 아버지에게 상속받았고, 자신의 사업체는 두 아들이 운영하고 있으며, 백악관에 딸과 사위가 근무하는 트럼프 대통령이 과연 nepotism이라는 말을 어떻게 피할 수 있을지 의문입니다.

How much influence does she have?

대통령 집무실Oval Office과 가장 가까운 사무실을 쓰는 재러드 쿠슈너, 백악관 실세Trump's all-around West Wing confidante로 원할 때면 언제든 대통령을 만날 수 있는 이방카 트럼프지만, 이런 최측근으로서 두 사람이 대통령에게 미치는 영향력은, 딱히 규정하기 애매한 그들의 역할ambiguous roles 만큼이나 확실하지 않은 듯합니다.

《폴리티코》기사에 따르면 트럼프와 마찬가지로 이전에는 주로 민주당을 후원한former Democratic donors 두 사람이 대통령 곁에서 선임고문으로 일하게 되자, 이들과 인맥이 있는 사람들은 이 부부가 즉흥적이고 충동적인 트럼프의 독주를 견제해exerting a moderating influence 그

이방카 트럼프   (사진 출처: White House)

결과가 정책에 반영되기를 바랐다고 합니다. 하지만 두 사람의 반대에도 트럼프는 파리협정Paris Agreement 탈퇴, 트랜스젠더 미군 복무 금지transgender military ban 등을 강행해 Javanka의 한계를limited influence 드러냈죠.

2017년 6월, 이방카는 〈폭스앤프렌즈Fox & Friends〉와의 인터뷰에서 자신은 정치에 관여하지 않으려고 한다며 "I try to stay out of politics"라고 말해 비난을 산 적이 있습니다. 미국 공영라디오 《NPR》의 한 논평은 웨스트윙에서 대통령 보좌관으로 일하며 정책 입안에 잠정적인 영향을 미치는 특별한 위치unique position potentially to influence policymaking에 있는 사람의 발언치고는 상식에서 벗어난다고 했습니다. 또 백악관에서 일하는 대통령 딸이 행정부로부터 독립성을 주장할 수는 없는 일이라며, 이방카가 여성공약을 내세우고 있지만 여성혐오적인 트럼프 행정부very misogynist administration를 보기 좋게 포장하는putting a pretty face 역할을 할 뿐이라고 비판한 한 여성주의 작가의 말을 전하기도 했습니다.

여성의 권리 주창자champion of women로 자리매김하려는 이방카지만, 이 작가의 의견에 동의할 수밖에 없는 사례를 여러 차례 제공했습니다. 백악관 내 여성의 복지와 관련된 사안을 대통령에게 조언하는 위원회White House Council on Women and Girls를 트럼프가 해산하게 내버려뒀고, 여권의 핵심이라 할 수 있는 재생산권reproductive rights에 대해서는 침묵으로 일관하고 있으며, 트럼프를 향한 수많은 성추행 의혹 multiple claims of sexual misconduct에 대해서는 이를 전면 부인하는 아버지의 말을 믿는다고 했습니다. 또 가족 격리 정책family separation policy 으로 부모를 따라 국경을 넘은 아이들이 엄마, 아빠와 떨어져 절규하던 때에 2살 난 아들을 다정히 안고 있는 사진을 트위터에 올려, 사리 판단을 못한다는 의미로 'tone-deaf'라는 말을 듣기도 했죠.

그래서인지 이방카를 향한 미국 여성의 시선은 그리 호의적이지 않다고 합니다. 2018년 7월, 《CBS뉴스》가 젊은 여성층을 겨냥한 온라인미디어 리파이너리29Refinery29와 함께 여론조사업체 유거브YouGov를 통해 조사한 바에 따르면, 미국 젊은 여성 대부분은 이방카를 그리 좋게 보지 않는다고to have a poor impression 합니다. 18~35세 여성을 대상으로 한 여론조사에서 18%만이 이방카에게 호의적favorable이었고, 46%가 비판적인unfavorable 시각을 드러냈으며, 59%가 아버지 트럼프에게 이방카가 그리 큰 영향을 미치지 못한다고 응답했다고 합니다.

앞서 언급한 《NPR》 논평은 오바마 행정부 백악관에서 고문으로 일한 티나 첸Tina Tchen의 의견도 실었습니다. 그는 백악관 참모의 역할은 대통령에게 가능한 많은 정보와 전문성을 제공하고, 대통령이 어떤 결정을 내리든 그것을 받아들이고 공개적으로 지지하는 것이라는 설명과 함께, 이방카를 너무 성급하게 평가해서는 안 된다고 했습니다. 정책의 방향direction of the policy은 궁극적으로 위에서부터, 즉 대통령으로부터 시작되지"it really starts with the president" 주변 보좌관들에게서 나오는 것이 아니라고 하면서 말이죠.

Javanka's outside income

트럼프가 김정은을 만나기 위해 싱가포르로 떠난 즈음, 백악관은 주요 관리들의 개인 재산 내역financial disclosure forms을 발표합니다. 이에 따르면 이방카와 쿠슈너 부부는 백악관에서 무보수로as unpaid senior advisers 일한 첫해에 적어도 8,200만 달러(발표 당시 약 880억 원)를 벌어들였다고 합니다. 부동산 개발자real estate developer인 재러드는 가족의 부동산회사 쿠슈너 컴퍼니Kushner Companies LLC 사업에서 주로 수익을 올렸고, 이방카는 자신의 이름을 딴 브랜드와 트럼프 인터내셔널 호텔Trump International Hotel 지분으로 수익을 올렸다고 합니다. 이방카의 경우 백악관에 들어오면서 그만둔 트럼프그룹Trump Organization으로부터 받은 200만 달러가 넘는 퇴직금severance pay과 저서《Women Who Work》에 대한 30만 달러에 가까운 선인세advance도 여기에 포함된다고 합니다.

이방카 부부는 백악관에서 공식 직함을 얻으며 경영 일선에서 물러났지만, 각종 사업과 관련된 소유권과 지분large stakes in businesses은 계속 유지하고 있다고 합니다. 백악관에 근무하며 외부에서 엄청난 수입을 벌어들이는 상황이어서extraordinary income flow 윤리 규정 위반 가능성possible ethics violations과 이해충돌conflicts of interest 논란이 지속적으로 대두됐습니다. 공적인 위치를 이용해 사적인 이익을 취할 수 있기 때문이죠.

potential conflicts of interests

트럼프가 대통령이 된 후 트럼프를 비롯해 그의 가족은 대통령직을 이용해 사익을 취한다는 의혹에서 언제나 자유롭지 못했습니다.

사업가 이방카는 자신의 이름을 딴 패션브랜드eponymous clothing and accessories line를 일궈왔는데, 브랜드 'Ivanka Trump'는 모든 상품을 해외 공장에서 생산해to produce exclusively in foreign factories 열악하고 값싼 노동력을 사용한다는 비난을 받았고, 이방카의 제품을 만드는 중국 공장의 노동착취 실태를 조사하던 활동가들이 (이례적으로) 체포되는 일도 있었습니다. 또 상표권 trademarks 획득과 관련해 의혹이 일기도 했죠. 전 세계적으로 많은 상표권을 보유한 이방카는 2018년 한 해 동안 중국에서 총 34건의 상표권을 승인받았다고 합니다. 그런데 상표 승인 과정에서 중국 정부로부터 특혜를 받았다는 의혹이 제기됐죠. 2018년 5월, 북한 및 이란 제재법 US sanctions on Iran and North Korea을 위반해 미국으로부터 강도 높은 제재를 받은 중국 통신장비업체 Chinese telecommunications giant ZTE에 대해 트럼프가 제재 완화 to ease sanctions 방침을 발표한 시점에 이방카가 신청해 둔 상표권이 최종 승인됐기 때문입니다.

이런 이방카의 이해충돌 의혹은 아버지의 대통령 취임식 때부터 이미 불거졌다고 합니다. 탐사보도 매체 《프로퍼블리카 ProPublica》가 2018년 12월 보도한 바에 따르면, 트럼프 당선인 president-elect의 취임식을 준비했던 취임준비위원회 58th Presidential Inaugural Committee가 취임식과 관련된 각종 행사에 워싱턴의 트럼프호텔 Trump International Hotel in Washington을 이용했고, 호텔이 행사장 대관료를 과다하게 청구해 overcharging for event spaces 트럼프 대통령이 자신의 취임식으로 수입을 올렸으며, 요금협상 과정에 이방카가 개입했다고 involved in negotiating the price for venue rentals 합니다. 트럼프호텔이 원래 요금보다 더 비싸게 more than the going rate 청구했다면 세법을 어긴 것으로 violation of tax law 볼 수 있고, 취임준비위원회가 모금한 자금이 트럼프그룹으로 흘러간 것은 부당이득undue enrichment이 될 수 있다고 했습니다.

트럼프 취임준비위원회는 전례 없는 엄청난 기금을 모금해 사용했는데raised and spent unprecedented amounts, 이전 모금액 중 최고였던 오바마 대통령 때의 2배에 달하는double the previous record set by Barack Obama 1억 700만 달러107 million dollars를 모금했다고 합니다. 《월스트리트저널The Wall Street Journal》은 위원회가 이 기금을 오용했는지misspent, 또 모금된 기금에 대한 정치적인 대가in return for political favors는 없었는지 뉴욕 연방검찰이 수사criminal investigation하고 있다고 보도했습니다.

《CBS》의 토크쇼 〈The Late Show with Stephen Colbert〉를 진행하는 스티븐 콜베어는 이 소식을 전하면서 군중을 통제crowd control하는 데 드는 비용도 없었을 텐데 어디에 그렇게 많은 돈을 썼는지 모르겠다고 우스갯소리를 했습니다. 트럼프 대통령의 취임식 이후 2009년 오바마 대통령 때와 비교하는 사진이 돌았는데, 확연히 적은 군중으로 화제가 됐죠. 이에 화가 난 트럼프는 대통령으로서 직무를 시작한 첫날 아침on the first morning of his presidency, 군중이 많아 보이게to make the crowd appear bigger 사진을 편집하라고 지시했다고 《가디언The Guardian》이 보도하기도 했습니다.

《CNN》은 취임준비위원회 뿐만 아니라 트럼프 대선캠프Trump campaign, 트럼프 인수위원회Trump transition team, 트럼프재단Trump foundation, 트럼프그룹Trump organization, 트럼프 행정부Trump administration 등 대통령이 된 지 2년도 안 되는 시점에 트럼프와 관련된 단체Trump entities 내부문이 수사를 받고 있다고 전했습니다.

《블룸버그Bloomberg》는 대선후보 시절 "Drain the swamp"리는 구호를 외치며 워싱턴의 부패를 없애겠다고cleaning up Washington 단언했던 트럼프가 본인은 물론이고 가족, 행정부 모두 이해충돌과 스캔들에 휩싸여 있다며, 이들이 받는 혐의allegation와 수사 상황을 모아 업데이트하고 있습니다. 〈Trump Team's Conflicts and Scandals: An Interactive Guide〉라는 제목으로, 혐의를 받는 사람들을 트럼프와 가족, 그가 공직에 지명한 인물Trump Appointees, 외부 고문Associates and Outside Advisers으로 분류해 얼굴 이미지와 함께 설명을 덧붙였습니다. 트럼프 자신과 두 아들Don Jr. and Eric, 사위 쿠슈너가 받는 혐의는 주로 권력형 축재self-enrichment이고, 이방카의 경우 이해충돌 의혹과 함께 중국으로부터 획득한 상표권 목록이 이어집니다. 트럼프가 임명한 인물 중 도덕성이 논란이 되고 있는 이들을 보면, 전 환경보호청장 스콧 프루잇former Environmental Protection Agency administrator Scott Pruitt, 교육부장관 벳시 드보스Education Secretary Betsy DeVos, 재무장관 스티븐 므누신Treasury Secretary Steven Mnuchin 등의 이름이 보이고, 트럼프가 백악관 국가안보보좌관으로 임명했던 마이클 플린former national security adviser Michael Flynn은 러시아 스캔들 수사와 관련해 미 연방수사국FBI 수사관들에게 거짓 진술lying to government officials을 하는 등 혐의가 무려 6개나 됩니다.

이방카는 그동안 많은 구설수에 오른 자신의 패션사업이 불매운동, 백화점 퇴출, 매출부진 등을 겪자 백악관에서의 역할에 전념하겠다며 2018년 7월, 사업을 접기로shutting down her namesake fashion company 합니다. 하지만 이후에도 해외에 신청해둔 상표권은 계속 획득하고 있다고 합니다.

트럼프는 2018년 12월, 뉴욕주 검찰이 소송을 제기한 트럼프재단 Donald J. Trump Foundation을 해체하기로to dissolve under judicial supervision

합의합니다. 뉴욕에 위치한 트럼프재단은 원래 트럼프의 책《거래의 기술Trump: The Art of the Deal》의 수익금을 기부할 자선목적charitable causes으로 만들어졌다고 합니다. 하지만 트럼프가 자신의 사업과 관련된 소송 합나 선거운동에 기금을 전용하고, 마이애미 골프 리조트에 걸릴 자신의 초상화six-foot oil portrait of himself를 사는데 1만 달러를 쓰는 등 재단을 마치 개인 저금통personal piggy bank처럼 이용했다고 합니다. 뉴욕주 법무장관 바버라 언더우드New York Attorney General Barbara Underwood는 수년간 정규직원 한 명 없이 운영하며 재단 기금을 제대로 관리하지 않아failing to properly supervise the foundation's assets 수탁자 책임fiduciary responsibilities을 다하지 못했다며 트럼프와 함께 세 자녀(도널드 트럼프 주니어, 에릭, 이방카)도 기소했습니다.

tremendous power to inflict untold damage

대통령인 아버지가 올바른 선택을 하도록 이방카가 보좌하기보다는 이해충돌의 중심에 서 있던 사이, 제인 구달의 우려는 현실이 됩니다.

트럼프가 대통령이 된 직후 구달은 자신의 홈페이지에, 트럼프가 대선후보였을 때와는 생각을 달리해, 이제 겨우 10살인 그의 아들이 살아갈 지구를 살리는 방향으로 대통령의 막강한 권력tremendous power을 사용하길 바란다고 썼습니다. 동시에 그 권력이 엄청난 해를 입힐 수도to inflict untold damage 있다고 했죠.

하지만 트럼프는 대통령이 되자마자 기후변화에 대응하려는 오바마 행정부의 노력을 무산시키는 포괄적인 행정명령에 서명하며 선거공약을 지켰다고 공언했습니다. 이후 트럼프는 지구온난화를 악화시키는 방향으로 환경정책을 이끌어 왔습니다. 파리협정 탈퇴를 선언했고, 친기업적 반환경론자들을 환경과 관련된 요직에 앉혀 각종 환경 규제를 풀게 했으며, 보호구역을 지정할 수 있는 대통령의 권한을 이용해 오히려 보호구역을 축소했고, 이렇게 확보한 땅에서 화석연료를 채굴하게 했습니다. 기후변화를 가속화한 트럼프의 정책에 대해 앞으로 더 자세히 살펴보겠습니다.

이번에 다룬 내용과 관련된 기사를 아래 추천합니다.

 You might want to read (or watch) this

CNNMoney
<Jane Goodall has some advice for Ivanka Trump>
By Jill Disis (2017.5.2.)

The Washington Post
<Ivanka Trump quoted Jane Goodall, who responded with a plea: 'Stand with us'> By Samantha Schmidt (2017.5.3.)

CNN
<Trump's Secretary of Everything: Jared Kushner>
By Kevin Liptak (2017.4.4.)

Politico
<Kushner shares Jerusalem embassy spotlight>
By Annie Karni (2018.5.10.)

Politico
<Inside Jared Kushner's 2 missions impossible>
By Eliana Johnson, Burgess Everett (2019.5.13.)

BBC
<Jared Kushner: What does Trump's son-in-law do now?> (2018.3.18.)

The New York Times
<Trump Ordered Officials to Give Jared Kushner a Security Clearance>
By Maggie Haberman, Michael S. Schmidt, Adam Goldman, Annie Karni
(2019.2.28.)

Vanity Fair
<Trump Overruled His Staff to Give Ivanka Access to Top-Secret Intelligence>
By Tina Nguyen (2019.3.6.)

The New York Times
<Ivanka Trump Has the President's Ear. Here's Her Agenda.>
By Jodi Kantor, Rachel Abrams, Maggie Haberman (2017.5.2.)

Politico
<Ivanka and Jared find their limits in Trump's White House>
By Annie Karni, Eliana Johnson (2017.7.30.)

Fox News
<Ivanka Trump: 'I try to stay out of politics'>
By Cody Derespina (2017.6.26.)

NPR
<Ivanka Trump Isn't Just Any White House Staffer But How Much Influence Does
She Have?> By Vanessa Romo (2017.7.2.)

Newsweek
<Young Women Dislike Ivanka Trump and Think She Can't Sway the President:
Poll> By Jessica Kwong (2018.8.13.)

The Washington Post
<Jared Kushner and Ivanka Trump made at least $82 million in outside income
last year while serving in the White House, filings show>
By Amy Brittain, Ashley Parker, Anu Narayanswamy (2018.6.11.)

The Atlantic
<Organizations Call Out Ivanka Trump Brand Over Labor Scandal>
By Aria Bendix (2017.5.31.)

NPR
<China Detains Activist Investigating Factory Making Ivanka Trump Shoes>

By Anthony Kuhn (2017.5.31.)

BBC
<Ivanka Trump wins trademarks for products in China> (2018.5.29.)

The Guardian
<Ivanka Trump to close fashion brand amid consumer backlash>
By Dominic Rushe (2018.7.24.)

ProPublica
<Trump's Inauguration Paid Trump's Company — With Ivanka in the Middle>
By Ilya Marritz, WNYC, Justin Elliott (2018.12.14.)

The Guardian
<Trump inauguration crowd photos were edited after he intervened>
By Jon Swaine (2018.9.6.)

CNN
<Trump entities at the focus of at least 6 investigations> (2018.12.15.)

Bloomberg
<Trump Team's Conflicts and Scandals: An Interactive Guide>

Bloomberg
<No One Wanted Trump's Portrait So His Charity Had to Buy It, Lawyer Says>
By Erik Larson (2018.10.26.)

Quiz Fill in the blank

New York Governor Andrew Cuomo slammed Trump over bomb tweet, saying "I don't think he's ever fully appreciated the i_____ of the office, and the i_____ of his position."

뉴욕 주지사 앤드루 쿠오모는 트럼프의 폭탄 관련 트윗을 맹비난하며 이렇게 말했다. "트럼프는 대통령 직과 자신의 위치가 지니는 의미를 한 번도 제대로 이해한 적이 없는 것 같소." ◀ 2018년 10월, 중간선 거를 앞두고 민주당 고위 인사들과 《CNN》에 폭발물 소포가 잇따라 발송되는 사건이 일어나자 트럼프가 "Bomb stuff"로 공화당이 선거운동에 타격을 받았다고 올린 트윗을 비난한 말

import, import

NEWS

World | US Politics | Foreign Policy | Business | Culture | Environment | Immigration | Inequality | Brexit | Tech | More ▾

by the authority *vested* in me

'조끼sleeveless garment'를 뜻하는 vest는 동사로 '주다to give, 부여하다 to bestow'는 뜻이 있습니다. 누군가에게 어떤 권리나 권한particular authority, right or power을 부여하거나 부동산 등의 소유권property rights 을 법적으로 누군가에게 귀속한다는to belong legally 의미로 전치사 in 이나 with와 함께 쓰입니다.

형용사 vested는 어떤 법적 권리나 혜택legal right, benefit, or privilege 이 완전히 보장된fully guaranteed 상태인 '소유가 확정된', '기득의'라는 뜻이 있고, vested interest는 '기득권, 이권' 또는 '기득권자'를 뜻합니다. 미국의 기업연금제도 401(k)나 스톡옵션employee stock option처럼 근무기간 등 일정 조건을 충족해 회사가 적립한 재원이나 자사주에 대한 소유권을 부여받는 것을 vesting이라고 합니다.

이해를 돕기 위해 vest가 여러 의미로 쓰인 예를 모아봤습니다.

Yellow Vests' Reactionary And Populist Traits Not Just a French Problem

〈노란 조끼 시위의 반동적이고 포퓰리즘적인 특성은 프랑스만의 문제가 아니다〉 (Irish Times / Lara Marlowe / 2019.1.14.)

an enormous proportion of property vested in a few individuals

소수의 개인에게 귀속된 막대한 부

congressional committees vested with the authority to hold hearings and conduct investigations

청문회를 열고 수사를 진행할 권한이 있는 의회 위원회

He was laid off just before he became fully vested in the corporate pension plan.

그는 기업연금 수급 자격을 모두 갖추기 직전 해고 됐다.

a well-financed and constant campaign by vested interests to develop and spread misinformation about climate science

기후과학에 관한 잘못된 정보를 양산하고 퍼뜨리기 위해 기득권자들이 많은 자금을 들여 지속적으로 펼치는 캠페인

"All legislative Powers herein granted shall be vested in a Congress of the United States, which shall consist of a Senate and House of Representatives." (Article 1, Section 1 of the United States Constitution)

"이 헌법이 부여한 모든 입법 권한은 미국 연방 의회에 속하며, 의회는 상원과 하원으로 구성된다." (미국 헌법 제1조 제1절)

Trump's environmental rollbacks

대통령에게 부여된, 특히 초강대국인 미국 대통령에게 부여된 권한으

로 할 수 있는 일은 전세계에 지대한 영향을 미칠 수 있습니다. 지구환경이 인간에 의해 위태로워진 지금, 이런 현상에 주도적인 역할을 한, 또 하고 있는 선진국의 환경정책은 현상태를 개선할 수도, 악화시킬 수도 있습니다. 지구온난화의 실질적인 위협을 인정하며acknowledging the real threat of global warming 처음으로 "climate president"라고 불린 오바마Barack Obama는 기후변화를 억제하려는 환경정책을 시행했고, 인간에 의한 기후변화를 부인하는 트럼프는 오바마의 정책을 다시 제자리로 돌려놓고to roll back Obama-era environmental policies있습니다. 같은 사안에 대해 정반대 결정을 내리면서 똑같이 '국익national interest'이라고 칭하는, 가치관이 서로 다른 대통령이 그들에게 주어진 권한을 행사함으로써 지구환경이 어떻게 달라질 수 있는지 한번 살펴보죠.

climate change is "a hoax"

트럼프는 오래 전부터 기후변화가 날조라며 "hoax"라고 했고, 지구온난화는 중국이 미국 제조업의 경쟁력을 떨어뜨리기 위해"to make US manufacturing non-competitive" 만들어낸 개념이라고 했습니다. 2018년 10월에도 《CBS》 시사프로그램 〈60분60 minutes〉에 출연해 기후가 변하고 있지만 다시 제자리로 돌아올 것이고"it'll change back again", 기후변화가 인간에 의한 것이 아니며"I don't know that it's manmade", 기후변화를 주장하는 과학자들은 정치적인 의도를 가지고 하는 말이라고"they have a very big political agenda" 했습니다.

트럼프와 같은 사람을 climate skeptic 또는 climate change skeptic (기후변화 회의론자)이라고 부릅니다. 기후변화에 관한, 특히 인간이 유발한 기후변화에 관한 과학적인 견해scientific opinion를 의심하거나 부인하는 '기후변화 회의론climate change skepticism / climate change denial'적인 생각을 가진 사람을 말합니다.

기후변화는 지구 온도와 기후 패턴global temperatures and weather patterns이 장기간에 걸쳐 변화하는 것long-term change을 뜻하지만, 오늘날에는 18세기 산업혁명industrial revolution 이후 인간활동의 결과result of human activity 발생한 지구온난화의 영향effects of global warming을 나타내는 말로 주로 쓰입니다. 명확한 의미 전달을 위해 human-induced, human-caused, man-made, anthropogenic(인간활동에 의한) 등이 climate change 앞에 붙기도 합니다. 산업혁명 이래 화석연료 연소burning fossil fuels, 산림파괴deforestation, 영농 근대화modern farming practices 등으로 이산화탄소(CO_2)carbon dioxide, 메탄methane, 아산화질소(N_2O)nitrous oxide 등 온실효과를 일으키는 온실가스가 지구대기에 증가하면서 지구 표면 온도는 계속 상승했습니다. 많은 과학자와 전문가가 참여해 기후변화를 객관적이고 과학적으로 평가하는assessing the science related to climate change 유엔 산하 '기후변화에 관한 정부 간 협의체(IPCC)International Panel on Climate Change'는 2013년 보고서에서, 대기 중 이산화탄소 농도atmospheric carbon dioxide concentration가 산업혁명 이후 40% 증가해 지구 온도가 1℃ 증가했다고 발표했습니다.

National Climate Assessment

대표적인 climate skeptic인 트럼프는 기후변화를 그냥 두면 미국 경제가 막대한 손해를 입을 것이라고 경고한, 자신의 행정부가 내놓은 보고서도 믿지 않는다고 말했습니다.

2018년 추수감사절 다음날 조용히 발표된 미국 국가기후평가보고서National Climate Assessment는 기후변화 때문에 미국이 매년 수천억 달러를 소비하고 수천 명씩 목숨을 잃게 될 것이라고 전망했습니다.

미국에서는 지구온난화와 관련된 문제 연구를 의무화한 지구변화연구법Global Change Research Act이 1990년 제정됐고, 이에 따라 13개 정부 기관이 협력해 4년마다, 기후변화가 환경, 경제, 건강, 안전 등에 미치는 영향을 조사한 결과를 발표한다고 합니다. 2000년에 첫 보고서가 나온 이래 네 번째 보고서가 2017년과 2018년, 두 번에 걸쳐 발표됐습니다. 2017년 발표한 보고서는 지구온난화가 인간에 의해 야기됐다는 연구결과가 중심 내용이고, 2018년 보고서는 기후변화가 미국 사회 분야 전반에 미칠 잠재적인 영향potential impacts of climate change을 서술하고 있습니다. 실질적이고 지속적인 노력 없이는 기후변화가 미국의 인프라와 부를 좀먹고 미국의 경제성장을 방해할 것이라는 전망과 함께 기후변화로 미국 경제가 입게 될 손해economic damages를 수치화했다고 합니다. 또 극단적인 기후가 사회경제적 불평등을 악화시킬 거라는to exacerbate existing social and economic inequalities 내용도 담고 있다고 합니다.

이런 연구결과를 블랙프라이데이Black Friday에 발표해 기후변화의 심각성을 대단치 않은 것으로 치부하려는to downplay the dire findings 의도가 아니냐는 의심을 산 트럼프 행정부는 'America First Energy Plan'을 밀고나가며 기후변화를 가속화하고 있습니다.

the America First Energy Plan

"Less regulation, more drilling"이라는 말로 대변되는 트럼프의 에너지정책 'America First Energy Plan'은, 유가 변동에 취약할 수밖에 없

는 대외 에너지 의존dependence on foreign oil에서 벗어나기 위해 미국의 에너지자원을 최대한 활용해 에너지자립energy independence을 이룬다는 계획입니다. 이를 위해 자국 내, 특히 보호구역으로 묶인 연방정부 토지에서 석탄coal, 석유oil, 천연가스natural gas, 셰일shale 등 화석연료 추출domestic fossil fuel extraction을 확대해 일자리를 창출하며 사양길에 접어든 석탄산업을 되살리고, 이렇게 하는 데 걸림돌이 되는 오바마 행정부의 이른바 "job-killing" 환경정책을 무효화하고 각종 규제를 철폐한다는 게 주요 포인트입니다.

석탄화력발전소coal-fired power plants 폐쇄는 물론이고 탈원전nuclear power phase-out까지 추구하며 지속가능에너지 혁신sustainable energy innovation을 통한 재생에너지renewable energy 비율 100%가 목표로 대두되고 있는 지금, 전세계 이산화탄소 배출량 2위를 자랑하는 강대국의 에너지 정책치고는 대단히 시대착오적인 역행이라 하지 않을 수 없습니다. 트럼프가 대통령 권한을 앞세워 송유관 건설 재개, 환경규제 완화 및 해제, 보호구역 축소 등을 추진하는 사이 에너지생산과 밀접히 관련된 환경과 생태계는 다시 위협받게 됐습니다.

Executive Order

대통령이 되자마자 환경 관련 규제를 조금씩 풀어온 트럼프는 2017년 3월 28일, 기후변화에 대처하기 위해 마련된 규제climate change regulations를 대대적으로 완화·폐지하는 행정명령executive order에 서명합니다.

미국 헌법US Constitution과 법률statutory law이 대통령에게 부여한 권한powers vested in the president에 따라 대통령이 서면이나 구두로

written or oral 발동하는 지시나 선언instruction or declaration을 'executive action(행정조치)' 또는 'presidential directive(대통령령)'이라고 하며, 가장 대표적인 두 가지가 'executive order(행정명령)'와 'presidential proclamation(포고령)'입니다.

행정명령은 법적 효력force of law을 지니며 연방정부 운영operations of the federal government에 적용된다고 합니다. 대통령이 의회를 거치지 않고 자신의 뜻을 행사하는 행정명령은 발동 즉시 효력이 발생하지만, 그 내용이 헌법에 어긋나거나not supported by the Constitution 대통령의 권한을 넘어선다고to exceed the authority of the president 여겨지면 소송이 제기될 수 있습니다. 트럼프는 집권 2년 동안 85건이 넘는 행정명령을 발동했습니다. 모든 행정명령은 백악관 홈페이지에 가면 볼 수 있습니다.

행정명령은 다음과 같이 시작합니다.

By the authority vested in me as President by the Constitution and the laws of the United States of America, ...

앞서 살펴본 단어 vest가 쓰인 대표적인 예라고 할 수 있죠. 대통령이 명령을 내리면서 '미합중국의 헌법과 법률이 대통령인 나에게 부여한 권한에 따라'라며 근거를 대고 있습니다.

the Energy Independence Executive Order

백악관 입성 후 환경보호청(EPA)Environmental Protection Agency을 처음 찾은maiden visit 자리에서, 석탄 노동자들을 둘러 세우고flanked by coal miners '석탄과의 전쟁war on coal'을 끝내겠다며 트럼프가 서명한 행정명령은 〈Presidential Executive Order on Promoting Energy Independence and Economic Growth〉라는 제목을 달았습니다. 에너지자립과 경제성장을 도모한다고 했지만 석탄산업 되살리기와 환경보호를 위한 전임 정부의 정책 폐기가 주요 내용입니다.

서명 전 연설에서 트럼프는 결코 깨끗하다고 할 수 없는 석탄을 의도적으로 "clean coal"이라고 반복해서 말하는 전략을 구사합니다. 화석연료, 그 중에서도 석탄을 에너지원으로 사용하면 대기와 수질을 오염시키고 지구온난화를 심화하는 등 건강과 환경에 악영향을 미칩니다. 미국의 환경·소비자단체인 《그린아메리카Green America》는 석탄이 왜 dirty energy source인지 다음과 같이 설명합니다.

석탄화력발전소는 다른 어떤 에너지원보다 에너지 발전 단위당 가장 많은 온실가스를 배출하는데, 2015년 미국 에너지정보국(EIA)US Energy Information Administration의 자료에 따르면, 미국의 전기생산 에너지원 중 석탄이 33%를 차지했습니다. 그래서 석탄화력발전소가 온실가스 배출 감소를 위한 노력의 주타깃이 됐죠. 대기 및 수질 오염 측면에서 보면, 석탄연소coal combustion 시 발생하는 이산화황sulfur dioxide과 질소산화물nitrogen oxides은 물, 산소와 화학반응해 산성비acid rain를 만들고, 이 산성비는 건물과 구조물을 부식시키고 담수 환경을 산성화해to acidify freshwater environments 수중 생태계를 파괴한다고damaging aquatic ecosystems 합니다. 연소과정에서 불연성 재fly ash 형태로 배출되는 초미세먼지fine particulate matter는 호흡기를 통해 폐에 침투해 폐암lung cancer 등 폐질환pulmonary diseases을 일으킬 가능성이 높은데, 이 사실은 한국인이 더 잘 알고 있을 듯합니다. 석탄은 채굴과정process of

지구온난화를 억제하기 위해 화석연료의 단계적 퇴출fossil fuel phase-out 운동을 벌이는 독일의 시민단체 '엔데 게렌데Ende Gelände(더 이상 물러날 곳이 없다)'의 2016년 시위. 탄광을 막아선 환경운동가들이 'Keep it in the ground(땅속에 묻어 둬)'라는 문구를 펼쳐 놓았다.　(사진 출처: Rikuti)

extraction과 발전소 폐기물 처리과정handling of waste products에서도 물을 오염시킨다고 합니다. 선천적 기형birth defects, 생식장애reproductive disorders, 신경손상neurological damage, 학습장애learning disabilities 등을 유발하는 유독성 화학물질toxic chemicals과 중금속heavy metals이 함유된 발전소 폐기물이 제대로 관리·보관되지 않고 침출해 토양과 지하수를 오염시킨다고 합니다.

이런 석탄을 "really clean coal"이라고 칭하고, 옆에 서 있는 광부들에게 "You're going back to work"라고 인심 좋게 말하며 트럼프가 서명한 행정명령의 지시사항은 다음과 같이 시작합니다.

Section 1. Policy. (a) It is in the national interest to promote clean and safe development of our Nation's vast energy resources, while at the same time avoiding regulatory burdens that unnecessarily encumber energy production, constrain economic growth, and prevent job creation. ...

미국의 방대한 에너지자원의 깨끗하고 안전한 개발을 장려하는 동시에 에너지 생산과 경제성장, 일자리 창출을 막는 불필요한 규제에서 벗어나는 것이 국익이라고 했습니다. 하지만 전문가들은 이 행정명령의 주요 내용이 환경규제 철폐이기 때문에 clean and safe와는 거리가 멀다고 했습니다.

'재고하다', '수정하다', '유예하다', '폐지·철회하다'는 의미인 review, amend, revise, suspend, revoke, rescind, withdraw, lift 등이 계속해서 눈에 띄는 이 행정명령이 철폐하려는 규제는 대개 오바마 행정부 때 도입된 것입니다. 그래서 이를 두고 《가디언The Guardian》은 '오바마가 남긴 기후변화 유산Barack Obama's climate change legacy에 대한 트럼프의 총공세all-out assault'라고 했고, 《워싱턴포스트The Washington Post》는 'a wholesale rebuke of Obama's environmental efforts(오바마의 환경보호 노력에 대한 전면적인 견책)'라고 했습니다. 《뉴욕타임스The New York Times》는 트럼프가 전임 정부의 탄소 감축 노력에 부합할 의도가 전혀 없음을 분명히 보여줬다며, '기후변화에 대한 부인denials of climate change을 국가정책national policy으로 바꾸어놓았다'고 했습니다.

기후변화 위협에 대처하기 위해 마련한 전반적인 틀을 허무는 이 광범위한 행정명령에서 트럼프가 주요 공격 대상으로 삼은 것은, 석탄산업과 밀접한 관련이 있는 클린파워플랜(CPP)Clean Power Plan입니다.

　오바마 대통령 기후변화 아젠다의 핵심인 CPP는 전력발전electrical power generation으로 배출하는 이산화탄소를 줄이기 위한 계획으로, 오바마 행정부 시기 환경보호청(EPA)은 2030년까지 미국 발전소의 탄소 배출을 2005년 대비 32% 감축한다는32% below 2005 levels by 2030 목표를 세웠습니다. 이를 실현하기 위해 석탄화력발전소coal-burning power plants 폐쇄 및 신규 발전소 건설 중단 등 석탄발전소의 탄소 배출 감축에 집중하며, 재생에너지 사용과 에너지절약energy conservation을 도모한다는 계획이었죠.

　미국 산업에 치명적인"crushing attack on American industry" CPP만큼 석탄 광부들과 에너지 기업을 위협하는 것은 없을 거라며 이를 재고하라고 명한 트럼프는, 오바마 행정부의 국유지 내 석탄 채굴 금지federal land coal leasing moratorium도 해제하겠다고 했습니다. 하지만 값싼 천연가스에 밀려 석탄 수요가 줄고 있기 때문에, 규제보다는 시장원리market principle에 의해 역풍을 맞은 석탄산업을 부흥해 일자리를 창출하겠다는 트럼프의 의도는 그리 현실적이지 않다고 언론은 보도했습니다.

　《가디언》은 수압파쇄공법hydraulic fracturing인 프래킹fracking 기술 발달로 천연가스 가격이 떨어지면서 석탄이 경쟁력을 잃었고, 2011년부터 2016년까지 채탄업coal mining industry 일자리가 약 6만 개 사라졌다는 정부발표를 언급했습니다.

　《파이낸셜타임스Financial Times》는 이미 2008년부터 값이 대폭 하락하기 시작한 천연가스가 석탄을 대체했다며, 기존 석탄화력발전소의 메가와트시당per megawatt hour 전기생산 비용이 천연가스발전보

FINANCIAL TIMES

《파이낸셜타임스》는 비즈니스와 경제 뉴스를 전문적으로 다루는 영국 일간지입니다. 1888년에 창간된 오랜 전통의 세계적인 권위지로, 금융의 중심지 런던에 이어 뉴욕 월가에서도 주요 경제신문으로 자리잡았습니다. 2015년 영국의 교육·출판 그룹 피어슨Pearson으로부터 일본 경제일간지 닛케이(니혼게이자이신문)에 매각됩니다.
살구색 종이가 특징인 《파이낸셜타임스》는 홈페이지도 이 바탕색을 사용합니다. 온라인 기사는, 유료 회원이 아닌 경우, 설문조사에 응하면 읽을 수 있습니다.

▶ website: www.ft.com

다 31% 더 든다는 에너지정보국(EIA)의 2015년 자료를 언급했습니다. 또 2010년부터 250곳이 넘는 석탄화력발전소가 문을 닫았다며, 환경규제에 따라 오염물질 배출 저감장치를 갖추는 것이 채산성이 없어uneconomic to fit equipment to cut emissions 낙후된 석탄발전소가 문을 닫기도 하지만, 이런 규제가 없더라도 석탄발전이 상업적으로 매력적이지 못하기 때문에 천연가스나 재생에너지 등 더 저렴한 에너지원으로 옮겨갈 수밖에 없는 상황이라고 말하며, 석탄산업을 되살린다는 트럼프의 의도가 석탄산업의 하향세를 약간 늦을 수는 있어도 광부들의 일자리를 다시 찾아줄 수는 없을 거라고 했습니다.

온라인매체 《악시오스Axios》는 트럼프가 대통령에 당선됐을 때처럼 이 행정명령으로 석탄주coal stocks가 잠깐 오르기는 하겠지만, 그 외에 주목할 만한 성과는 거두지 못할 거라고unlikely to have an oversized effect 했고, 트럼프의 환경규제 폐지를 반긴 《월스트리트저널The Wall Street Journal》도 석탄에서 이미 멀어진 발전산업 동향은shift away from coal power 앞으로 계속 될 거라고 했습니다.

전 뉴욕시장이자 유엔기후행동 특사UN Special Envoy for Climate Action인 마이클 블룸버그Michael Bloomberg도 트럼프의 행정명령에 대한 의견을 밝혔는데, 기후변화와 공공보건을 위한 상식적이고 일반적인 규제를 폐지한다고 해서 석탄산업을 되살리거나 광부들이 모두 일자리로 돌아가지는 못할 것이라며, 더 깨끗한 형태의 에너지가 증가하게 된surge in cleaner forms of energy 근본적인 이유는 소비자들의 선호consumer preferences와 기술적인 진보technological advancement가 반영된 시장의 힘market forces이라고 했습니다.

이렇게 현실성이 떨어지는 트럼프의 정책이 재생에너지산업renewable energy industry에서 미국의 주도권을 위협한다는 해석도 나왔습니다. 《워싱턴포스트》는 청정에너지기술clean energy technology 발달로 태양광 및 풍력solar and wind power 발전비용이 저렴해지면서 중국, 인도 등도 재생에너지 개발에 주력하고 있고, 재생에너지 시장에서 점유율market share과 기술적인 주도권technological leadership을 두고 미국 기업들이 외국 기업, 특히 중국과 경쟁하는 상황에서 트럼프가 친화석연료정책을 내놓았다고 했습니다. 기후변화 대처와 거대 청정에너지 시장에서 미국이 주도권을 잃게 됐다는 생각은 몇 달 뒤 트럼프의 파리협정Paris Agreement 탈퇴 선언으로 더 확실해 졌고, 그래서 언론은 이 행정명령을 트럼프의 파리협정 탈퇴 신호탄opening shot으로 봤습니다.

에너지와 환경에 있어 세계적인 추세에 역행하는 트럼프의 생각은 미국민 대다수와도 일치하지 않는다고 합니다. 《뉴욕타임스》는 대부분의 미국인이 지구온난화를 믿고, 탄소배출감축 필요성에 공감한다고 전했습니다. 예일대 산림환경대학원School of Forestry & Environmental Studies 산하 연구소Yale Program on Climate Change Communication가 실시한 여론조사에 따르면 미국인의 75%가 탄소 오염 규제에 찬성한다고 to favor regulating carbon pollution 합니다. 트럼프 지지층이 많은 주와 석탄 생산량이 많은 주에서도 석탄발전소의 이산화탄소 배출을 더 엄격하게 규제하길 원하며, 트럼프 지지자의 62%가 지구온난화를 일으키는 오염물질 배출을 규제하거나 이런 행위에 세금을 매기기를taxing or regulating carbon pollution 원한다고 합니다.

자국민의 견해와도 반하는 트럼프의 행정명령에는 이산화탄소보다 온실효과trapping heat in the atmosphere가 강한 메탄가스에 대한 규제를 재고하라는 내용review of methane rules과 환경규제의 근거가 되는 탄소의 사회적 비용social cost of carbon 산출 방식을 재고하라는 내용도 담겨 있습니다.

이렇게 환경과 건강에 치명적인 영향을 미칠 행정명령을 막기 위해 무효화 소송legal challenges이 이어질 것으로 예상되면서 트럼프가 "serious steps to create American jobs"라고 한 말이 변호사들의 일자리 창출을 말한 게 아니냐는 비아냥을 사기도 했지만, 길고 복잡한 법적 공방이 이어지는 사이 트럼프의 지시는 그의 분신과도 같은 환경보호청장의 주도하에 하나씩 실현됩니다.

business-friendly EPA

트럼프는 국민의 건강과 환경 보전to protect human health and the environment이 임무인 환경보호청(EPA) 수장으로 반환경론자 스콧 프루잇Scott Pruitt을 앉힙니다. 오클라호마주 법무장관attorney general of Oklahoma 출신으로 석유 및 가스 산업을 위해 규제를 막겠다며 오바마 행정부 당시 EPA를 상대로 십여 건의 소송을 제기한 프루잇은 기후변화에 인간활동이 어느 정도 기여했는지 의문이며 환경보호청이 이를 규제할 권한이 있는지 회의적이라고 합니다.

환경보호청장이 된 뒤 환경규제를 푸는데toward deregulation 공격

적으로"in a very aggressive way" 임하겠다고 말한 프루잇은 환경단체
environmental groups보다 자신과 밀접한 관계에 있는 화석연료업계 대
표들과 더 자주 접촉하며 기업의 이익을 보호하는to protect corporate
earnings 방향으로 EPA를 몰고 갔습니다. 기후변화에 대처해야 하는
EPA 홈페이지에서 'climate change'라는 말도 사라졌다고 하는군요.

스콧 프루잇이 환경보호청장으로 있는 동안 벌어진 일을 몇 가지
살펴보면, 우선 광산업체가 개천에 폐기물을 버리지 못하게 한 규정
stream protection rule이 없어졌고, 발전소가 비소arsenic나 수은mercury 같
은 독성 물질toxic metals을 공공수로에into public waterways 버리는 것을
제한한 규정이 중지됐으며, EPA의 규제 권한에 들어가는 물의 범위
가 축소돼 상수원이 위기를 맞았습니다. 석유 및 가스 시추 과정에서
유출되는, 온실효과가 이산화탄소의 25배인 메탄가스 누출을 제한하
기 위한 규제Obama-era methane regulations도 완화됐습니다. 또 미국 탄

전 환경보호청장 스콧 프루잇
(사진 출처: Eric Vance / United States
Environmental Protection Agency)

소배출의 상당 부분을 차지하는 자동차와 발전소 관련 규제도 완화됐습니다. 오바마 행정부가 2025년까지 미국에서 판매되는 새 차의 평균 연료효율average fuel efficiency을 두 배 가량 높이기로 한 연비기준Clean Cars Standards이 폐기 됐고, 무엇보다도 프루잇은 2017년 10월, 트럼프가 재고하라고 한 클린파워플랜(CPP)을 폐기한다고 발표합니다. 이에 따라 EPA는 이를 대체해 발전소의 온실가스 배출을 규제할, 하지만 훨씬 약화된much weaker replacement, 그리고 석탄발전을 구제하기coal bailout 위해 설계됐다고들 하는 새로운 규칙 Affordable Clean Energy(ACE) Rule을 내놓게 됩니다.

이렇게 트럼프의 손발이 돼 기업에게 유리하게 EPA 규제를 완화하며 트럼프의 환경 역행 정책 목록을 계속 늘려가던 스콧 프루잇은 공금남용misuse of public funds과 부패corrupt practices, 위법행위illegal activities 등 도덕성 논란으로ethics scandals 결국 사임합니다. 2018년 7월 사임할 당시, 최소한 14건의 수사가at least 14 separate federal investigations 진행되고 있었다고 합니다. 스콧 프루잇의 스캔들을 자세히 다룬 《가디언》은 일반적인 정치인의 경우 프루잇이 저지른 일 중 한 건 만으로도 정치인생이 끝났을 것이라며, 정부 윤리규정을 완전히 무시한apparent disregard for government ethics 프루잇의 사례를 보면, 트럼프 행정부 기준으로 보더라도 참으로 impressive하다고 했습니다.

각 언론에서 폭로한 스콧 프루잇의 부패를 잠깐 살펴보면, 우선 그는 워싱턴에 머무르기 시작한 첫 6개월 동안 국회의사당에 가까운 주택rental townhouse에서 하루 50달러라는, 시세에 비해 상당히 저렴한 세를 내고way below market rates 살았는데, 이 곳은 엑손Exxon, 셰니에르 에너지Cheniere Energy 등 EPA의 규제를 받는 회사를 대변하는 유명한 에너지 로비스트energy lobbyist의 아내가 공동소유한co-owned 주택이라고《ABC뉴스》가 전했습니다.

《워싱턴포스트》는 프루잇이 직원들aides에게 자기 아내의 일자리를 알아보라며 압력을 넣었다고 전했는데, 연봉이 최하 20만 달러이어야 annual salary of more than $200,000 했다고 합니다.

《CNN》은 프루잇이 비밀일정표secret calendar를 작성했다는 내부고발자EPA whistleblower의 말을 전했습니다. 업계 대표 등 논란이 될 만한 대상과의 만남을 숨기기 위해to overtly hide controversial meetings 직원들과 회의를 하며 공식 일정표official calendar를 변경했다고 합니다. 국민을 속일 의도로intent of deceiving the public 연방기록을 변경, 삭제하는 행위altering or deleting federal/public records는 연방법 위반violation of federal law에 해당한다는 법률전문가들의 말도 전했습니다.

《가디언》은 프루잇이 공금으로 헐리우드 거물Hollywood mogul처럼 행세했다고 했습니다. EPA의 인력을 줄이고 연구 예산은 삭감하면서, 자신은 비행기로 이동할 때 1등석first-class flights만 고집하거나 개인 전세기chartered jets를 탔고, 사무실에는 비밀 대화를 위해 주문제작한 방음부스custom-made soundproof booth를 설치했으며, 24시간 경호팀 20명20-member full-time security detail을 고용해 세금 수백만 달러를 썼다고 합니다. 프루잇은 미국민이 자신을 너무 미워해 언제나 위험에 노출되어 있다며 이런 경호가 필요하다고 했다는군요. 프루잇은 워싱턴의 한 식당에서 아이를 안은 한 엄마로부터 EPA는 환경을 보호할 사람이 이끌어야 한다며 사퇴하라는 말을 듣는 봉변을 당한 적도 있습니다.

이 외에도 프루잇은 부하직원들에게 그들의 개인 신용카드로 자신이 묵을 호텔 예약을 지시하고는 변제해 주지 않았으며didn't reimburse the expense, EPA 직원들을 심부름꾼처럼 부린 반면, 자신이 고용한 측근들에게는 잘 알려지지 않은 법 조항을 이용해 보너스를 줬다고 합니다.

《CNN》은 프루잇이 러시아 게이트 수사 지휘를 스스로 제척해 recused himself from overseeing the Russia investigation 트럼프가 공개적으로 불만을 표한 제프 세션스 법무장관Attorney General Jeff Sessions를 자르고 그 자리에 자기를 앉히라고 트럼프에게 청했다고 보도하기도 했는데, 이렇게 트럼프와의 친분을 이용해 자신의 정치적 미래를 계획하던 프루잇은 자신이 저지른 각종 비도덕적인 행위로 불명예 퇴진을 하면서도 부정행위를 전혀 인정하지 않았고, 트럼프에 대한 찬양일색이었던 사임서resignation letter에는 환경과 관련된 언급이 전혀 없었습니다.

트럼프는 자신이 자주 쓰는 단어를 사용해 'outstanding job'이었다며 떠나는 프루잇을 칭찬했고, 후임으로 석탄업계 로비스트 출신인 former coal lobbyist 부청장Pruitt's deputy 앤드루 휠러Andrew Wheeler를 임명했습니다. 청장직무대행acting EPA administrator을 맡은 휠러는 트럼프 행정부의 반환경 어젠다anti-environment agenda를 계속 이어갔습니다. 자연환경보호단체environmental organization 시에라클럽Sierra Club의 조사에 따르면 휠러가 청장대행이 된 첫 100일 동안 평균 3일에 한 번 꼴로 국민의 건강과 환경에 해를 입히는 조치를 취했다고 합니다. 환경단체들은 그가 정식 청장이 되면 환경오염의 주범에게 더 큰 혜택 greater gifts to polluters을 줄 수 있다며 우려를 표했는데, 트럼프는 2019년 1월, 휠러를 신임 청장으로 공식 지명했습니다.

largest national monument reduction

2017년 11월, 트럼프는 유타주를 방문한 자리에서 '베어스 이어스 국가기념물Bears Ears National Monument'과 '그랜드 스테어케이스–에스칼랑트 국가기념물Grand Staircase-Escalante National Monument'의 면적을 대폭 축소한다는 포고령presidential proclamation을 내립니다.

 국가기념물national monument은 국립공원처럼 보호구역protected area으로 지정된 곳을 말하는데, 미국 대통령에게는 1906년 제정된 유물법Antiquities Act에 따라 연방정부 국토land owned or controlled by the federal government 중 자연적, 문화적, 과학적으로 보호할 가치가 있는with significant natural, cultural, or scientific features 지역을 포고령을 통해 국가기념물로 설정할 수 있는 권한이 있습니다. 이렇게 지정된 지역은 채굴mining, 시추drilling, 개발development 등을 할 수 없어 이해관계가 있는 지역 정치인들이 불만을 제기하기도 합니다.

멀리 보이는 베어스 이어스 　　　　　　　　(사진 출처: US Bureau of Land Management)

트럼프는 베어스 이어스 국가기념물의 면적을 85% 축소하고, 국가기념물 중 가장 넓은 그랜드 스테어케이스-에스칼랑트 국가기념물의 면적을 절반 가까이 축소한다고 발표해, 보호구역이었던 지역에서 석유, 천연가스, 석탄 채굴 등 각종 개발이 가능하게 했습니다. 미국 역사상 국가기념물로 지정된 면적 중 가장 많은 부분을 해제한the largest reversal of national monument protections 사례라고 합니다.

유타주 남동쪽 산후안 카운티San Juan County에 위치한 국가기념물 베어스 이어스는 50만 헥타르가 넘는547,074 ha 광활한 지역으로, 이름이 된 Bears Ears는 외따로 서 있는, 꼭대기가 평평한 언덕 한 쌍a pair of buttes을 말하는데, 이 지역 원주민 부족들Native American tribes은 이 언덕과 주변을 신성하게 여긴다고 합니다. 암벽등반rock climbing 장소로 유명한 Indian Creek도 아우르는 베어스 이어스 국가기념물은 선사시대 유적prehistoric Native American ruins과 문화경관cultural landscapes, 천연 자원natural resources이 풍부하다고 합니다. 어떤 대통령보다 보호구역 지정에 적극적이었던 오바마 대통령이 임기 말 이곳을 국가기념물로 지정했습니다.

1996년 클린턴 대통령President Bill Clinton에 의해 국가기념물로 지정된 그랜드 스테어케이스-에스칼랑트는 유타주 남쪽에 위치한, 일련의 협곡이 상승하는escalating canyons and gorges 지세를 보여주는 곳으로, 트럼프의 포고령이 있기 전에는 국가기념물 중에서 가장 면적이 넓었다고 합니다. 공룡화석dinosaur fossils이 다수 발견됐고, 초기 정착민들의 유적을 볼 수 있는 이곳은 각종 아웃도어활동outdoor activities으로 인기라고 하는군요.

유타주 공화당 정치인들과 보수단체들conservative groups은 두 국

국가기념물 그랜드 스테어케이스-에스칼랑트의 협곡
(사진 출처: US Bureau of Land Management)

가기념물이 넓은 땅을 개발할 수 없게 막은 연방정부의 과도한 간섭significant federal overreach이라고 비난하며 민간이 사용할 수 있게for private use 정부 땅을 개방하라고 행정부를 압박해 왔다고 합니다. 이들에 둘러싸여 트럼프가 포고령에 서명한 솔트레이크 시티Salt Lake City, Utah 유타주 의회 의사당Utah State Capitol 밖에서는 반대 시위가 한창이었다고 하죠. 트럼프는 대통령이 국가기념물을 지정할 수 있게 한 유물법이 적절한 보살핌과 관리가 필요한 보호대상을 최소한으로"the smallest area" 한정한다는 명목을 들어 두 국가기념물 면적을 대폭 축소합니다. 이를 지정한 전직 대통령들이 법을 심각하게 남용했다는 "severely abused" 말도 하죠. 그의 생각은 포고령에 이렇게 제시됩니다.

Presidential Proclamation Modifying the Bears Ears National Monument

... The Antiquities Act requires that any reservation of land as part of a monument be confined to the smallest area compatible with the proper care and management of the objects of historic or scientific interest to be protected. ...

... I find that the area of Federal land reserved in the Bears Ears National Monument established by Proclamation 9558 is not confined to the smallest area compatible with the proper care and management of those objects. ...

Presidential Proclamation Modifying the Grand Staircase-Escalante National Monument

... I find that the current boundaries of the Grand Staircase-Escalante National Monument established by Proclamation 6920 are greater than the smallest area compatible with the protection of the objects for which lands were reserved and, therefore, that the boundaries of the monument should be reduced to 3 areas: Grand Staircase, Kaiparowits, and Escalante Canyons. ...

즉, 대통령의 관점에 따라, 보호해야 할 가치를 어디에 두느냐에 따라, 국가기념물의 면적이 달라지는 거죠.

트럼프의 포고령이 보호구역 해제를 추진해온 화석연료업계와 일부 정치인들의 승리라고 전한 《가디언》은 이 결정에 반발하는 목소리도 전했습니다. 트럼프 행정부가 보호구역 해제에 따른 개발 유입influx of development으로 경제적인 혜택을 내세웠지만, 반대 입장인 사람들은 보호구역 지정에 따른 관광업과 지역경제 활성화가tourism and local business stimulated by monument 훨씬 더 가치가 크다고 반박했습니다. 또 서명행사에서 트럼프가 "Public lands will once again be for public use"라고 말한 것에 대해 한 환경단체 관계자는, 공유지public lands는 국민을 위한for the public 것이지, 공공자원public resources을 이용해 엄청난 이익을 챙기는 민간기업이 약탈할 대상이 아니라며not be plundered by private interests 트럼프가 자신을 후원한 이익단체에 또 하나의 선물을 선사했다고 했습니다.

미국 공영 라디오방송 《NPR》은 환경운동가들의 우려를 전했는데, 그들은 고고학적으로 의미가 큰 유적지extraordinary archaeological sites가 약탈과 훼손의 위험에 놓이게 됐고vulnerable to looting and vandalism, 웅장한 자연grandeur of the natural world을 탐험하며 경이감과 겸허함wonder and humility을 느낄 수 있는 기회를 트럼프 행정부가 후대로부터 빼앗으려 한다고 했습니다. 원주민 자치국 나바호 네이션Navajo Nation의 의견도 전했습니다. 그들은 이 지역 원주민 부족들과 밀접한 관련이 있는 국가기념물의 면적을 축소하는 결정을 내리면서 트럼프가 부족 단체와 어떤 협의도 하시 않았다며with no tribal consultation 소송 외에는 달리 방법이 없다고no choice but to litigate 말했습니다.

반발하는 사람들이 많은 만큼 트럼프의 포고령은 발표 즉시 소송에 휩싸입니다. 원주민 부족tribal groups과 환경단체 등이 트럼프 행정부를 상대로 소송을 제기했는데, 10곳의 자연보호단체conservation groups가 함께 소송을 제기한 케이스에서는, 대통령에게 국가기념물을 지정할 권한을 준 법이 폐지할 권한까지 주지는 않았다며 트럼프가 권한을 남용했다고abuse of his authority 했습니다. 하지만 미국 국립공원관리청National Park Service 자료에 따르면 대통령이 국가기념물의 면적을 축소한 사례가 꽤 된다고 합니다. 그래도 이번처럼 대대적으로 축소한 경우는 없었다고 하죠. 결국 법정에서 다투게 될 사항은 대통령이 의회의 승인 없이without an act of Congress 국가기념물을 폐지할 수 있는지can rescind a national monument에 관한 유물법의 애매함이라고 합니다. 《NPR》이 전한 법률전문가들의 말에 따르면 국유지를 변경하는 일task of modifying public lands은 역사적으로 의회의 몫role of Congress이었다고 합니다.

Dakota Access Pipeline & Keystone XL Pipeline

에너지 인프라energy infrastructure 확대와 일자리 창출을 공약으로 내세웠던 트럼프는 취임식 4일 만에 중단됐던 송유관 건설 사업 재개를 촉구하는 일련의 행정명령과 대통령 각서presidential memoranda에 서명합니다. Presidential memorandum도 대통령이 내리는 행정조치의 한 형태로, 행정명령보다는 낮은 단계의 조치라 할 수 있고, 대개 맨 앞에 지시를 내리는 부서나 기관departments and agencies 및 사안subject이 명확히 제시되며, 메모인 만큼 길이도 짧은 편입니다.

트럼프가 건설 재개 서막을 알린 송유관은 '다코타 액세스 송유관(DAPL)Dakota Access Pipeline'과 '키스톤XL 송유관Keystone XL Pipeline'으

2017년 1월 24일, 다코타 액세스 송유관과 키스톤XL 송유관 사업 재개를 추진하라는 대통령각서에 서명하는 트럼프 대통령

(사진 출처: The White House Facebook page)

로, 둘 다 환경파괴 우려environmental concerns와 함께 송유관 경유지 원주민 부족과의 협의 결여 등 절차상의 적법성 문제legitimate due process concerns로 오바마 행정부 때 건설이 중단됐습니다.

《가디언》은 트럼프의 이런 움직임에 대한 상반된 의견을 전했습니다. 당시 하원의장house speaker이었던 공화당 폴 라이언Paul Ryan과 공화당 상원 원내대표Senate majority leader 미치 매코널Mitch McConnell은 송유관이 일자리 창출과 에너지 공급에 도움이 된다며 트럼프의 결정을 반겼고, 중요한 인프라 프로젝트를 쓸데없이 중단시켰다며 전 정부를 향한 비난도 잊지 않았습니다. 하지만 버몬트주 상원의원senator for Vermont 버니 샌더스Bernie Sanders는 수많은 사람이 송유관 건설 반대 시위에 동참하며 미국의 에너지 시스템이 화석연료에서 재생에너지로away from fossil fuels to renewable energy 전환되어야 한다고 말하고 있는 시점에, 트럼프가 이들의 목소리를 무시하고 지구의 미래보다 화석연료산업의 단기적인 이익short-term profits of the fossil fuel industry을 더 우선시했다고 말했습니다. 애리조나주 민주당 하원의원 라울 그리잘바Raúl M. Grijalva는 반대 의견을 《가디언》에 논평으로 기고했는데, 그는 사업규모가 80억 달러에 이르는 키스톤XL 송유관 사업이 정규직 일자리를 겨우 35개 만들 거라며 (이에 관한 설명은 뒤에 나옵니다) 거대 석유 기업Big Oil과 유착한 트럼프의 거짓말을 믿지 말라고 하죠. 또 송유관 건설로 미국 경제와 미국민에게 필요한 청정·재생에너지로의 필연적인 전환inevitable transition to clean, renewable energy이 더 늦어질 거라고도 했습니다.

다코타 액세스 송유관은 노스다코타주North Dakota 북서쪽 셰일오일 채굴지인 바켄유전Bakken formation에서 시작해 사우스다코타주South Dakota와 아이오와주Iowa를 거쳐 일리노이즈주Illinois의 원유터미널oil terminal까지 이어지는 1,886킬로미터 길이의 지하 송유관underground oil pipeline입니다. '에너지트랜스퍼파트너스Energy Transfer Partners'의 자회사 '다코타엑세스Dakota Access, LLC'가 건설한 이 송유관의 대부분은 2016년 여름 완료됐지만, 미주리 강의 일부로 노스다코타와 사우스다코타에 걸쳐 있는 오우히 호수Lake Oahe 아래 부분은 건설이 중단된 상태였습니다.

스탠딩록 원주민보호구역Standing Rock Indian Reservation 가까이에 있는 오우히 호수는 미국에서 4번째로 큰 저수지fourth-largest reservoir in the US로, 송유관 건설을 두고 원주민들은 수원water source을 오염시키고 신성한 땅과 유적지sacred Native American sites를 위협하는 행위라며 반대해 왔습니다. 건설 시작 전부터 저항운동이 시작됐고, 지역 원주민은 물론, 수많은 환경운동가environmental activists와 유명인사celebrities,

원주민 활동가들indigenous activists이 송유관 건설현장에서 몇 달간 격렬한 시위#NODAPL를 벌이기도 했습니다.

호수 아래 송유관이 놓이기로 예정된 곳은 미 육군 관할 구역Army Corps-controlled land으로, 군건설military construction projects 및 각종 토목공사civil engineering activities에 관여하는 미 육군 공병대(USACE)US Army Corps of Engineers가 강을 가로지르는 송유관 경로를 허가하자 스탠딩록 수 부족Standing Rock Sioux tribe이 공병대를 상대로 소송을 제기했고, 2016년 11월 오바마 대통령이 원주민이 신성하게 여기는 땅을 피해 송유관 경로를 재검토하라고 지시했습니다. 2016년 12월, 미 육군 공병대는 호수 아래 송유관이 지나가는 땅을 이용할 수 있는 권리인 지역권easement을 불허하고 대안 루트를 위한 환경영향평가보고서environmental impact statement를 준비하겠다고 발표합니다.

이렇게 중단된 송유관은 2017년 1월 24일, 트럼프가 육군성 장관Secretary of the Army에게 아직 건설되지 않은 부분에 대한 재고 및 승인을 신속히 진행하라는to expedite the review and approval process 지시를 내리면서 재개 절차를 밟게 됩니다. 아래는 트럼프의 지시가 담긴 대통령각서의 앞부분입니다.

MEMORANDUM TO THE SECRETARY OF THE ARMY

SUBJECT: Construction of the Dakota Access Pipeline

Section 1. Policy. The Dakota Access Pipeline (DAPL) under development by Dakota Access, LLC, represents a substantial, multi-billion-dollar private investment in our Nation's energy infrastructure. This approximately 1,100-mile pipeline is designed to carry approximately 500,000 barrels per day of crude oil from the Bakken and Three Forks oil production areas in North Dakota to oil markets in the United States. At this time, the DAPL is more than 90 percent complete across its entire route. Only a limited portion remains to be constructed.

I believe that construction and operation of lawfully permitted pipeline infrastructure serve the national interest.

Accordingly, pursuant to the authority vested in me as President by the Constitution and the laws of the United States of America, I hereby direct as follows:

Sec 2. Directives. (a) Pipeline Approval Review. The Secretary of the Army shall instruct the Assistant Secretary of the Army for Civil Works and the U.S. Army Corps of Engineers (USACE), including the Commanding General and Chief of Engineers, to take all actions necessary and appropriate to:

(i) review and approve in an expedited manner, to the extent permitted by law and as warranted, and with such conditions as are necessary or appropriate, requests for approvals to construct and operate the DAPL, including easements or right-of-way to cross Federal areas ...

다코타 액세스 송유관에 대한 설명에 이어 송유관 건설과 운영이 국익에 해당한다고 생각하므로 건설 재개 승인을 촉구한다는 내용이 이어집니다.

2주 뒤 육군 공병대는 송유관이 오우히 호수 밑을 가로지를 수 있게 지역권을 허가하고 환경영향평가environmental impact assessment도 철회한다고 발표합니다. 송유관 건설은 즉각 재개됐고, 2017년 4월 완공된 DAPL은 6월부터 정식으로 운영되면서 매일 50만 배럴이 넘는 원유를more than 500,000 barrels of oil a day 수송하고 있다고 합니다. 송유관 기름 유출사고pipeline leaks 소식이 간간이 전해지는 사이 석유업계는 호황을 맞았고, 유정oil well 숫자가 기록적으로 늘며 노스다코타의 원유 생산은 빠르게 증가해, 에너지트랜스퍼파트너스는 송유관 증설 계획을 발표하기도 했습니다.

트럼프의 DAPL 건설 재개 촉구 행정조치와 함께 에너지트랜스퍼파트너스의 주가는 3.5% 넘게 급등했습니다. 이 회사 주식을 보유한 적이 있는 트럼프는 2016년 중반 주식을 모두 처분했다고 발표했지만 근거 자료는 공개하지 않고 있다고 합니다. 에너지트랜스퍼파트너스 CEO 켈시 워렌Kelcy Warren은 대선 당시 트럼프 선거캠프에 많은 돈을 기부했고, 이런 후원은 이후 큰 보상으로 돌아옵니다. 트럼프의 DAPL 승인과 세재개편tax overhaul 덕분에 에너지트랜스퍼파트너스의 2017년 순이익이 4배 넘게more than quadruple net income 올랐다고 《블룸버그Bloomberg》가 보도했습니다.

트럼프의 전통적인 화석연료에 치중한 에너지정책과 거대 석유자본과의 친분은 그의 인사에도 반영됐습니다. 석유회사 엑손 모빌Exxon Mobil Corp. CEO 출신 렉스 틸러슨Rex Tillerson을 국무장관에 내정하고, 부시 이후 테시스 주지사를 해 온 릭 페리Rick Perry를 에너지장관Secretary of Energy으로 내정한 것이 그 예라고 할 수 있습니다. 도덕성 문제로 스캔들에 휩싸여 사임한 라이언 징키Ryan Zinke를 대신해

직무대행을 맡아온, 석유 로비스트former oil lobbyist 출신 데이비드 번하트David Bernhardt를 내무장관Secretary of the Interior에 내정하기도 했죠.

릭 페리가 에너지장관이 되자 《가디언》이 "oil-drilling advocates skeptical about climate change"로 이루어진 트럼프 내각에 또 한 명이 추가됐다고 표현한 것처럼, 그는 석유업계와 긴밀한 관계이며 기후변화에 회의적인 인물로, 한때 에너지부 폐지eliminating Energy Department를 주장하기도 했습니다. 그는 자신이 폐지를 주장했던 부서의 수장이 되기 직전까지 에너지트랜스퍼파트너스의 이사였고on the board of directors, 2016년 공화당 대선 후보로 나섰을 때는 켈시 워렌이 가장 큰 후원자였습니다.

트랜스캐나다TransCanada 소유의 '키스톤 송유관Keystone Pipeline System'은 오일샌드oil sands가 집중적으로 분포되어 있는 캐나다 서쪽 앨버타Alberta에서 시작해 미국 일리노이주와 텍사스주의 정유시설refineries in Illinois and Texas로 이어지는 송유관으로, 2010년부터 경로에 따라 단계적으로 건설돼 운영되고 있습니다. 하지만 앨버타에서 몬태나주Montana, 사우스다코타주를 거쳐 이미 건설된 부분과 만나는 지점인 네브라스카주 스틸시티Steele City, Nebraska로 이어지는 별도의 구간인 키스톤XL 송유관은 아직 공사를 시작하지 못하고 있습니다. 1,897km 길이로 하루 80만 배럴 이상을 운반할 것으로 예상되며, 캐나다 원유crude oil, 특히 중질원유heavy crude oil를 미국으로 들여오게 될 이 송유관 건설에 많은 환경운동가가 오랫동안 반대해 왔습니다.

원래 경로가 네브라스카의 대규모 습지생태계wetland ecosystem인 샌드힐스Sandhills를 통과하는 것으로 계획돼 반발을 사자, 트랜스캐나다가 경로 변경에 동의하기는 했지만, 송유관 건설에 반대하는 이유는 이뿐만이 아닙니다. 8개 주에 걸쳐 있으며 수백만 명의 식수와 200억 달러 규모의 농업을 책임지는, 세계 최대 대수층underground deposits of fresh water 중 하나인 오갈랄라 대수층Ogallala Aquifer 위를 송유관이 가로지르기 때문에 기름 유출 사고가 발생할 경우 식수원은 물론 미국 중서부 경제를 파탄에 빠뜨릴 수 있다고 합니다. 또 일반적인 원유보다 더 많은 에너지를 써서 활용해야 하는 오일샌드의 개발을 부추긴다는 점도 반대 이유 중 하나입니다. 타르샌드tar sands라고도 하는 오일샌드는 모래와 점토 속에 원유성분이 섞여 있는 원유 대체물질a type of unconventional petroleum deposit로 추출과정에서 일반 원유보다 compared to extraction of conventional oil 온실가스를 17% 더 배출한다고 합니다. 그래서 언론에서는 carbon-heavy petroleum, carbon-intensive fuel source 등으로 칭하기도 합니다.

국경을 넘는 인프라 프로젝트cross-border infrastructure projects는 대통령 승인presidential permit이 필요한데, 환경성 검토environmental review가 충분치 않다며 계속 거부권veto을 행사한 오바마 대통령은, 2015년 11월, 장기간의 전방위적인 검토 후 키스톤XL 송유관이 국익에 기여하지 않을 것으로"would not serve the national interests of the United States" 판단한 국무부의 결정에 동의한다며 트랜스캐나다의 송유관 건설을 불허합니다. 당시 국무장관 존 케리John Kerry와 부통령 조 바이든Joe Biden이 함께한 자리에서 이 결정을 발표하며 오바마는, 키스톤XL 송유관이 장기간 미국 경제에 유의미한 기여를 하지 않을 것이고 "dirtier crude oil"을 들여온다고 해서 미국의 에너지 안보가 더 강화되지도 않을 것이라고 말하죠. 또 송유관 승인이 기후변화에 있어 글로벌 리더로서의 미국의 입지를 약화시킬 거라고도 말합니다.

오바마 행정부의 이 결정은 파리협정이 채택된 2015년 유엔기후변화당사국총회2015 United Nations Climate Change Conference를 한 달 정도 앞둔 시기에 나왔는데, 세계 지도자들을 향해 탄소배출 감소를 위한 더 적극적인 조치more active steps toward reducing carbon emissions를 촉구하며 국제협약을 이끌어내는 역할을 하고자 했던 오바마로서는 어쩌면 당연한 결정이었을 수도 있겠네요.

당시 국무부 평가에 따르면, 송유관 건설기간 동안 총 42,100개 가량의 일자리total of approximately 42,100 jobs가 생길 것으로 예상되지만, 대부분 임시 건설직temporary construction jobs이나 공급과 관련된 일자리supplier이며, 건설이 완료된 후에는 정규직permanent employees 35명과 임시 계약직temporary contractors 15명, 총 50명만 필요하다고 전망했습니다.

키스톤XL 송유관을 둘러싸고 수년간 이어진 논쟁이 오바마 행정부에서는 이렇게 일단락됐지만, 공화당 후보가 대통령이 되면 건설 승인이 날 거라고 다들 예상한 가운데 트럼프가 대통령이 되면서 예상대로 상황은 흘러갔습니다. 취임하자마자 송유관 건설을 진척시키라고 지시한 트럼프는 2017년 3월, 키스톤XL 송유관 건설을 공식 승인합니다. 하지만 트랜스캐나다가 2019년에 공사를 시작하려고 계획하고 있던 차에 연방법원이 제동을 겁니다.

지구의벗Friends of the Earth, 천연자원보호위원회(NRDC)Natural Resources Defense Council, 시에라클럽Sierra Club 등 많은 환경운동단체가 트럼프의 송유관 건설 승인을 두고 트랜스캐나다와 정부를 상대로 소송을 제기했고, 2018년 11월, 몬태나주 연방지법US District Court for the District of Montana 브라이언 모리스 판사Judge Brian Morris가 송유관 건설 사업을 일시 중단하라고temporarily blocking construction 판결합니다.

그는 트럼프 행정부의 국무부가 키스톤XL 송유관 건설을 승인한 환경분석environmental analysis에서 온실가스의 누적효과cumulative effects of greenhouse gas emissions나 인디언보호구역 자원에 미칠 영향impact on Native American land resources 등을 면밀히 검토하지 않았고"fell short of a hard look", 기름 유출 위험성risk of spills에 대한 새로운 관련정보new and relevant information 등도 미비해, 2015년 오바마 행정부의 불승인을 뒤집을만한 "reasoned explanation(이치에 맞는 설명)"을 하지 못하고 있다며, 건설이 진행되기 전 추가 환경검토supplemental environmental review가 완료되어야 한다고 했습니다.

이 판결에 대해 트럼프는 기후변화를 주장하는 과학자들이 정치적인 의도에서 하는 말이라고 공격했던 것처럼 판사가 정치적인 판단을 내렸다고"It was a political decision" 했습니다 트럼프 행정부는 항소의 뜻을 밝혔습니다.

여러 면에서 논란이 많은 키스톤 송유관이지만 기름유출 위험성, 이 한 가지만 놓고 봐도 그 심각함이 수치로 나타납니다. 2017년

11월, 사우스다코타의 키스톤 송유관에서 5천 배럴이 샌 대형 사고가 있었습니다. 당시 《로이터Reuters》가 전한 바에 따르면, 트랜스캐나다가 송유관 건설 전 규제기관에 제출한 기름 유출 위험평가spill risk assessment에서 제시한 것보다 훨씬 더 많은 기름이, 더 자주 유출됐다고 합니다. 2010년 운영을 시작해 보도가 나온 시점까지, 미국 쪽 부분에서 큰 유출 사고만 3건(2011년, 2016년, 2017년)으로 사우스다코타와 노스다코타 등지에서 총 6천 배럴에 가까운 기름이 흘렀다고 합니다. 건설 전 트랜스캐나다는 미국 쪽 전체 송유관에서 50배럴 이상의 기름이 샐 가능성chance of a leak of more than 50 barrels을 7년에서 11년 단위 단 한 번 정도로not more than once 추정했다고 합니다. 알려진 유출 사고만 이미 2번 있었던 사우스다코다는 41년 동안 한 번 밖에 안 샐 것으로spill no more than once every 41 years 예상했다고 하는군요.

이번에 다룬 vest가 나오거나 트럼프의 반환경 에너지정책에 대해 읽을 수 있는 글이나 기사를 아래 추천합니다.

You might want to read this

CNN
<Climate change: Do you know the basics?>
By Ryan Smith (2019.1.19.)

GlobalChange.gov
<Fourth National Climate Assessment>

Atlantic Council
<The America First Energy Plan: Renewing the Confidence of American Energy

Producers> By Sara Vakhshouri (2017.8.17.)

NPR
<'America First' Energy Plan Challenges Free Market Realities>
By Jeff Brady (2017.2.7.)

Green America
<Coal: Why is it dirty?>

The White House (www.whitehouse.gov)
<Presidential Executive Order on Promoting Energy Independence and Economic Growth> (2017.3.28.)
<Presidential Proclamation Modifying the Bears Ears National Monument> (2017.11.4.)
<Presidential Proclamation Modifying the Grand Staircase-Escalante National Monument> (2017.11.4.)
<Presidential Memorandum Regarding Construction of the Keystone XL Pipeline> (2017.1.24.)

The Guardian
<Trump moves to dismantle Obama's climate legacy with executive order>
By David Smith (2017.3.28.)

The Washington Post
<Trump signs order at the EPA to dismantle environmental protections>
By Brady Dennis, Juliet Eilperin (2017.3.28.)

The New York Times
<Trump Signs Executive Order Unwinding Obama Climate Policies>
By Coral Davenport, Alissa J. Rubin (2017.3.28.)

Financial Times
<Donald Trump's power plan: Why US coal jobs are not coming back>
By Ed Crooks (2017.3.29.)

Axios
<Trump's big climate change splash> By Ben Geman (2017.3.28.)

The Wall Street Journal
<Despite Trump Move on Climate Change, Utilities' Shift From Coal Is Set to Continue> By Cassandra Sweet (2017.3.28.)

The Washington Post
<As Trump reverses Obama's climate plans, China's leadership moment arrives> By Steven Mufson, Chris Mooney (2017.3.29.)

Climate Central
<Trump's Executive Order is Out of Step With Americans>
By Brian Kahn (2017.3.28.)

BBC
<Trump signs order undoing Obama climate change policies> (2017.3.29.)

The Guardian
<The ethics scandals that eventually forced Scott Pruitt to resign>
By Sam Wolfson (2018.7.6.)

ABC News
<Pruitt arranged condo deal through energy lobbyist, source says>
By Matthew Mosk, John Santucci, Stephanie Ebbs (2018.3.30.)

The Washington Post
<Pruitt aides reveal new details of his spending and management at EPA>
By Juliet Eilperin, Josh Dawsey, Brady Dennis (2018.7.2.)

CNN
<Whistleblower: EPA's Pruitt kept secret calendar to hide meetings>
By Scott Bronstein, Curt Devine, Drew Griffin (2018.7.3.)

The New York Times
<Scott Pruitt, Trump's Rule-Cutting E.P.A. Chief, Plots His Political Future>
By Coral Davenport (2018.3.17.)

CNN
<Pruitt directly asked Trump to replace Sessions with him>
By Kaitlan Collins (2018.7.3.)

ThinkProgress
<Andrew Wheeler wins chance to serve as permanent EPA chief after strong anti-environment audition> By Mark Hand (2019.1.9.)

The Guardian
<Trump slashes size of Bears Ears and Grand Staircase national monuments in Utah> By David Smith, Oliver Milman (2017.12.5.)

NPR
<Trump Orders Largest National Monument Reduction In U.S. History> By Richard Gonzales, Kirk Siegler, Colin Dwyer (2017.11.4.)

The Guardian
<Trump orders revival of Keystone XL and Dakota Access pipelines> By David Smith, Ashifa Kassam (2017.1.24.)

NPR
<2 Years After Standing Rock Protests, Tensions Remain But Oil Business Booms> By Jeff Brady (2018.11.29.)

The Guardian
<Dakota Access pipeline company and Donald Trump have close financial ties> By Oliver Milman (2016.10.26.)

Bloomberg
<Boosts From Trump Give Kelcy Warren Huge Pipeline Gain> By Meenal Vamburkar (2018.2.22.)

The Guardian
<The Keystone pipeline will create just 35 permanent jobs. Don't believe the lies> By Raúl M. Grijalva (2017.1.25.)

Federal Register (www.federalregister.gov)
<Memorandum on Construction of the Dakota Access Pipeline> (2017.1.24.)

The Guardian
<Obama rejects Keystone XL pipeline and hails US as leader on climate change> By Suzanne Goldenberg, Dan Roberts (2015.11.6.)

CNN

<Obama rejects Keystone XL pipeline>
By Elise Labott, Dan Berman (2015.11.6.)

US Department of State (https://keystonepipeline-xl.state.gov/)
<DEPARTMENT OF STATE RECORD OF DECISION AND NATIONAL INTEREST DETERMINATION>
TransCanada Keystone Pipeline, L.P. Application for Presidential Permit, Keystone XL Pipeline

TIME
<Judge Blocks Keystone XL Pipeline Construction Over Environmental Concerns in a 'Landmark' Ruling> By Eli Meixler (2018.11.9.)

The Hill
<Trump: Keystone XL court ruling 'a disgrace'> By Timothy Cama (2018.11.9.)

Reuters
<Keystone's existing pipeline spills far more than predicted to regulators>
By Valerie Volcovici, Richard Valdmanis (2017.11.27.)

Quiz Fill in the blank

NOW, THEREFORE, I, DONALD J. TRUMP, by the authority
v_____ in me by the Constitution and the laws of the United
States of America, hereby declare that a national emergency
exists at the southern border of the United States, and ...

그러므로 본인, 도널드 J. 트럼프는 미합중국 헌법과 법률이 부여한 권한에 따라 미국 남부 국경에 국가
비상사태가 현존한다고 선포하는 바이며 ... ◀ 〈Presidential Proclamation on Declaring a National
Emergency Concerning the Southern Border of the United States〉 중에서

vested

NEWS

World | US Politics | Foreign Policy | Business | Culture | Environment | Immigration | Inequality | Brexit | Tech | More ▾

commitment to *addressing* climate change

명사로 '주소', '연설formal speech' 등의 뜻이 있는 address는 동사로 '(~ 앞으로) 보내다', '연설하다to make a speech', '~라는 호칭으로 부르다to use a particular name or title for somebody' 등 다양한 뜻이 있습니다. 또 어떤 문제나 상황에 대해 고심하여 '다루다, 처리하다, 대처하다'to deal with a matter or problem는 뜻으로도 자주 쓰입니다. 이 경우 고민해야 할 문제인 matter, problem, issue, concern, crisis, risk, threat 등이 주로 뒤따릅니다.

　이해를 돕기 위해 address가 여러 의미로 쓰인 예를 모아봤습니다.

Facebook figures out your location based on your **IP address** and delivers ads related to where you are.
페이스북은 IP주소를 바탕으로 당신의 위치를 파악하고 그곳과 관련된 광고를 제공한다.

North Korean Leader Addresses Policy Issues In New Year's Address
〈북한 지도자 김정은, 새해 연설에서 정책 문제를 언급하다〉(NPR / 2019.1.1.)

Trump addressed the letter to Nancy Pelosi's office one day after she asked him to postpone his State of the Union address due to the government shutdown.

트럼프는 낸시 펠로시 하원의장이 그에게 연방정부 셧다운을 고려해 국정연설(연두교서 발표) 연기를 요청하자 하루 뒤 그 편지를 펠로시 사무실로 보냈다.

Anyone in the royal family who is not king or queen is traditionally addressed as "Your Royal Highness" the first time they're addressed directly by someone.

왕이나 왕비가 아닌 왕족의 일원을 직접 대면했을 때 처음에는 'Your Royal Highness(전하)' 라는 경칭을 쓰는 것이 전통이다.

funding that will address the growing risk of famine in Yemen

심각해지는 예멘의 기근 위기를 해소할 기금 마련

How tech companies are addressing screen addiction

〈스마트폰 중독을 막기 위해 IT기업들은 어떻게 대처하고 있나〉 (CNN / Allen Kim / 2018.10.10.)

"Terrorism is rooted in deep grievances against the United States. To stop terrorism, these must be addressed and the issues of grievances could not be addressed without fundamental changes in American foreign policy," he said.

"테러리즘은 미국에 대한 뿌리 깊은 불만에서 비롯됩니다. 테러를 막기 위해서는 이 불만에 대해 고심해야 하고, 미국 외교정책의 근본적인 변화 없이는 이에 대처할 수 없습니다"라고 그가 말했다.

Withdrawal from the Paris Agreement

고심해야 할 많은 문제 중에서 전세계가 공동으로 address하는 이슈가 있습니다. 바로 기후변화climate change죠. 이제는 address라는 말로는 부족해 fight이나 combat이라는 말을 쓸 만큼 심각하고 시급한 문제가 됐습니다. 유엔을 중심으로 기후변화에 대처하기 위해(to address climate change) 전세계가 오랜 기간 고심한 결과가 파리협정Paris Agreement입니다. 하지만 이를 주도적으로 이끌던 나라 중 하나인 미국이 탈퇴를 선언하면서 앞으로의 성과가 미지수인 상태이고, 이런 변화의 중심에는 트럼프가 있습니다.

Paris Agreement

파리기후협약Paris Climate Accord이라고도 하는 파리협정은 지구온난화에 맞서 싸우기 위한 국제적인 대응방안으로international measure aimed at fighting global warming 기후변화의 원인인 온실가스 배출량을 감축하기 위해to reduce greenhouse gas emissions(GHG emissions) 전세계가 함께 노력하자는 약속입니다.

2015년 12월, 파리에서 열린 유엔기후변화회의United Nations Climate Change Conference에 참석한 195개국과 유럽연합은, 지구 평균온도global average temperature를 산업화 이전 대비 2도 이내 상당히 낮은 수준으로well below 2℃ above pre-industrial levels 유지하되, 온도 상승을 1.5도로 제한하기 위해to limit the increase to 1.5℃ 각국이 온실가스 배출량을 단계적으로 감축하자는 내용을 담은 합의문을 채택합니다adopted

2016년 4월 22일, 뉴욕 유엔본부에서 있었던 지구의날Earth Day 기념행사에서, 2살 난 손녀를 무릎에 앉히고 미국을 대표해 제21차 유엔기후변화협약 당사국총회(COP21)에서 채택한 파리협정에 서명하고 있는 국무장관 존 케리US Secretary of State John Kerry

(사진 출처: US Department of State from United States)

by consensus. 이렇게 채택된 합의문은 2016년 4월 22일부터 당사국 서명에 들어갔고opened for signature 같은 해 11월 4일 공식 발효됐습니다entered into effective.

기후변화나 기후협약 관련 글을 읽다보면 UNFCCC와 COP를 자주 만나게 됩니다. UNFCCC는 the United Nations Framework Convention on Climate Change(기후변화에 관한 유엔기본협약)의 머리글자를 딴 말로, 보통 '유엔기후변화협약'이라고 합니다. 기후변화의 위험을 막기 위해 1992년 리우데자네이루Rio de Janeiro에서 채택한 국제환경조약international environmental treaty으로 190여 개국이 참여하고 있으며, 협약 당사국들은 1995년부터 매년 기후변화 대처 경과를 평가하기 위해 당사국총회(COP)Conferences of the Parties를 열어 왔습니다. 대개 11월 말에서 12월 초에 열리는 COP는 그 횟수를 뒤에 붙여서 나타냅니다. 그러니까 파리협정이 채택된 2015년 제21차 유엔기후변화협약 당사국총회는 'COP21'입니다.

two-degree threshold

국제적인 기후변화정책의 기준이 되고 있는 2℃ 문턱two-degree threshold은 경제학자 윌리엄 노드하우스William D. Nordhaus로부터 시작됐다고 합니다. 장기적인 거시경제 분석에 기후변화를 통합한integrating climate change into long-run macroeconomic analysis 공로를 인정받아 2018년 노벨 경제학상Nobel Memorial Prize in Economic Sciences을 공동수상한one of the laureates 기후경제학economics of climate change 분야의 권위자 윌리엄 노드하우스는 경제학과 에너지 사용, 기후변화의 상호작용interplay between economics, energy use, and climate change에 관한 통합평가모델integrated assessment models을 개발했습니다. 노드하우스는 인간의 활동으로 배출된 온실가스anthropogenic carbon release가 부정적인 외부효과negative externality를 발생시킨다는 보편적인 견해에 동의하며 각국 정부의 탄소세carbon tax 도입을 권고하는 사람 중 한 명 입니다.

1970년대에 이미 지구온난화가 경제에 위협이 된다고 본 노드하우스는 1975년 논문 〈Can We Control Carbon Dioxide?(우리는 이산화탄소를 통제할 수 있나?)〉에서 온실효과를 일으키는 이산화탄소의 합당한 이용치reasonable limit on CO2가 어느 정도일지 생각해 봅니다. 그는 산업화 이전 이산화탄소 수준의 2배doubling of preindustrial CO2 levels를 상한선으로 보고, 이산화탄소가 지구 온도에 미치는 영향을 연구한 결과에 비추어 대기 농도가 2배doubling of the atmospheric concentration 가 되면 지구 평균온도가 2℃ 정도 상승한다고 봤습니다. 노드하우스는 지구 평균온도가 2℃ 이상 상승하면 지난 수십만 년간over the last several hundred thousand years 관측된 범위를 벗어난 기후를 보게 될 것이라고 했습니다. 당시 온실가스 배출 속도대로라면 2030년 즈음에 이 위험선을 넘을 것이라고 전망한 노드하우스는 이산화탄소 배출을 제어할 전략도 제시했습니다.

지구온난화의 피해와 손실에 대해 거의 알려진 바가 없던 때라는 점을 감안할 때, 노드하우스 자신도 이 논문의 추정이 만족스럽지 못하다고"deeply unsatisfactory" 했지만, 이런 그의 기초작업groundwork은 이후 과학계와 정계의 관심을 끌며 공감대를 형성했고, 1990년대 들어 EU, G7, UN 등 국제기구의 정책과 합의의 기준이 되면서 2℃는 넘어서는 안 될 레드라인red line for global warming으로 자리매김합니다.

2도가 별거 아니게 느껴질 수 있지만, 뉴욕 컬럼비아대학교Columbia University 라몬트-도허티 지구관측소Lamont-Doherty Earth Observatory 고기후학자paleoclimate scientist 피터 드메노칼Peter deMenocal은 과학뉴스 전문 웹사이트《라이브사이언스Live Science》의 기사를 통해 이렇게 설명합니다. 15,000년 전에 끝난 마지막 빙하기last ice age와 현대modern world의 평균온도 차는 단지 5℃ 정도이고, 지구의 32%가 얼음으로 덮였던 그때의 해수면은 지금보다 약 106미터 낮았다고 합니다. 미국 국립빙설자료센터National Snow and Ice Data Center에 따르면 현재 지구는 10%만이 얼음으로 덮여있습니다. 이미 산업화 이전preindustrial times 보다 약 1.2℃ 더 뜨거워진 지구의 온도상승폭이 2030년대에는 1.5℃를 넘어서고, 2050년에서 2100년 사이에 2℃를 넘을 것으로 예상하는 피터 드메노칼은, 현재의 온실가스 배출 속도라면 이보다 더 빨리 온도가 상승할 거라고 말합니다.

유엔 산하 기후변화에 관한 정부 간 협의체(IPCC)Intergovernmental Panel on Climate Change는 2014년 보고서에서 지난 30년간 지구 표면 온도가 연속해서 상승했고, 1850년 이래 이런 적은 처음이라며, 전세계적으로 대대적인 변화가 있지 않고서는 지구온난화를 막을 수 없다고 했습니다. 21세기 들어 역대 가장 더운 해 기록top warmest years on record을 계속 갈아치우며 허리케인hurricanes, 폭우extreme precipitation, 혹서heat waves, 가뭄droughts, 대형 산불spread of wildfires 등이 전례를 찾아볼 수 없을 정도로 극단적인 양상을 띠고, 식량, 물, 서식지, 에너지, 건강 등 생태계가 총체적으로 위협받고 있는 상황에서 지구 평균온도 2℃ 상승은 안전한 상한선이 될 수 없다며, 이미 코앞에 닥친 1.5℃도 넘어서는 안 된다는 목소리가 높습니다. 기후변화에 대한 이해를 돕는 영국 웹사이트《CarbonBrief》는 1.5℃와 2℃ 온도 상승에 따른 차이를 그래픽으로 알기 쉽게 제시했습니다. 0.5도의 차이가 가져올 결과를 비교해 볼 수 있습니다.

Nationally Determined Contribution

2020년부터 적용되는 파리협정은 이때 만료되는 교토의정서Kyoto Protocol를 대체할 새로운 기후협약입니다. 교토의정서는 1997년 일본 교토에서 열린 제3차 유엔기후변화협약 당사국총회COP3에서 채택됐습니다. 신신국에만 온실가스 감축 책임을 지우는common but differentiated responsibilities 교토의정서는 주요 온실가스 배출국인 중국과 인도 등 개발도상국에 감축 의무가 부과되지 않아 실효성이 없다

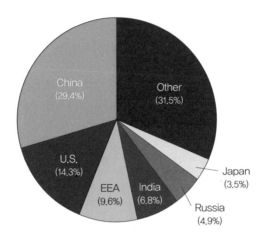

국가별 화석연료 연소에 의한 이산화탄소 배출 비율(2015년)

(based on the EDGAR database created by European Commission and Netherlands
Environmental Assessment Agency released in 2015)

는 지적을 받아왔고, 미국, 일본, 캐나다 등 당사국들이 탈퇴했습니다. 하지만 파리협정은 전세계 온실가스 배출량의 90% 이상을 차지하는 당사국 모두 감축 목표를 지키겠다고 약속한 기후협약입니다.

중국 다음으로 이산화탄소 배출량이 많은 미국은 클린턴 행정부 때 교토의정서에 조인했지만 상원 비준을 미뤘습니다. 이후 텍사스 석유 재벌가 출신으로 석유업계와 긴밀한 관계인 부시George W. Bush가 대통령이 되면서, 미국 경제에 피해가 간다는 이유로 2001년 공식 탈퇴했습니다. 하지만 오바마Barack Obama 대통령은 파리협정 체결에 주도적으로 앞장섰고, 선진국이 개발도상국의 온실가스 감축과 기후변화 적응을 위해 지원하는 녹색기후기금Green Climate Fund에도 미국이 30억 달러를 출연하겠다고 약속했습니다. 이 중 10억 달러를 내기도 했죠.

지구를 위협하는 기후변화를 막기 위한 전세계적인 헌신을 상징하는symbolic commitment 파리협정은 당사국이 자발적으로 온실가스 감축 목표voluntary greenhouse gas emissions reductions targets를 세우고 이를 지키는 것이 가장 중요합니다. 각국이 기여도를 결정한다고 해서 NDC(Nationally Determined Contribution)라는 용어를 씁니다. 각국의 NDC를 보면, 미국의 경우 2025년까지 2005년도 기준 26~28%to reduce emissions 26-28% against 2005 levels by 2025, 중국은 2030년까지 2005년도 기준 60~65%, 유럽연합은 2030년까지 1990년도 기준 40%를 감축하겠다고 했습니다. 한국은 2030년까지 배출 전망치의 37% 감축을 목표로 합니다. 참고로 국제에너지기구(IEA)International Energy Agency가 집계한 2015년 국가별 이산화탄소배출량 순위를 보면 중국, 미국, 인도, 러시아, 일본 순으로 많았고, 한국은 독일에 이어 7위에 자리했습니다.

"as of today, the US will cease all implementation ..."

기후변화를 막기 위한 국제협약에 미국이 부당하게 많은 돈을 지불하고, 지구온난화를 막기 위한 규제가 개발을 저해해 일자리를 없앤다고 생각하는 트럼프는 2017년 6월 1일, 햇살이 따사로운 백악관 로즈가든White House Rose Garden에서 백악관 수석전략가 스티브 배넌chief strategist Steve Bannon과 스콧 프루잇 환경보호청장EPA administrator Scott Pruitt 등 탈퇴를 적극 권했던 이들이 지켜보는 가운데 파리협정 탈퇴를 선언합니다. 닉슨 행정부의 기후변화정책을 또 다시 무효화한 트럼프를 향해 항의하는 시위대의 소음도 멀리서 간간히 들렸다고 하는군요. 이날 트럼프가 한 말의 일부입니다.

... I am fighting every day for the great people of this country. Therefore, in order to fulfill my solemn duty to protect America and its citizens, the United States will withdraw from the Paris Climate Accord — (applause) — thank you, thank you — but begin negotiations to reenter either the Paris Accord or a really entirely new transaction on terms that are fair to the United States, its businesses, its workers, its people, its taxpayers. So we're getting out. But we will start to negotiate, and we will see if we can make a deal that's fair. And if we can, that's great. And if we can't, that's fine. (Applause.)

As President, I can put no other consideration before the wellbeing of American citizens. The Paris Climate Accord is simply the latest example of Washington entering into an agreement that disadvantages the United States to the exclusive benefit of other countries, leaving American workers — who I love — and taxpayers to absorb the cost in terms of lost jobs, lower wages, shuttered factories, and vastly diminished economic production.

Thus, as of today, the United States will cease all implementation of the non-binding Paris Accord and the draconian financial and economic burdens the agreement imposes on our country. This includes ending the implementation of the nationally determined contribution and, very importantly, the Green Climate Fund which is costing the United States a vast fortune. ...

미국의 이익을 위해 파리기후협약에서 탈퇴할 것이고, 미국에게 공정하다고 여겨지는 선에서 재협상을 하거나 완전히 다른 거래를 할수도 있다고 말한 트럼프는, 정부가 미국에 불리한 합의를 한 최근 사례에 불과한 파리협정의 이행을 오늘부로 전면 중단하며, 미국에 부과된 가혹한 부담으로부터 벗어날 것이고, 무엇보다도 녹색기후기금을 내지 않겠다고 말했습니다.

당시 언론은 트럼프의 결정에 따른 부작용을 보도했는데, 《TIME》은 트럼프의 주장과는 달리 파리협정 탈퇴가 일자리 창출에 그리 도움이 되지 않을 것이라고 전했습니다. 연간 3천억 달러의 투자$300 billion in annual investment가 이루어지며 급성장하고 있는 청정에너지 분야clean energy sector가 미국의 파리협정 탈퇴로 지장을 받을 수 있다고 에너지 및 환경정책 전문가들이 말했기 때문입니다. 엑손모빌ExxonMobil과 쉘Shell 등 거대 석유회사들도 백악관을 상대로 협약 당사국으로 남아있도록 몇 달 동안 로비를 벌였다고 하는데, 그들은 파리협정이 국제적인 규모에서 기후변화에 대처하는 효과적인 구조(effective structure for addressing climate change)를 제공한다고 주장했다고 합니다. 화석연료를 주 수입원으로 삼는 기업들이 기후변화에 대처하는 방향으로 사업을 전환하며 파리협정에서의 미국의 위치를 유리하게 본 것이라고 전했습니다.

《AP》는 파리협정 탈퇴 선언과 동시에 녹색기후기금 출현과 탄소 데이터 제공reporting carbon data을 중단하겠다는 백악관의 발표를 전하며, 이로 인해 미국이 연간 30억 톤에 달하는 이산화탄소를 추가로 3 billion tons of additional carbon dioxide 배출할 것이라고 추산한 과학자들의 말도 전했습니다.

Make Our Planet Great Again

트럼프의 파리협정 탈퇴 선언은 협정의 중요성만큼이나 국내외적으로 많은 비난을 샀습니다. 프랑스의 에마뉘엘 마크롱Emmanuel Macron 대통령은 트럼프의 발표 직후 엘리제궁Élysée Palace에서 진행한 TV 연설에서 프랑스 뿐 아니라 전세계가 파리협정의 약속을 지킬 것이라고 말했습니다. 불어에 이어 영어로도 한 연설에서 마크롱은 트럼프의 파리협정 탈퇴는 실수이며, 모든 나라가 이를 이행할 것이고, 지구 어디서든 모두 같은 책임을 공유할 것이라고"we all share the same responsibility" 말했습니다. 영어 연설에는 없지만 불어 연설에는 'on the climate there is no plan B because there is no planet B(기후에 있어 행성 B가 없으므로 플랜 B도 없다)'라는 내용도 있습니다. 마크롱은 트럼프의 슬로건 'Make America great again'을 빗대어 'Make our

2019년 1월 베를린에서 열린 #FridaysForFuture 시위에 참가한 학생들. "There is no Planet B"라고 쓴 푯말도 볼 수 있다. (#FridaysForFuture: 2018년 스웨덴에서 15세 학생 그레타 툰베리 Greta Thunberg가 기후변화 대책이 미흡하다며 의회 앞에서 벌인 시위에서 비롯된 운동)

(사진 출처: Leonhard Lenz)

planet great again'이라고 말하며 연설을 마칩니다.

트럼프는 글로벌 커뮤니티가 수십 년에 걸쳐 노력해 온 결실을 재협상할 의사가 있다고 말했지만, 마크롱 대통령과 앙겔라 메르켈 독일 총리German Chancellor Angela Merkel, 파울로 젠틸로니 이탈리아 총리 Italian Premier Paolo Gentiloni는 공동성명서를 통해 지구에 필수적인vital instrument for our planet 파리협정은 철회될 수도 없고irreversible 재협상의 대상도 아니라고cannot be renegotiated 분명히 말했습니다.

경제전문지《포브스Forbes》는 트럼프의 파리협정 탈퇴 선언에 대한 재계 리더들의 반응을 전했습니다. 트럼프가 파리협정에서 탈퇴하면 대통령 자문기구인 전략정책포럼Strategy and Policy Forum에서 떠나겠다고 했던 테슬라Tesla CEO 일론 머스크Elon Musk는 "Climate change is real"이라는 말과 함께 자문기구를 떠난다고 트위터에 밝혔습니다. 기사는 머스크에 이어 트럼프의 파리협정 탈퇴에 반대 의사를 밝힌 미국 재계 인물들을 그들의 소셜미디어와 함께 소개했습니다. 디즈니 Disney CEO 밥 아이거Bob Iger, 골드만삭스Goldman Sachs CEO 로이드 블랭크페인Lloyd Blankfein, 전 제너럴일렉트릭General Electric CEO 제프 이멜트Jeff Immelt, 마이크로소프트Microsoft 사장 브래드 스미스Brad Smith 등의 반응을 읽을 수 있습니다.

some positive responses

탈퇴를 선언했어도 절차상lengthy exit process outlined in the deal 2020년 미국 대선이 치러질 때까지 정식 탄퇴기 이루어지지 않는 파리협정이지만, 온실가스 감축 목표를 각 나라마다 자발적으로voluntary approach 지키기로 한 약속이기에, 온실가스 최다 배출국 중 하나인 미국의 탈퇴 선언은 협정의 동력을 좀먹는 결과corrosive effect on efforts to move forward를 가져올 수 있다는 우려를 낳았습니다. 이 우려는 두 가지 상반된 결과로 나타납니다.

'브라질의 트럼프'라 불린 보우소나루Jair Bolsonaro는 대선에 승리하면 파리협정을 탈퇴하겠다고 했지만 대통령이 된 뒤 철회한 상태고, 나머지 협약 당사국들도 탈퇴 움직임을 보이지 않는 가운데 불참국이던 니카라과Nicaragua와 시리아Syria가 동참하면서 미국만 유일한 불참국이 됐습니다. 이를 전한 《BBC》는 미국이 기후변화에 있어 외톨이라며 "the world's solitary wallflower"라고 표현했습니다. 하지만 전 세계 이산화탄소의 1/4 이상을 만들어내며 온실가스 배출 1위국으로 자리한 중국의 태도 변화를 전하기도 했습니다. 미국의 탈퇴 선언 직후 파리협정 이행 의지를 재확인하는 모습을 보이던 중국은, 그후 선진국이든 아니든 모든 나라가 온실가스 배출 감소 조치를 취해야 한다는 파리협정의 핵심을 문제 삼으며 감축에 소극적인 모습을 보이기 시작했고, 현재는 선진국에만 감축 의무를 지우는 방향으로 역행하기를 원한다고 합니다. 2018년 5월, 그린피스Greenpeace가 중국 정부의 통계 자료를 분석해 발표한 바에 따르면, 2018년 1분기 중국 탄소배출량이 4% 올랐고, 이 속도대로라면 2011년 이래 가장 빠른 증가세the fastest increase가 될 거라고 했습니다. 이 내용을 전한 경제전문지 《파이낸셜타임스Financial Times》는 2014년과 2016년 사이 전세계적으로 안정세를 보이던 온실가스 배출량이 중국의 경기회복 등을 이유로 2017년부터 다시 상승하기 시작했다며, 중국의 경우 앞으로의 석탄, 석유, 천연가스 소비 계획을 고려해 볼 때, 2018년 내내 이런 상승세가 계속될 거라는 전문가들의 전망도 제시했습니다. 파리기후협약의 성공적인 이행 가능성에 의구심이 드는 현실이 아닐 수 없습니다.

트럼프의 파리협정 탈퇴 선언이 미국 내에서는 긍정적인 움직임을 불러오기도 했습니다. 미국 정부는 탈퇴하겠다고 했지만 미국 사회는 계속 동참하겠다며, 연방정부의 무대책federal inaction에 반기를 들고, 주, 시, 지방정부, 기업 등이 서로 연립해 기후변화와 싸우려는 움직임이 일었기 때문입니다. 캘리포니아 주지사였던 제리 브라운Jerry Brown과 전 뉴욕시장이자 유엔기후행동 특사UN Special Envoy for Climate Action인 마이클 블룸버그Michael Bloomberg가 주축이 된 'We Are Still In' 선언declaration과 'America's Pledge' 운동이 대표적입니다.

We Are Still In은 기후변화에 있어 워싱턴이 글로벌 리더이기를 거부한 상태에서, 개인 및 단체, 지방정부, 기업 등이 파리기후협약 지지를 재확인하고 목표 달성을 위해 함께 노력하며, 온실가스 감축에 있어 미국이 선도적인 위치를 유지하겠다고 공언한 선언입니다. 수많은 주states, 시cities, 군counties, 대학colleges and universities, 의료기관healthcare organizations, 종교단체faith organization, 예술가 및 문화시설artist and cultural institution, 기업 및 투자기관businesses and investors 등이 동참해, 1억 6천만 미국인과 6조 2천억 달러 규모의 미국 경제를 대변하는 2,800명에 가까운 지도자들이 선언에 조인했다고 합니다. 기후행동climate action에 있어 정치노선을 초월해 가장 큰 규모로 연합한 We Are Still In 선언을 실행할 구체적인 계획이 America's Pledge 이니서티브initiative 입니다. 미국이 약속한 온실가스 감축 목표를 향한, 연방 차원이 아닌 공공과 민간이 동참한 노력non-federal climate action을 정량화한 데이터와 진행과정을 국제사회 및 유엔과 공유해 발전직인 기후 행동을 위한 로드맵을 제시한다고 합니다.

the worst is still ahead

아마존Amazon, 리바이스Levi Strauss & Co, 구글Google 등이 We Are Still In 선언에 서명했고, 뉴욕시는 버스를 전기차로 바꿀 예정이며, 로스앤젤러스는 석탄화력발전소를 없애겠다고 했고, 캘리포니아, 뉴저지 New Jersey 등에서는 태양광 및 풍력 발전 용량을 늘려 온실가스배출 감축 목표를 높여잡았다고 합니다. 이런 공동의 노력으로 2017년 미국의 이산화탄소 배출량은 25년 만에 최저치로 떨어졌다고 하죠. 하지만 2018년 전세계적으로 온실가스 배출량이 증가한 가운데, 미국의 이산화탄소 배출량은 8년 만에 가장 높게 치솟았습니다.

경제 및 정책 연구전문기업research firm 로디움그룹Rhodium Group이 2019년 1월 발표한 보고서〈Preliminary US Emissions Estimates for 2018〉에 따르면, 3년간 감소세이던 미국의 이산화탄소 배출량이 2018년 3.4% 증가하면서 지난 20년 사이 두 번째로 높게 상승했다고 합니다. 미국 에너지 관리청(EIA)US Energy Information Administration의 2018년 1~3분기 탄소배출 데이터와 기타 업계의 최근 데이터를 토대로 추산한 이 수치는, 대침체Great Recession 이후 경기를 회복하며 급등했던 2010년 다음으로 높다고 합니다. 탄소배출 증가가 여전히 경제성장과 상관관계가 높다고 말한 연구진의 말처럼, 원인은 미국 경제가 성장하면서 에너지, 교통·운송, 제조업 등 주요 분야에서 이산화탄소 배출량이 모두 증가했기 때문입니다.

전력분야power sector의 경우, 석탄화력발전소가 가장 많이 폐쇄된 해였음에도 불구하고 탄소배출량이 증가했는데, 이는 석탄보다 이산화탄소를 적게 배출하긴 하지만 그래도 화석연료인 천연가스가 석탄을 대체한데다, 재생에너지로 충족하기에는 역부족인 에너지 수요 증가분을 대부분 책임졌기 때문입니다.

3년 연속 탄소배출이 가장 많았던 교통·운송분야transportation sector는 화물운송trucking과 항공여행air travel 증가에 따라 디젤diesel과 제트연료jet fuel 수요가 늘었는데, 이 두 가지는 아직까지 전기나 친환경연료로 대체하기 어렵다고difficult to electrify or decarbonize 하죠. 그래도 그동안 정부가 연비규제fuel-economy standard를 꾸준히 강화해 온 덕분에 (물론 트럼프 행정부는 동조하지 않겠다고 했지만) 승용차의 경우 더 먼 거리를 이동하고도 휘발유gasoline 사용량은 줄었다고 합니다.

극단적인 기후로 인한 냉난방 수요demand for heating and cooling 증가로 건물이 내뿜는 탄소배출도 증가했다고 전한 보고서는, 제조업 부문의 경우 탄소배출이 계속 증가하고 있는데도 간과되고 있다고 지적하며, 탈탄소화정책decarbonization strategies의 한계가 드러났

The New York Times

"All the News That's Fit to Print"
《뉴욕타임스》는 뉴욕에서 발행되는 일간지로, 짧게 'The Times'로 칭하기도 합니다. 1851년 창간돼 오랜 세월 미국을 대표하는 권위지newspaper of record로 자리매김했고, 진보적인 논조에 면밀한 보도를 하는 것으로 알려졌습니다. 뛰어난 언론 보도에 주어지는 퓰리처상Pulitzer Prize을 어떤 신문보다 많이 받았다고 합니다.
1896년부터 설즈버거 가문Sulzberger family이 소유·경영해 온 《뉴욕타임스》의 현재 발행인은 아서 그레그 설즈버거A. G. Sulzberger입니다.
《뉴욕타임스》는 미국 국방부의 베트남전 비밀보고서 펜타곤 페이퍼Pentagon Papers를 최초 폭로한 것으로 유명합니다. 닉슨 정부의 보도금지 명령으로 후속 보도를 하지 못하게 되자 법적 다툼이 시작됐고, 대법원은 언론의 손을 들어줬죠. 일요일에 발간되는 부록 《뉴욕타임스 북 리뷰The New York Times Book Review》는 출판계에서 가장 영향력 있는 서평지로 소설과 비소설 신간 서평을 싣고 있습니다.
온라인의 경우 매달 일정 수의 기사는 무료로 볼 수 있지만, 그 이상은 유료입니다.
▶ website: www.nytimes.com

다고 했습니다. 《뉴욕타임스The New York Times》는 이 보고서 내용을 선하며, 기후변화 대책을 고심하는 정책입안자들이 주로 재생에너지 활성화와 같은 에너지 부문의 탈탄소화에 집중하면서, 탄소배출량의 1/6을 차지하는 중공업heavy industry 분야에 대한 규제는 거의 하지 않

았다며, 전력생산이 청정해지고 있었던 반면, 제조업은 환경을 오염시켜왔다고 했습니다. 이런 현실에 비추어, 로디움그룹의 보고서는, 미국이 파리협정 목표를 달성하려면, 남은 기간 동안 감축 속도를 지금까지보다 2배 이상more than twice the pace the US achieved 높여야 한다고 했습니다. 불가능하지는 않지만 빠른 시일 내에 정책적으로 상당한 변화가significant change in policy 있어야 하고, 시장과 기술이 이에 부응해야만 가능할 것이라고 했죠.

하지만 《가디언The Guardian》은 미국이 파리협정 감축 목표의 절반 정도밖에 달성하지 못할 거라는 '기후행동추적(CAT)Climate Action Tracker'의 우울한 전망을 전했습니다. 국제 기후변화 분석기관인 CAT는 전세계 온실가스의 80%를 배출하는 32개국의 기후행동을 추적해 평가하는데, 2018년 11월, 미국의 기후변화 대응 수준을 가장 낮은 단계인 'critically insufficient(심각한 불충분)'로 평가했습니다. 이는 지구 평균온도를 4℃ 이상 오르게 하는 대응 수준을 말합니다.

정책적으로 더 강력한 온실가스 감축 노력이 절실한 시점에 트럼프 행정부가 들어서면서, 미국 뿐 아니라 전세계적으로 기후행동이 타격을 받고 있습니다.

이번에 다룬 address가 나오거나 파리협정과 관련된 내용을 읽을 수 있는 글이나 기사를 아래 추천합니다.

William D. Nordhaus
<Can We Control Carbon Dioxide?> (1975.6.)

Live Science
<How Would Just 2 Degrees of Warming Change the Planet?>
By Laura Geggel (2017.4.29.)

CarbonBrief
<Scientists compare climate change impacts at 1.5C and 2C>
By Roz Pidcock

The White House (www.whitehouse.gov)
<Statement by President Trump on the Paris Climate Accord> (2017.6.1.)

TIME
<Trump Announces Withdrawal From Paris Agreement>
By Justin Worland (2017.6.1.)

AP News
<Trump pulls US from global warming accord, to allies' dismay>
By JILL COLVIN (2017.6.2.)

Forbes
<Elon Musk Quits White House Advisory Councils In Wake Of Trump's Decision
To Pull Out Of Paris Climate Accord> By Maggie McGrath (2017.6.1.)

BBC
<Paris climate pullout: The worst is yet to come>
By Matt McGrath (2018.6.1.)

Financial Times
<China's carbon emissions set for fastest growth in 7 years>
By Lucy Hornby, Leslie Hook (2018.5.30.)

Rhodium Group
<Preliminary US Emissions Estimates for 2018> (2019.1.8.)

Quiz Fill in the blank

We can't a_____ the climate crisis without other economic issues being a_____ as well.

다른 경제 문제도 함께 고심하지 않고서는 기후 위기에 대처할 수 없다.

address, addressed

NEWS

World | US Politics | Foreign Policy | Business | Culture | Environment | Immigration | Inequality | Brexit | Tech | More ▾

a vaguely defined
blanket travel ban

찰스 슐츠Charles M. Schulz의 만화 〈피너츠Peanuts〉에 등장하는 라이너스Linus van Pelt가 항상 가지고 다니는 파란 담요를 security blanket 이라고 합니다. 아이가 껴안고 있으면 심리적인 안정감을 찾는다는 security blanket은 꼭 아이가 아니더라도 누군가에게 안도감 a feeling of safety and comfort을 주는 물건을 칭할 때 쓰는 말입니다.

이렇게 '담요large square piece of thick cloth'를 뜻하는 blanket이 동사로 쓰이면 마치 담요로 덮은 것처럼 어떤 것을 '(완전히) 뒤덮다to cover something completely'는 뜻이고, 형용사로 쓰이면 모든 것을 포함하거나 모든 것에 영향을 미친다는including or affecting everything '전면적인, 전반적인, 포괄적인'의 뜻입니다. 정책적으로 어떤 것을 전면 금지하거나 누군가가 혐의를 완전히 부인하는 내용의 기사에서 볼 수 있는 단어입니다.

이해를 돕기 위해 blanket이 여러 의미로 쓰인 예를 모아봤습니다.

a study indicating that smartphones act as security blankets to help people cope with uncomfortable social situations

스마트폰이 사회적으로 불편한 상황에 잘 대처할 수 있도록 사람들에게 안도감을 주는 역할을 한다는 연구결과

Certain gases in Earth's atmosphere trap heat from the sun like a blanket.

대기의 특정 가스는 지구를 담요처럼 둘러싸고 태양으로부터 오는 열을 가둔다.

S. Korea Blanketed by Fine Dust, Alert Issued

〈미세먼지에 뒤덮인 한국, 경보가 발령되다〉 (Yonhap News Agency / 2014.4.16.)

Back in December, Russia was given a blanket ban from competing as a nation in the 2018 PyeongChang Olympics.

지난 12월, 러시아는 2018년 평창 올림픽에 국가 차원에서 출전이 전면 금지됐다.

Harvey Weinstein has been accused of sexual misconduct by dozens of women, though he has issued a blanket denial of all claims of nonconsensual acts.

하비 와인스틴은 십여 명의 여성으로부터 성폭행과 성추행 혐의로 고발됐지만 모두 합의 하에 이루어졌다며 혐의를 일체 부인한다고 발표했다.

Trump travel ban

2015년 12월 7일, 공화당 대통령 후보Republican presidential candidate 도널드 트럼프는 이슬람교도를 일체 미국에 들어오지 못하게 하겠다며 "a total and complete shutdown of Muslims entering the United

States"라고 쓴 성명서를 발표합니다. 며칠 전 캘리포니아 샌버너디노에서 이슬람 극단주의에 경도된ISIS sympathizers 파키스탄계 미국인 부부가 벌인 총격테러2015 San Bernardino attack를 계기로 트럼프가 자신의 반이슬람적 편견anti-Muslim bigotry을 공식한 것이죠. 트럼프는 대선후보일 때 회교사원에 대한 감시surveillance against mosques, 미국에 사는 모든 무슬림에 대한 데이터베이스 구축establishing a database for all Muslims living in the US 등의 필요성을 주장한 인물로, 대통령이 된 뒤에는 영국 극우 단체British far-right group의 반이슬람 정서를 자극하는 비디오를 리트윗해retweeted three inflammatory anti-Muslim videos 비난을 사기도 했습니다.

트럼프의 성명을 두고 민주당뿐 아니라 같은 당 후보들도presidential contenders 종교적 관용이라는 미국의 가치American values of religious tolerance에 반한다며 비난을 쏟아냈지만storm of condemnation, 다른 후보 같았으면 역풍으로 작용했을 이 발언이 트럼프에게는 영향을 미치지 않았다고 합니다. 《워싱턴포스트The Washington Post》는 이슬람 인권단체 미국·이슬람관계위원회(CAIR)Council on American-Islamic Relations 대변인의 말을 전했는데, 그는 트럼프가 자신의 지지자들이 반길 것을would be well received by his supporters 알고 계획적으로premeditated nature 발표한 성명이라는 점에서 더 큰 우려를 표했습니다. 반이슬람적인 편견에 쌓인 사람은anti-Muslim bigots 언제나 존재했지만 주변부에at the fringes of society 머문 반면 트럼프는 전면에 나서서 이를 주도하고 있다며, 상식이 통하는 시대라면 이미 끝이 났어야 할 그의 캠페인이 상식을 벗어난 시대를 맞아 지지를 얻고 있다고 말했죠.

《CNN》 보도에 따르면, 트럼프의 무슬림 입국 금지 계획Muslim

travel ban plan은 그의 지지도가 계속 오르는 상황에서 발표됐고, 성명 발표 직후 열린 선거운동 집회에 참가한 트럼프 지지자 8명 중 6명이 이를 지지했다고 합니다. 이들 중에는 이슬람교가 종교가 아닌 'a violent blood cult(폭력적인 피비린내 나는 컬트)'라고 말한 이도 있었고, 트럼프의 이 논란이 된 제안에controversial proposal 반대한 이들도 여전히 그를 대통령으로 뽑을 거라고 했다는군요.

대통령이 된 트럼프는 취임 일주일 만에 반이민 행정명령Executive Order 13769에 서명하며 그만의 선거공약signature campaign promise을 이행합니다. 트럼프는 총 3차례에 걸쳐 반이민 행정조치를 취하는데 이를 Trump travel ban 또는 Trump Muslim ban이라고 합니다.

a blanket Muslim ban

2017년 1월 27일에 발표한 첫 번째 반이민 행정명령the original travel ban은 외국 테러리스트들의 입국을 막아 미국을 보호한다는 의도에서 〈Executive Order Protecting the Nation from Foreign Terrorist Entry into the United States〉라는 제목을 달았습니다.

무슬림이 대다수인 7개 국가seven majority-Muslim countries의 국적자들이 미국에 들어오는 것을 90일 동안 전면 금지하고, 난민 입국refugee admissions도 120일 동안 불허하며, 입국을 허용하는 난민 수the total number of refugees도 오바마 행정부 당시의 절반에도 못 미치는 총 5만 명으로 제한하고, 중동에서from the Middle East 오는 난민 중에서 이슬람교도보다 기독교도를 우대한다는preference to accepting Christian refugees 내용이 골자입니다. 그래서 'Muslim ban'이라고도 불리고, 비록 기한이 정해지긴 했지만 종교와 국적으로 입국을 전면 금지했기 때문에

'a blanket ban'이라고 흔히 표현됩니다.

미국 잡지 《배니티페어Vanity Fair》의 한 기사는 이 행정명령이 어떠한 법적인 문제제기에도 준비가 안 된ill-prepared for any legal or constitutional challenges, 비계획적이고poorly planned 성급하게 내놓은hastily executed, 마치 트럼프 행정부의 분위기를 대변하는 듯한 정책이라며, '애매하게 규정된 전면적 입국금지 조치'라는 의미로 "a vaguely defined blanket travel ban"이라고 표현했습니다.

갑작스런 행정명령으로 백악관에서는 영주권 소지자green card holders도 적용 대상인지를 두고 갈팡질팡했고, 행정상의 혼선administrative chaos은 물론, 공항은 발이 묶인detained at airports 여행자들로 혼란스러웠으며, 미국 주요 도시와 국제공항마다 트럼프의 반이민정책에 항의하는 시위가 잇따랐습니다.

입국을 금지한 이슬람권 7개국은 시리아Syria, 이란Iran, 이라크Iraq, 예멘Yemen, 리비아Libya, 수단Sudan, 소말리아Somalia이며, 내전을 겪는 시리아의 경우 난민 입국을 무기한indefinitely 금지했습니다. 2011년 내전이 시작된 이래 5백만 명이 넘는 난민이 시리아를 떠났지만, 미국의 경우 통상 18~24개월이 걸리는 긴 심사절차vetting process로 2016년 기준 1만 8천 명 정도만 받아들였다고 합니다. 시리아 상황이 악화되면서 오바마 대통령은 시리아 난민 입국자 수를 늘렸고, 이에 대한 반발로 주지사가 공화당 소속인 주에서는 시리아 난민을 받아들이지 않으려는 움직임이 일었습니다.

트럼프는 급진 이슬람교 테러리스트들radical Islamic terrorists로부터 미국을 보호하겠다며 특정 종교, 특정 국가를 노골적으로 차별하는 이민정책을 공식화했지만, 9·11 테러September 11 attacks, 보스톤 마

2001년 9월 11일, 미국에 들어오는 이민자를 맞이하는 위치에서 미국과 자유의 상징icon of freedom and of the United States이 된 자유의 여신상Statue of Liberty 뒤로 불타는 뉴욕의 월드 트레이드 센터World Trade Center

(사진 출처: National Park Service)

라톤 폭탄테러Boston marathon bombing, 올랜도 나이트클럽 총기난사 Orlando nightclub shooting 등과 같은 주요 테러 사건을 일으킨 장본인은 미국 본토 태생US-born이거나, 사우디아라비아Saudi Arabia, 이집트 Egypt, 카자흐스탄Kyrgyzstan 등의 국적으로 정작 입국을 막은 7개국에 속하지 않았습니다.

영국 일간《텔레그래프The Telegraph》는 트럼프 대통령의 사업체인 트럼프그룹Trump Organization이 거래를 했거나 앞으로 사업을 하게 될 가능성이 있는 무슬림 국가인 사우디아라비아, 이집트, 터키Turkey 등이 입국금지 국가 명단에서 빠진 것은 트럼프의 이해관계Trump's conflicts of interest와 직결된다고 보도했습니다.

《뉴욕타임스The New York Times》에 논평을 쓴 한 이민정책 전문가 immigration policy analyst는 미국의 이민법 역사를 설명하면서, 50년 전 의회가 출신국가에 따른 이민자 차별discrimination against immigrants based on national origin을 금했다며outlawed, 트럼프의 'a blanket immigration prohibition on a nationality(국적에 따른 전면적인 이민 금지)'는 위법 illegal이라고 했습니다.

미국에는 출신지로based on where they came from 이민을 금지한 길고 부끄러운 역사가 있었다고 합니다. 19세기 말부터 일부 일본인을 제외한 모든 아시아인all Asians의 이민을 법으로 금했고, 1920년 대부터는 동유럽인Eastern Europeans에 비해 서유럽인Western Europeans을 훨씬 더 많이 받아들이며 아시아인과 아프리카인Africans은 거의 모두 배제했다고 합니다. 하지만 1965년 개정된 이민법the Immigration and Nationality Act of 1965은 이런 낡고 편파적인 법체계old prejudicial system를 대신하며 출신국으로 이민자를 차별하는 것을 전면 금지했다고 합니다.

트럼프의 이민정책을 반대하는 사람들은 이슬람교보다 기독교를 우선시한 행정명령이order's preferential treatment of Christians over Muslims 종교의 자유freedom of religion를 보장한 수정헌법 제1조에도 어긋난다고to violate the first amendment 주장했습니다. 버지니아의 한 지방법원 판사US district judge in Virginia는 트럼프의 반이민 행정명령의 핵심에 종교적 편견religious bias이 자리하고 있다며 위헌unconstitutional이라는 판결을 내렸고, 연방법원들federal courts도 행정명령을 집행하지 못하게 막았습니다.

the second and revised travel ban

트럼프는 이렇게 비난받은 반이민 행정명령을 보완해 2017년 3월, 두 번째 행정명령Executive Order 13780에 서명합니다. 이슬람권 입국금지 대상 7개국에서 미국과 협력을 약속한 이라크를 뺐고, 시리아 난민에 대한 무기한 입국 금지도 철회했습니다.

미국 정부는 종교에 상관없이 6개국의 개개인 모두가 금지 대상이고, 전세계 이슬람 인구 중 이들 나라가 차지하는 비중이 극히 일부이므로 2차 행정명령은 반무슬림 금지법이 아니라는 논리를 폈지만, 발효를 몇 시간 앞두고 하와이 연방지방법원이 위헌이라며 시행을 막아섰습니다. 그러나 2017년 6월, 연방대법원the Supreme Court은 하급법원의 제동을 뒤집으며reversing the actions of lower federal courts 두 번째 버전의 효력을 일부 인정했습니다partially reinstated.

Trump's third iteration of the travel ban

2017년 9월에 나온 세 번째 버전the third version of the directive은 대통령 포고령Presidential Proclamation 9645으로, 입국을 금지하거나 제한하는 대상국에서 수단을 빼고 북한과 베네수엘라를 추가합니다. 트럼프 행정부는 금지국 명단에 이슬람권이 아닌 나라non-Muslim countries를 포함시켜, 반이민 포고령이 적법한 국가안보legitimate national security를 위해 필요할 뿐 인종이나 종교를 근거로 입국을 제한하는 것도, 이슬람교도를 전면적으로 막는 것도 아니라고not a blanket Muslim ban 주장했고, 대법원은 이 주장을 받아들인 것으로 보입니다. 2017년 12월, 미국 최고법원the highest court in the federal judiciary of the United States은 트럼프가 3번째 시도한 travel ban에 대한 효력을 전면 인정하는to allow full enforcement 판결을 내렸습니다. 또 2018년 6월에는 트럼프의 반이민 포고령이 무슬림을 차별하고to discriminate against Muslims 대통령의 권한을 넘어서는to exceed presidential authority 조치라며 제기한 위헌 소송에서 합헌이라고constitutional 판결해 트럼프의 손을 들어줬습니다upheld Trump's travel ban.

보수성향conservative judges과 진보성향liberal judges이 5:4로 갈린 이 판결에서 다수 의견majority opinion 판결문을 쓴 존 로버츠 대법원장Chief Justice John Roberts은, 대통령에게는 국가안보를 위해to protect national security 이민을 규제할 충분한 권한substantial power to regulate immigration이 있고, 트럼프의 포고령이 대통령이 행사할 수 있는 권한을 넘어선 것이 아니라고"squarely within the scope of Presidential authority" 했습니다. 또 종교와 관련이 없다고도"The text says nothing about religion" 했죠.

반면 루스 베이더 긴즈버그 대법관Justice Ruth Bader Ginsburg과 함께 반대 의견dissenting opinion을 낸 소니아 소토마요르 대법관Justice Sonia Sotomayor은 다음과 같이 썼습니다.

SOTOMAYOR, J., dissenting
SUPREME COURT OF THE UNITED STATES
No. 17−965
DONALD J. TRUMP, PRESIDENT OF THE UNITED STATES,
ET AL., PETITIONERS v. HAWAII, ET AL.
ON WRIT OF CERTIORARI TO THE UNITED STATES COURT
OF APPEALS FOR THE NINTH CIRCUIT
[June 26, 2018]

JUSTICE SOTOMAYOR, with whom JUSTICE GINSBURG joins, dissenting.

The United States of America is a Nation built upon the promise of religious liberty. Our Founders honored that core promise by embedding the principle of religious neutrality in the First Amendment. The Court's decision today fails to safeguard that fundamental principle. It leaves undisturbed a policy first advertised openly and unequivocally as a "total and complete shutdown of Muslims entering the United States" because the policy now masquerades behind a façade of national-security concerns. But this repackaging does little to cleanse Presidential Proclamation No. 9645 of the appearance of discrimination that the President's words have created. Based on the evidence in the record, a reasonable observer would conclude that the Proclamation was motivated by anti-Muslim animus. That alone suffices to show that plaintiffs are likely to succeed on the merits of their Establishment Clause claim. The majority holds otherwise by ignoring the facts, misconstruing our legal precedent, and turning a blind eye to the pain and suffering the Proclamation inflicts upon countless families and individuals, many of whom are United States citizens. Because that troubling result runs contrary to the Constitution and our precedent, I dissent. ...

이번 판결이 종교의 자유라는 미국의 기본원리를 보호하지 못했고, 대통령 후보 시절 이슬람교도를 일체 들어오지 못하게 하겠다던 트럼프의 성명을 그대로 인용하며, 여기에서 연유한 차별적인 정책이 국가안보라는 허울을 썼지만, 트럼프의 발언을 근거로 그의 포고령이 반이슬람적 적대감에서 비롯됐다는 합리적인 판단을 내릴 수 있다고 했습니다. 이 부분에 이어 트럼프의 반이슬람적 편견을 드러내는 기타 발언 사례도 나열했습니다. (글에 나온 Establishment Clause는 미국 수정헌법 1조First Amendment to the United States Constitution의 '국교금

지조항'으로 Free Exercise Clause(자유활동조항)와 함께 종교의 자유
에 대한 헌법적 권리constitutional right of freedom of religion를 보장합니다.)

illusion of security

트럼프는 대법원 판결이 "tremendous victory"이며, 미국과 미국의 국
경을 지키는데 필요한 일을 하길 거부하는 민주당 정치인들과 각종
매체가 몇 달 동안 히스테리에 가까운 비난"hysterical commentary"을 쏟
아낸 뒤 찾아온 "완전한 설욕의 순간moment of profound vindication"이라
고 말했습니다.

트럼프가 소감을 밝힌 뒤《뉴욕타임스》에는 그를 향한 공개편지가
실렸습니다. 칼럼니스트 브렛 스티븐스Bret Stephens가 트럼프의 travel
ban을 비판하며 쓴 논평인데, 그는 이라크전2003 Iraq War 옹호, 이란
핵합의Iran nuclear deal 비판 등 미국 외교안보에 있어 강경한 입장을 취
하는 것으로 알려져 있습니다. 테러리스트들로부터 미국을 보호한다
는to keep Americans safe from terrorists 명목ostensible purpose하에 8개국 시
민의 입국을 금지시켰는데, 만약 이런 입국금지 조치가 과거에 있었
다면 과연 테러를 막을 수 있었을지 생각해 보자며, 지난 25년간 미국
에서 일어난 주요 테러 사건significant terrorist attacks 14건을 죽 나열했습
니다. 트럼프의 반이민정책이 테러 방지와 거의 관련이 없음을 과거
사례를 들어 이야기하며, 미국의 도덕적 평판America's moral reputation이
라는 아주 값비싼 대가를 치르고 '안보라는 환상illusion of security'을 얻
으려 한다고 말했죠.

Trump's border wall

하늘을 날아 들어오는 특정 국가, 특정 종교의 사람들을 반이민 행정명령으로 막고 있는 트럼프는 육로를 통해 국경을 넘는 이들은 벽Trump's border wall을 세워 막으려합니다. 이민개혁과 국경안보의 기본 틀(White House Framework on Immigration Reform & Border Security)에 250억 달러가 드는 국경장벽이 자리한 트럼프 행정부는 무관용 정책zero-tolerance policy으로 국경단속immigration crackdown을 강화하며 가족을 강제로 떼어놓는forcibly separating families 광경을 연출했습니다.

foil blankets

2018년 6월, 배우 수전 서랜던Susan Sarandon이 워싱턴DC에 있는 상원 하트빌딩Hart Senate Office building에서 foil blanket을 두르고 연좌농성sit-in protest을 하다가 체포됐습니다. 수백 명의 여성과 함께 트럼프의 무관용 이민정책에 항의하던 중이었죠. 그들이 두른 은색 담요silver blankets는 미국과 멕시코 접경 지역에서 부모와 떨어져 격리 수용된 아이들undocumented children separated from parents을 상기시키기 위한 소품이었습니다. Space blanket, solar blanket, emergency blanket, 또는 상표명을 따서 Mylar blanket이라고도 불리는 이 담요는 1970년대 나사의 과학기술NASA technology in the 1970s에서 비롯된 것으로, 외부 기온으로부터 체온을 보호하는 역할을 하는 보온 담요thermal blanket라고 합니다. 마라톤을 마친 선수들이 저체온증hypothermia을 방지하기 위해 두른 모습을 흔히 볼 수 있죠.

children in cages in Texas

2018년 6월, 미 세관국경보호국(CBP)Customs and Border Protection이 공개한 국경 수용시설detention center 안 사진은 미국 전역을 떠들썩하게 했습니다. 철책으로 분리된 우리caged areas separated by chain-link fencing 안에 부모와 떨어져 수용된 아이들이 콘크리트 바닥에 깐 매트 위에서 은색 담요를 덮고 있는 사진이었죠.

미국 남서부 국경US southwest border을 불법으로 넘는 이들은 예전에도 있었고, 어느 행정부든 이 문제의 대책 마련에 고심했지만, 트럼프가 대통령이 되기 전에는 이런 광경을 볼 수 없었다고 합니다.

'아주 비인간적이다totally inhumane', '터무니없다outrageous', '잔인하

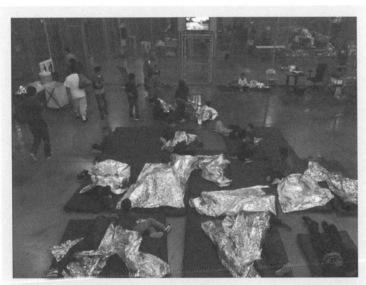

2018년 6월, 텍사스주 매캘런McAllen 임시 보호시설의 모습. 부모와 떨어진 아이들이 철망 칸막이 wire mesh compartment 안에 수용돼 바닥에 깐 매트 위에서 보온용 알루미늄 담요를 덮고 있다.

(사진 출처: US Government / US Customs and Border Control)

다cruel', '부도덕하다unconscionable'는 말이 터져 나오며 이념과 종교를 초월해 사회 전반에서 거센 비난extraordinary public condemnation이 쏟아졌습니다. 조지 W. 부시George W. Bush 전 대통령의 부인former First Lady 로라 부시Laura Bush는 《워싱턴포스트》에 기고한 칼럼op-ed에서 "immoral(부도덕한)"이라는 말과 함께 2차 세계대전 당시 일본계 미국인 포로수용소internment camps를 떠올리게 한다고 했고, 텍사스주 수용시설을 직접 방문한 한 민주당 의원은 감옥과 다를 바 없다고"nothing short of a prison" 했습니다.

사진이 공개되기 두 달 전, 제프 세션스 법무장관US Attorney General Jeff Sessions은 미국 남서부 국경을 불법으로 넘는 사람은 '모두'all adult migrants entering the country illegally 형사 기소한다는to criminally prosecute 'zero-tolerance policy(무관용 정책)'를 발표합니다. 초범first-time border offences이든 망명 희망자asylum-seekers든 모조리 말이죠. 이에 따라 어른이 기소된placed in custody and facing criminal prosecution 동안 부모를 따라 국경을 넘은 아이들은 보호자가 없는 외국인 미성년자로 재분류돼reclassified as 'unaccompanied alien minors' 따로 수용됐습니다. 시행 2주 만에 아기와 유아babies and toddlers를 포함해 부모와 떨어진 아이들은 658명으로 늘었고, 5~6월 동안 2,300명이 넘는 아이들이 미국과 멕시코 국경 지역에 분리 수용됐다고 합니다. 수용공간이 모자라 전에 월마트였던 곳former Walmart in Texas을 수용소로 개조했고, 평균 40도에 육박하는 텍사스 사막에 텐트촌makeshift tent cities in the desert까지 만들었다고 합니다.

catch and release

물고기를 잡았다가 놓아준다는 낚시 용어인 'catch and release'는 부시 행정부 때부터 이민과 관련해 쓰이기 시작했다고 합니다. 불법으로 국경을 넘다 체포된caught in the US without proper documentation 사람들 중 일부를 이민법정 심리가 있을 때까지pending an immigration court hearing 구금하는 대신as an alternative to detention 미국 내에 풀어주는 것을 말합니다. 여기에는 주로 위험성이 낮다고 여겨지는deemed low risk 보호자가 없는 미성년자unaccompanied minors나 아이를 동반한 가족families with children, 망명신청자가 속한다고 합니다. (비공식적으로 쓰이는 이 용어는 사람을 물고기에 비유했기 때문에 경멸적인pejorative 용어로 여겨지기도 합니다.)

트럼프 행정부는 미국에 일단 들어온 뒤 풀려날 여지를 주는 이 관행의 허점"catch-and-release loopholes"이 불법이민을 부추기고, 아이를 동반한 가족은 달리 취급되는 점을 불법이민자들이 악용한다며, 이를 막겠다고 가족을 강제 격리하는 정책family separation policy을 실시한 거죠.

트럼프 행정부 초기 주춤하던 멕시코 국경 불법입국자 체포 건수border apprehensions는 2018년 들어 다시 증가하기 시작했고, 가족 단위로 국경을 넘은 건수가 5월까지 4개월 연속 증가해, 2018년 5월의 경우 전년 대비 160%를 기록했다고 합니다. 이 와중에 무관용 정책이 발표됐지만, 아이들을 부모에게서 떼어내 밀입국을 막겠다는to deter illegal crossings 발상은 트럼프 행정부 초기부터 이미 제기됐다고 합니다. 2017년 3월, 당시 국토안보부장관Secretary of Homeland Security이었던 존 켈리John Kelly는 《CNN》과의 인터뷰에서 불법으로 국경을 넘는 가족의 격리를 고려하고 있다고 했고, 백악관 비서실장White House Chief of Staff이 된 뒤에는 《NPR》과의 인터뷰에서 "중요한 건 억제책a big name of the game is deterrence"이라며 이 정책을 옹호했습니다. 《뉴욕타임스》는 세션스가 무관용 정책을 발표하기 이전인 2017년 10월부터 이미 격리 수용이 이루어지고 있었다고 보도했습니다.

이전 정부에서도 아이들을 격리시킨 사례가 있긴 하지만 어른이 법적인 보호자legal guardian임을 확인할 수 없거나 아이들의 안전이 우려되는 상황 등 특수한 경우일 뿐, 트럼프 행정부처럼 전면적인 정책으로 실시하지는 않았다고not as a blanket policy 합니다. 어떠한 상황에서든 아이를 부모와 떼어놓는 것은 아이의 안녕에 해가 되기detrimental to children's well-being 때문에, 구금을 하든 풀어주든 언제나 가족 단위family as a unit가 우선시 됐고, 무엇보다도 너무나 비인간적이기too inhumane 때문에 정치적 위험성이 커서too politically perilous 어떤 행정부도 정책적으로 실시하지 못했다고 합니다. 그래서 트럼프의 무관용 정책은 zero 'tolerance' policy가 아니라 zero 'humanity' policy라는 말을 듣기도 했죠.

트럼프의 무관용 정책은 조지 W. 부시 대통령이 불법 이민을 막기 위해 실시한 프로그램Operation Streamline을 모델로 삼았다고 합니다. 텍사스 주지사governor of Texas로 국경 문제를 직접 경험한firsthand experience with the border 부시 대통령은 불법으로 국경을 넘는 사람을 모두all unlawful entrants 기소해 감금하고, 다수를 한꺼번에 재판assembly-line-style trials해 신속히 추방하는 프로그램을 텍사스 국경을 따라 실시했습니다. 이 프로그램은 오바마 행정부 초기에도 적용됐지만, 초범에 대해서는 경범죄misdemeanor로 처리하고, 미성년 자녀와 함께 국경을 넘은 성인이나 청소년, 병약자 등에 대해서는 어느 정도 예외를 뒀다고 합니다.

the long-term trauma on the children

불법으로 국경을 넘는 사람들을 막겠다며 트럼프 행정부가 취한 강경 조치에 대해 전문가들은 이런 억제책이 현실적이지도, 장기적인 해결책도 될 수 없다고neither practical nor a long-term solution 말합니다. 국경을 넘는 사람들 상당수가 엘살바도르El Salvador, 과테말라Guatemala, 온두라스Honduras 등 중앙아메리카Central America에서 폭력과 범죄violence and crime, 빈곤poverty으로부터 도망친 이들로, 고향에 계속 머무는 것은 이들에게 죽음death sentence을 의미할 수도 있기 때문입니다.

미국 연방정부 통계에 따르면, 멕시코와 인접한 남서부 국경에서의 불법이민자 체포 건수가 2012년 이래로 2018년 가장 높은 수치를 보이긴 했지만, 1980년대부터 2000년대까지 매년 백만 건이 넘던 기록에 비하면 절반에도 못 미치는 수준이고, 과거 불법이민의 대부분을 차지했던 멕시코 이민자들이 지난 10년간 감소한decade-long decline in unauthorized immigrants from Mexico 반면 중미에서 오는 이민자는 증가했다고 합니다.

고국에서 살아갈 수 없어 먼 길을 떠난 이들은 대개 가족단위이며, 망명을 신청하기 위해 미국 국경을 넘는데, 이 상황에서 아이들이 부모와 격리되면 트라우마trauma에 시달릴 수 있다고 인권단체들은 경고합니다. 미국소아과학회American Academy of Pediatrics는 부모와 떨어져 심한 스트레스를 받은 경험highly stressful experiences이 아이의 뇌 구조에 지장을 줘disrupting a child's brain architecture 평생의 발달과정에서 회복이 불가능한 손상irreparable harm to lifelong development을 입힐 수 있다고 말합니다. 설령 격리 후 바로 부모와 재회하더라도 그 트라우마는 일생 동안 장기적인 영향lifelong effects을 미칠 수 있다고 합니다.

《BBC》와 인터뷰한 유엔난민고등판무관UN High Commissioner for Refugees 필리포 그란디Filippo Grandi는 트럼프 행정부의 무관용 정책을 용납할 수 없다며"unacceptable" 어떤 상황에서도 아이들을 가족과 떼어놓는 것은 전적으로 잘못됐고, 중앙아메리카의 사례처럼 폭력과 박해로부터 도망쳐fleeing from violence and persecution 고통을 겪는in distress 사람들에게는 특히 그렇다고 말했습니다.

하지만 트럼프의 이민정책을 설계한 백악관 수석정책고문senior policy adviser 스티븐 밀러Stephen Miller의 생각은 다릅니다. 항상 트럼프 주변에서 모습이 포착되고, 언제든 기자들과 싸울 준비가 돼있는 최연소 고문 스티븐 밀러는 논란이 되는 트럼프의 정책마다 그 중심에 선 인물입니다. 한번은 자유의 여신상Statue of Liberty에 적힌 엠마 라자루스Emma Lazarus의 시, '가난하고 지친 자들이여, 자유롭게 숨쉬기를 갈망하는 무리여, 내게로 오라Give me your tired, your poor, Your huddled masses yearning to breathe free'를 인용하며 트럼프 정부의 이민정책이 이런 미국의 정신에 위배되는 것이 아니냐고 묻는 《CNN》 기자와 설전을 벌이기도 했죠. 그는 불법입국은 무조건 허용되지 않으며 누구도 예외는 없다고 말합니다. 일단 국경을 넘어 망명을 신청하면 긴 절차가 끝날 때까지 임시 입국이 허가되는 망명법asylum laws을 악용하는 사람이 있다며 한 말입니다.

(트럼프는 중미 이민자 행렬이 박해를 피해 고국을 떠난 약자vulnerable people가 아니라 폭력조직원gang members, 범죄자criminals, (마

약) 밀매상traffickers이라며 이들이 거짓으로 망명을 신청하려 한다고 주장했고, 나중에는 망명신청을 금지하기도 했습니다. 또 중미 3개국 원조Central American aid도 중단하겠다고 해 난민문제를 더 악화시켰습니다. 여론조사기관《퓨리서치센터Pew Research Center》조사에 따르면 미국이 난민을 받아들인 수가 2017년에 이어 2018년 최저치를 기록했다고 합니다.)

"Mami" and "Papá" over and over again

의회의 국경장벽 지원을 얻어내기 위해congressional support for a border wall 가족 격리 정책을 지렛대로 사용하고 있다는 말을 들어도 아랑곳하지 않고, 미국을 '난민캠프migrant camp'로 만들지 않겠다며 무관용 정책을 고수하던 트럼프지만, 수용소에서 애타게 부모를 찾는 아이들의 울음소리cry for separated parents on audio가 공개되며 반발이 더 거세지자 결국 가족 생이별을 끝내는 행정명령에 서명합니다.

비영리 탐사보도 매체investigative media outlet《프로퍼블리카ProPublica》가 공개한 이 오디오에는 부모와 떨어져 세관국경보호국의 한 보호시설에 수용된, 중앙아메리카에서 온 4~10세로 추정되는 10명의 아이들이 부모를 찾으며 서럽게 우는desperate sobbing 소리가 담겨있습니다. 부모와 이별한지 24시간이 채 안 된 아이들이 '엄마Mami', '아빠Papá'를 계속 부르며 숨넘어가게 울고, 이 고통스러운 소리excruciating listening 사이로 국경순찰요원Border Patrol agent이 완전 오케스트라라며 지휘자만 있으면 되겠다고 농담하는 말소리가 들립니다. 《프로퍼블리카》는 오디오 입수 경위와 내용을 전하며 트럼프의 가혹한 이민정책으로 가장 위태로운 상황에 놓였으면서도those with the most at stake 지금까지 그 논쟁에서 제외됐던 아이들의 고통스러운 실제 목소리real-life sounds of suffering가 더해졌다고 썼습니다.

부모에 대한 법적 절차가 끝날 때까지 격리된 아이들을 부모와 함께 있게"keep families together" 하라는 내용과 강경한 이민정책hardline approach to immigration enforcement이 계속될 거라는 내용이 동시에 실린 행정명령에 트럼프는 서명했고, 이후 대부분의 가족이 재회했지만, 격리 수용에 대한 정부 기관의 준비 부족으로 500명이 넘는 아이들이 부모를 다시 만날지 알 수 없는 처지가 됐다고 합니다.

"Unless it includes a wall ... a real wall"

2018년 6월, 아동 격리 수용을 철회하는 행정명령에 서명하며 '가족이 떨어져 있는 모습을 보는 게 좋지 않았다'고 위선적으로 말한 트럼프는 자신의 무관용 정책이 만들어낸 사태에 대해 일관되게 민주당 탓을 해 왔습니다. 민주당이 이민법 개정immigration reform에 협조해야 한다는 것이죠. 하지만 미국에서 가장 골치 아픈 문제the thorniest policy issue라고 할 수 있는 이민법 개정은 당시 공화당 내에서도 의견이 갈려 의회 통과를 가늠할 수 없는 상태였습니다. 국경 보안을 강화하면서to tighten border security measures 동시에 특정 미등록 이민자들certain undocumented immigrants에게 합법적 지위나 시민권legal status or citizenship을 주는 방향으로 제안되는 개정안의 중심에는 트럼프의 국경장벽 예산과 어릴 때 부모를 따라 미국에 불법적으로 들어와 체류하는 젊은 이들인 Dreamers에 대한 해결책이 자리하고 있죠.

자신이 애청하는 프로그램인 〈폭스앤프렌즈Fox & Friends〉에 출연해 아주 강력한 국경보안"very strong border security" 조치인 장벽"a real wall"

없이는 어떤 이민법 개정안도 승인하지 않겠다고"no approval from me" 말한 트럼프는 공화당을 향해 시간 낭비 그만하고 11월 중간선거가 끝날 때까지until after the November midterm elections 기다리라고 말합니다. 민주당은 수십 년간 이어온 문제를 해결할 의사가 전혀 없다고 비난하며, 중간선거에서 공화당이 대승해 붉은 물결이 일면"after the Red Wave" 그때 위대한 법"great legislation"을 통과시킬 수 있다고 트위터를 날리죠.

영부인 멜라니아 트럼프First Lady Melania Trump도 양쪽 정치인"both sides of the aisle"이 만나 이민법을 성공적으로 개정하기 바란다며 트럼프와 유사한 주장을 했습니다. 가족과 격리된 아이들을 보는 게 싫다며 법을 지키는 나라 뿐 아니라 '마음으로 다스리는 나라country that governs with heart'도 되어야 한다고 말한 멜라니아가 트럼프로 하여금 가족 격리 수용을 철회하는 행정명령에 서명하도록 막후 노력을 했다는 백악관의 말도 있었지만, 이런 일이 벌어진 원인은 간과하고 남편처럼 이민법 개정을 통과시키지 못하고 있는 정치인만을 탓했습니다.

'F&F'라고 표기하기도 하는 〈Fox & Friends〉는 《폭스뉴스Fox News》 채널에서 매일 아침 방송하는 뉴스 및 토크쇼 프로그램입니다. 폭스의 보수적인 시각을 대변하는 정치 뉴스와 함께 인터뷰, 연예, 라이프스타일 등의 내용으로 구성된 쇼라고 합니다. 오바마 대통령에게 가장 공격적인 플랫폼이라는 말을 들었지만, 트럼프 대통령에게는 우호적인 방송을 해. 애청자인 트럼프가 트위터를 통해 공개적으로 칭찬하는가 하면, 방송 내용을 실시간 트윗live-tweets 하기도 한다는군요. 진행자들은 트럼프가 시청하고 있음을 아는 듯 쇼를 진행하기도 한다고 하죠.

《폭스뉴스》는 미국 전역을 분노케한 트럼프의 불법이민자 자녀 격리 정책에 사뭇 다른 태도를 보였습니다. 토크쇼 진행자 로라 잉그램Laura Ingraham은 아이들을 구금한 수용소가 "여름캠프나 다름없다essentially summer camps"며 다른 대통령이 하지 못한 일을 트럼프가 해냈다고 칭찬했습니다. 《폭스뉴스》와 인터뷰한 보수 논객 앤 콜터Ann Coulter는 수용소에서 녹음된 아이들의 울음소리를 두고 아역 배우들의 연기라며 트럼프에게 속지 말라고 경고하기도 했습니다.

Melania's olive green jacket

트럼프가 가족들을 함께 수용하라는 행정명령에 서명한 하루 뒤, 멜라니아는 미국과 멕시코 국경에 있는 밀입국 아동 보호소immigrant children's shelter를 깜짝 방문unannounced visit하지만, 이런 행보보다는 그가 입고 있었던 재킷이 더 논란이 됩니다. 비행기에 오를 때 입었던 브랜드 자라Zara의 녹색 재킷olive green jacket 뒷면에는 "I really don't care. Do U?(난 정말 신경 안 써. 너는?)"라는 말이 하얀 글자white graffiti-style lettering로 선명하게 적혀 있었죠. 영부인 측에서는 의상 선택sartorial choice에 숨은 뜻이 전혀 없다고no hidden meaning 주장했지만, 전직 모델로 공식 석상에서 거의 말이 없는 멜라니아는 입은 옷으로 많은 것을 표현한다는to speak volume with what she wears 말을 들어왔습니다. 일거수일투족이 주목을 받는 미국의 영부인인데다가 비인간적이라고 비난받은 트럼프의 이민정책과 관련된 현장을 방문하는 과정에서 무관심을 의미하는 문구를 내보인 것을 과연 어떻게 봐야 할지 언론은 놀라움을 금치 못했습니다.

2018년 3월, 샌디에이고San Diego에서 국경벽 모형new border wall prototypes을 살펴보고 있는 트럼프 대통령
(사진 출처: US Customs and Border Protection)

멜라니아의 재킷은 즉각적인 반발을 삽니다. 트럼프의 정책에 반대하는 연예인과 정치인, 일반인 모두 "I care", "I Really Do Care, Don't You?", "WE SHOULD ALL CARE" 등의 문구가 들어간 옷을 입거나 이런 문구를 등에 붙이고 사진을 찍어 소셜미디어에 올렸고, 의류 판매 사이트마다 이런 문구가 들어간 옷을 팔기 시작했습니다. 몇 달 뒤 멜라니아는 《ABC뉴스》와의 인터뷰에서 재킷의 메시지가 자신을 비판하는 사람들과 좌파언론leftwing media을 향한 것이었다고 밝힙니다.

no closer to passing comprehensive immigration reform

중간선거에서 민주당이 하원을 장악하며 트럼프의 국경장벽은 그야말로 높은 벽을 만나게 됩니다. 장벽 건설 예산을 둘러싸고funding dispute over Trump's border wall 촉발된 연방정부 셧다운federal government shutdown은 35일이라는 미국 역사상 최장 기록을 세웠고, 자신이 원하는 장벽 예산을 확보하지 못한 트럼프는 국가비상사태를 선포합니다declared a national emergency. 이렇게 되면 대통령에게 통상의 정치적 절차를 우회할 수 있는to bypass the usual political process 권한이 주어지므로 의회 승인을 거치지 않고without congressional approval 다른 용도의 예산을 장벽 건설에 전용하려는to divert funds from other agencies 의도인 거죠. 의회는 이를 무력화하는 결의안congressional resolution을 통과시켰지만 트럼프가 거부권his first-ever veto을 행사했고, 이제는 법정으로 싸움이 옮겨갔습니다.

2020년 대선 전까지 이민개혁에 대한 합의 가능성이 전혀 보이지 않는 상황에서 트럼프는 사위 쿠슈너가 (스티븐 밀러와 함께) 주도한 이민개혁안을 선보입니다. 현재의 family-based(가족 초청 기반) 이민제도를 merit-based(능력 기반)로 바꿔 저숙련, 저임금 노동력low-skilled, low-wage labor 대신 고급인력high-skilled labor을 받아들이겠다고 합니다. 《CNN》이 likely doomed(실패할 것 같은)라는 말을 앞에 붙인 이 immigration plan은 공화당 내에서도 별 감흥을 불러일으키지 못했고, 민주당이 주력하는 Dreamers에 대한 해결방안도 제시하지 않았다고 합니다.

이번에 다룬 blanket이 나오거나 트럼프의 이민정책에 대해 읽을 수 있는 글이나 기사를 아래 추천합니다.

 You might want to read this

The Washington Post
<Trump calls for 'total and complete shutdown of Muslims entering the United States'> By Jenna Johnson (2015.12.7.)

CNN
<Trump supporters embrace Muslim travel ban plan>
By Jeremy Diamond (2015.12.8.)

The White House (www.whitehouse.gov)
<Executive Order Protecting the Nation from Foreign Terrorist Entry into the United States> (2017.1.27.)
<Executive Order Protecting The Nation From Foreign Terrorist Entry Into The United States> (2017.3.6.)
<Presidential Proclamation Enhancing Vetting Capabilities and Processes for Detecting Attempted Entry Into the United States by Terrorists or Other Public-Safety Threats> (2017.9.24.)
<White House Framework on Immigration Reform & Border Security>

(2018.1.25.)
<Affording Congress an Opportunity to Address Family Separation> (2018.6.20.)

Vanity Fair
<Trump's New Travel Ban Attempts to Prove It's Not Anti-Muslim>
by Tina Nguyen (2017.9.25.)

The Telegraph
<Everything you need to know about Donald Trump's 'Muslim ban'>
by James Rothwell, Charlotte Krol (2017.1.31.)

The New York Times
<Trump's Immigration Ban Is Illegal>
By David J. Bier (2017.1.27.)

BBC
<Trump travel ban: What does this ruling mean?> (2018.6.26.)

Supreme Court of the United States (www.supremecourt.gov)
<17-965 Trump v. Hawaii> (06/26/2018)

The New York Times
<How, Exactly, Does This Travel Ban Keep Us Safe, Mr. President?>
By Bret Stephens (2018.6.27.)

PEOPLE.com
<Susan Sarandon Arrested at Protest Against Trump's Immigration Policy: 'Keep Fighting'> By Maria Pasquini (2018.6.29.)

BBC
<Why the US is separating migrant children from their parents> (2018.6.15.)

The Washington Post
<Laura Bush: Separating children from their parents at the border 'breaks my heart'> By Laura Bush (2018.6.17.)

CNN
<Kelly: DHS is considering separating undocumented children from their parents at the border> By Daniella Diaz (2017.3.7.)

NPR
<Transcript: White House Chief Of Staff John Kelly's Interview With NPR>
(2018.5.11.)

The New York Times
<How Trump Came to Enforce a Practice of Separating Migrant Families>
By Julie Hirschfeld Davis, Michael D. Shear (2018.6.16.)

The New York Times
<Hundreds of Immigrant Children Have Been Taken From Parents at US Border>
By Caitlin Dickerson (2018.4.20.)

CNN
<Fact-checking Trump's claims that Obama separated families>
By Maegan Vazquez (2019.4.9.)

BBC
<US migrant children cry for separated parents on audio> (2018.6.19.)

Pew Research
<How Americans see illegal immigration, the border wall and political
compromise> By John Gramlich (2019.1.16.)

ProPublica
<Listen to Children Who've Just Been Separated From Their Parents at the
Border> By Ginger Thompson (2018.6.18.)

CNBC
<President Trump says he will not sign an immigration bill without a 'real' border
wall> By Jacob Pramuk (2018.5.24.)

CNN
<Melania dons jacket saying 'I really don't care. Do U?' ahead of her border visit
… and afterward> By Betsy Klein (2018.6.21.)

ABC News
<'I want to show them that I don't care': Melania Trump reveals details of her life
in the White House in her first extensive sit-down interview since becoming first
lady> By Cheyenne Haslett, Luc Bruggeman (2018.10.13.)

BBC

<How emergency powers could be used to build Trump's wall> (2019.2.15.)

CNN

<Trump unveils new (likely doomed) immigration plan>
By Maegan Vazquez, Kevin Liptak, Lauren Fox (2019.5.16.)

Quiz Fill in the blank

France's b_____ ban on full-face veils interferes with Muslim women's rights to express their religion and beliefs freely.

프랑스가 얼굴을 전부 가리는 베일을 전면 금지한 것은 이슬람교 여성이 자신의 종교와 신앙을 자유롭게 표현할 권리를 침해한 것이다.

blanket

NEWS

World | US Politics | Foreign Policy | Business | Culture | Environment | Immigration | Inequality | Brexit | Tech | More ▼

a *hawk's hawk*

'매'를 뜻하는 hawk은 '매파, 강경파, 강경론자'라는 뜻도 있습니다. 정치적인 관계에서 문제를 해결하기 위해 또는 무언가를 얻기 위해 대화discussion나 평화적, 외교적 방법peaceful or diplomatic methods보다는 무력 사용use of force or violence을 지지하는 사람들을 매파라고 하죠. 반면 전자의 방법을 선호하는 사람을 dove라고 합니다. '비둘기파, 온건파'라는 뜻이죠. 형용사 hawkish는 '매파의, 강경파의, 강경노선의'라는 뜻이고, dovish는 '온건파의, 온건한'이라는 뜻입니다.

비슷한 말로 hard line은 '강경한 태도, 강경책'을, hard-line은 '강경한', hardliner는 '강경노선의 사람, 강경파'를 뜻합니다. 반대로 soft line은 '온건하고 유연한 태도, 온건 노선'을 뜻합니다. '강경한 태도'를 나타내는 말로 hardball이라는 단어도 쓰입니다.

전쟁을 주장하는 주전론자를 war hawk이라고 부르고, 정치적으로는 진보적이지만politically liberal 외교정책에 있어서는 강경한 간섭주의를hawkish, interventionist foreign policy 표방하는 사람을 liberal hawk이라고 합니다. 힐러리 클린턴Hillary Clinton 전 국무장관이 대표적인 인물이죠. 그런가 하면 chickenhawk이라는 말이 있습니다. '겁쟁이'를 뜻하는 chicken과 '강경파'를 뜻하는 hawk을 모아 만든 말로, 전쟁이나 군사행동military action을 강력히 지지하지만 군복무를 한 적이 없거나 이를 적극적으로 기피하는to actively avoid military service 사람을 말하죠. 트럼프와 그의 국가안보보좌관 존 볼턴이 대표적입니다. (트럼프가 베트남전 징집을 피할 수 있었던 발뒤꿈치 뼈돌기bone spurs in heels 진단은 아버지 프레드 트럼프Fred C. Trump로부터 퀸스Queens에 있는 사무실을 임대한 한 족부전문의podiatrist가 내린 것으로 일종의 'favor'였다고 《뉴욕타임스The New York Times》가 보도하기도 했습니다.)

경제적인 면에서 정부가 국가예산national budget이나 인플레이션inflation 등을 통제하기 위해 강경한 조치를 취해야to take strong action in controlling 한다고 생각하는 사람도 hawk이라고 합니다. 그래서 deficit hawk이라고 하면, 정부 지출을 줄여 재정적자를 축소해야 한다고 강경하게 주장하는 사람을 말합니다. 또 통화정책monetary policy에 있어 인플레이션을 잡는 것을to keep inflation low 최우선시하는 사람, 즉 경기 과열 양상이 보이면 기준금리를 인상해 통화를 거둬들여 물가안정을 꾀하는 '긴축파'도 (monetary) hawk이라고 합니다. 미국 연방준비제도Federal Reserve System의 금리 관련 기사를 읽다 보면 hawk을 종종 볼 수 있는 이유입니다.

이해를 돕기 위해 hawk, dove, hawkish, dovish가 들어간 예문을 모아봤습니다.

Mike Pompeo, a Hawk Who Pleased the President, Moves From Spying to Diplomacy

〈대통령의 비위를 맞추던 강경파 마이크 폼페이오, 정보부에서 외교부로 자리를 옮기다〉 (The New York Times / Scott Shane / 2018.3.13.) ◀ 중앙정보국(CIA) 국장으로 매일 트럼프와 대면하며 같은 강경라인을 공유하던 마이크 폼페이오가 국무장관으로 내정된 소식을 전한 기사

White House trade and manufacturing adviser Peter Navarro, a longtime China hawk, has pressed for the harshest measures.

백악관 무역·제조업 정책국장 피터 나바로는 오랜 대중국 강경파로 가장 엄중한 조치를 계속 요구해왔다.

possible tension between the dovish Moon and the hawkish Trump

온건파 문재인 대통령과 강경파 트럼프 대통령 사이에 있을 수 있는 긴장감

Born-Again Fiscal Hawks Turn Into Doves

〈정부지출 감축 강경파, 온건파로 변신하다〉 (Bloomberg / Barry Ritholtz / 2017.8.28.) ◀ 백악관에 누가 입성하느냐에 따라 재정적자에 대한 입장을 바꾸는 정치인들에 대해 쓴 논평

Global markets: Dollar, yields rise on hawkish Yellen; Asian shares still weak

〈세계 증시: 연준 의장 재닛 옐런의 금리인상 강행 발언으로 달러 상승; 아시아 증시 여전히 약세〉 (Reuters / Swati Pandey / 2017.9.26.)

Dovish-sounding Powell signals no need for speed when it comes to rate hiking

〈온건한 목소리를 내는 연준 의장 제롬 파월, 금리인상에 속도를 내지 않을 거라는 신호를 보내다〉 (CNBC / Patti Domm / 2018.8.24.)

이란 핵합의 파기withdrawing from the 2015 Iran nuclear deal를 저울질하며, 북미 정상회담Trump-Kim Singapore Summit을 앞두고 있던 시점에 트럼프는 국무장관Secretary of State과 백악관 국가안보보좌관National Security Advisor을 대표적인 강경파로 교체합니다. 일주일 간격을 두고 교체된 두 자리에 앉게 된 마이크 폼페이오Mike Pompeo와 존 볼턴John Bolton 중 특히 더 강경파로 분류되는 볼턴은 hawk's hawk(강경파 중에 강경파) 또는 uber-hawk(초강경파)이라고 불리기도 합니다.

의회 전문 매체 《The Hill》은 트럼프가 매파를 불러모아 둥지를 틀었다며 〈Trump's nest of hawks〉라는 제목의 논평을 실었습니다. 글쓴이인 정치 분석가political analyst 후안 윌리엄스Juan Williams는 대외정책 경험이 전무한with no foreign policy experience 트럼프가 시리아와 아프가니스탄에서 병력 증원과 철군 계획을 번복하며 오락가락하는 모습을 보인 것처럼, 즉흥적인 판단impulsive decisions을 계속하며 분쟁을 해결할 전략이 없는 상태에서no strategy for dealing with global conflicts 매파들을 불러모았다고 했습니다.

《뉴욕타임스》의 데이비드 생어David E. Sanger는 트럼프가 근래 미국 대통령 중 가장 공격적인 외교정책 팀the most radically aggressive foreign policy team을 꾸렸다고 했습니다. 공화당에서 국제 관계 경험이 부족한inexperienced in foreign affairs 대통령에게 필요하다고 여기는 인물과 볼턴이 대치된다고도 했습니다. 국가안보보좌관은 대통령이 다양한 의견a variety of opinions을 듣고 판단을 내릴 수 있게 해야 하는데, 전임 허버트 맥매스터General H. R. McMaster의 경우 이런 역할을 하려고 노력한 반면 (하지만 트럼프는 이런 설명을 참을성 있게 듣지 않았다고 하죠) 볼턴은 (반대 의견을 묵살하며) 자신의 의견만 주장하는 것으로 알려져 있기 때문입니다. 생어는 얼마전까지만 해도 허버트 맥매스터 국가안보보좌관, 렉스 틸러슨Rex Tillerson 국무장관, 제임스 매티스 국방장관Secretary of Defense James Mattis, 이 '삼총사triumvirate'가 트럼프의 대립적인 충동confrontational urges을 억제할 유일한 세력the only restraining influence이었는데 이제 제임스 매티스만 남게 됐다고 썼습니다. 다른 언론도 이와 같은 맥락을 전했죠.

《블룸버그Bloomberg》는 트럼프가 취임 첫해에는 자신이 대통령직을 맡기에 부족하다는 것을to be overmatched 알기 때문에 경험 많은 조언자들의 경고warnings of more experienced advisers를 귀담아 들으려고 했던 것으로 보이지만, 2년 차에 접어들면서 자신이 하는 일에 어느 정도 감을 잡았다는 생각에 독자적으로 행동하며, 자신을 감독하려는 고문advisers who try to "manage" him은 무시하거나 해고하겠다는 의도를 분명히 보여준 것이라고 인사이동의 배경을 설명했습니다.

《BBC》의 북미 담당 기자도 트럼프가 대통령직에 점점 자신감이 붙으면서 주위 보좌관들의 조언을 곧이곧대로 받아들이지 않고 있고, 자신이 측근의 지휘하에 있다는 인상perception that he is being "handled"을 불쾌해하기 때문에, 신중하라고 설교하는 사람 대신 자신의 뜻대로 움직일 사람을 임명하고 있다고 했습니다.

the dramatic firing and hiring

워터게이트Watergate scandal 특종 보도로 유명한 《워싱턴포스트The

Washington Post》부편집associate editor인 밥 우드워드Bob Woodward는 자신의 책 《Fear》에서 트럼프가 대통령이 되는 과정과 그의 임기 초반을 서술했습니다.

이 책에는 트럼프 임기 6개월 즈음, 'the Tank'라고 불리는 미 국방부Pentagon 내 합동참모본부Joint Chiefs of Staff 보안 회의실secure meeting room에서 열린 모임을 묘사한 장면이 나옵니다. 트럼프가 외교의 가치value of diplomacy나 군사·경제·정보 파트너로서 외국 정부와의 관계partnerships with foreign governments가 얼마나 중요한지 이해하지 못한다는 데 의견을 같이한 제임스 매티스 국방장관과 렉스 틸러슨 국무장관, 백악관 국가경제위원장Director of the National Economic Council / chief economic advisor 게리 콘Gary Cohn이 대통령에게 이를 일깨우기"to educate" 위해 마련한 자리였죠. 원래 의도대로 흘러가지 못한 이 자리에서 트럼프는 미군을 마치 돈을 주고 부리는 용병mercenary force처럼 여기며 대가를 지불하지 않는 나라에는 주둔할 필요가 없다는 관점을 피력했고, 미국을 세계평화와 질서유지에는 아무런 관심이 없는, 돈의 원리대로 움직이는 나라로 여기는 트럼프의 관점에 열 받은 렉스 틸러슨은 트럼트가 자리를 뜬 후 그를 "a fucking moron"이라고 불렀다고 합니다. 당시 사임하려다 생각을 접은 틸러슨은 2018년 3월, 전격 경질됩니다.

틸러슨과 트럼프는 정책적인 면에서 계속 충돌a series of clashes over policy해 왔고, 트럼프를 '멍청이'라고 부른 일화가 《NBC뉴스》에 보도될 성노도 썰끄러운 사이가 가시화된 터라 다들 국무장관이 바뀔 거라고 예상했지만, 그의 축출ousting은 트럼프의 일방적인 트윗만큼이나 갑작스러웠습니다. 아프리카를 방문 중이던 틸러슨에게 어떤 언질

2017년 4월 6일, 플로리다주 팜비치 마라라고Mar-a-Lago에서 미국의 시리아 미사일 공습Syrian missile strike operation에 대해 국방부로부터 화상 보고를 받고 있는 트럼프 대통령. 대통령 왼쪽에 렉스 틸러슨 국무장관, 그 옆에 허버트 맥매스터 국가안보보좌관, 그 뒤에 게리 콘 백악관 국가경제위원장이 자리하고 있고, 이들 맞은편에 트럼프의 사위 재러드 쿠슈너가 앉아있다.

(사진 출처: Shealah Craighead / whitehouse.gov)

도 주지 않은 트럼프는 그가 워싱턴에 도착한 뒤 4시간 만에 해고 사실을 트위터로 알렸죠.

미국 주간지 《뉴요커The New Yorker》는 이 극적인 해고와 기용 dramatic firing and hiring이 트럼프 행정부의 총체적 기능장애"total dysfunction"를 반영한다는 한 외교관의 말을 인용했습니다. 그는 트럼프 사위인 재러드 쿠슈너Jared Kushner가 틸러슨을 쫓아내고 싶다고wanted to "get rid" of Tillerson 말했다는 일화를 전하며 트럼프 측근이 17세기 궁중royal court in the seventeenth century에서나 볼 수 있는 분위기를 자아낸다고 했습니다.

"the worst deal"

엑손모빌 최고경영자였던former head of ExxonMobil 렉스 틸러슨은 트럼 프 대통령의 지명으로 국무장관이 됐지만 트럼프의 분별없고irrational 충동적인impulsive 반응을 제지하고 조절하는 역할counterbalance을 해왔 고, 특히 이란과 북한 문제에 있어 입장차가 컸다고 합니다. 트럼프가 공개적으로 밝혔듯이 자신은 이란 핵합의가 형편없다고"terrible" 생각 하지만 틸러슨은 괜찮다고 생각하는 것 같다고 했고(틸러슨은 트럼프 에게 이란 핵합의를 유지하라고 촉구했죠), 틸러슨의 대북 대화론을 시간낭비"wasting his time trying to negotiate"라고 지적하기도 했습니다.

흔히 Iran deal 또는 Iran nuclear deal이라고 칭하는 이란 핵합의는 '포괄적공동행동계획(JCPOA)Joint Comprehensive Plan of Action'이라는 공식 명칭이 있습니다. 2015년 7월, P5+1(유엔 안전보장이사회 상임 이사국the permanent members of the United Nations Security Council인 미국, 영국, 러시아, 프랑스, 중국 5개국과 독일)과 유럽연합European Union 은 이란 핵프로그램nuclear program of Iran과 관련해 이란과 합의를 맺 는데, 이란이 핵개발 포기 약속을 지키는 것으로 확인되면verifiably abiding by its commitments 그 대가로 미국과 유럽연합이 대이란 경제제 재economic sanctions를 완화한다는 내용이 주요 골자입니다. 《The Art of the Deal》이라는 책을 내기도 했고 스스로 협상의 대가master of the deal라고 평하는 트럼프는 오바마 행정부 때 체결된 이란 핵합의를 최 악"the worst deal"이라고 비난하며 JCPOA를 탈퇴하고 이란 경제제재를 재개하겠다고 계속 말해왔습니다.

렉스 틸러슨 후임으로 트럼프가 지명한 중앙정보국 국장CIA director 마이크 폼페이오는 이란에 대해 트럼프와 생각이 일치합니다. 그는 이란을 '전제 신정국가despotic theocracy'라고 부르며 이란 핵합의에 결함이 많다고deeply flawed 공공연히 비난해왔고, 2016년 트럼프가 대통령에 당선됐을 때는 '세계최대 테러지원국the world's largest state sponsor of terrorism과의 형편없는 거래disastrous deal를 거둬들이길 기대한다'고 트위터에 쓰기도 했습니다.

북한과 관련해서도 틸러슨은 북한의 정권교체를 꾀하지 않는다고 한 반면, 폼페이오는 2017년 열린 연례 아스펜 안보포럼Aspen Security Forum에서 정권교체도 한 가지 방법이 될 수 있다는regime change might be an option 식으로 말했습니다.

top spy and top diplomat, Mike Pompeo

CIA 국장이었던 폼페이오는 거의 매일 백악관에 드나들며 트럼프에게 정보 관련 브리핑intelligence briefings을 했고, 이러는 사이 관계가 돈독해졌다고formed a close bond and easy rapport 합니다.

미 육군사관학교 웨스트포인트West Point를 수석으로 졸업하고 5년간 군 복무를 하며on active duty in the US Army 한때 독일에서 기갑장교tank commander로 군생활을 하기도 한 폼페이오는, 하버드대 로스쿨Harvard Law School을 졸업한 뒤 변호사로 활동하다가 2010년 티파티 물결을 타고in the Tea Party wave 보수진영의 큰손 후원자conservative superdonors 코크 형제Charles G. and David H. Koch의 텃밭인 캔자스주에서 하원의원에 당선됩니다. 의회에서 전투적인 공화당 의원Republican combatant이었던 폼페이오는 강한 당파성을fiercely partisan 보이며 대화보다는 대립적인confrontation rather than dialogue 스타일을 구사했고, 정당의 차이를 넘어 타협할 수 있는 인물로 비춰지지 않았다고 합니다.

새뮤얼 알리토 연방대법관Associate Justice Samuel Alito이 지켜보는 가운데 국무장관으로 취임선서를 하는 마이크 폼페이오

(사진 출처: US Department of State)

폼페이오의 공격적이고 강경한 태도hard-line stances를 보여주는 사례를 몇 가지 살펴보면, 우선 그는 하원 벵가지 특별위원회United States House Select Committee on Benghazi에서 활동하면서 2012년 벌어진 '벵가지 사태2012 Benghazi attack'에 대해 은폐와 대응 부족을 이유로 국무장관 힐러리 클린턴을 맹비난했고, 이를 계기로 국가안보 문제에 있어on national security issues 강경한 태도를 보이는 충실한 보수당원conservative stalwart이라는 평판을 얻었다고 합니다. 리비아Libya 벵가지에서 이슬람 무장 단체Islamic militant group가 미 정부시설US government facilities 2곳을 공격해 미국 대사와 직원 3명이 사망한 이 사건을 조사하는 과정에서 힐러리의 개인 이메일 사용 사실이 드러나기도 했죠. 또 미 국가안보국(NSA)National Security Agency의 무차별 도감청을 폭로하고 러시아로 망명한 에드워드 스노든Edward J. Snowden에 대해서는

사형death penalty에 처해야 한다고 했고(트럼프도 같은 생각을 말한 적이 있습니다), 고문과 잔혹행위로 수감자 인권침해가 불거져 오바마 대통령이 폐쇄하려 했던 쿠바 관타나모 수용소Guantanamo Bay detention camp를 닫아서는 안 된다고 했으며(트럼프는 관타나모 수용소를 영구 존치하는 행정명령executive order to keep Guantánamo Bay open에 서명했습니다), 심문 과정에서 고문 사용use of torture을 옹호했습니다(트럼프도 물고문waterboarding 부활을 주장해 왔습니다).

이렇게 여러 면에서 자신과 생각이 같은 (오직 러시아에 대해서만 트럼프보다 더 강경한 태도를 취한) 강경론자 폼페이오를 트럼프는 CIA 국장으로 선택했고, 13개월 후에는 다시 국무장관으로 지명합니다. 《뉴욕타임스》는 폼페이오가 미국 최초로 최고위급 스파이와 최고위급 외교관top spy and top diplomat을 모두 역임한 인물이 될 거라고 했고, 아마 미국 역사상 가장 보수적인 국무장관일 거라고도 했습니다. 그의 보수성은 국무장관 상원 인준청문회Senate confirmation hearings에서 논란이 됐고, 무슬림과 동성애에 대한 과거 발언으로 공격 받았습니다.

이슬람 전투원 지하디스트의 테러jihadist terrorism에 강경한 입장을 보이는 폼페이오는 2013년 보스턴 마라톤 테러Boston Marathon bombing 당시 이슬람교 지도자들American Muslim leaders이 테러 행위에 대해 충분히 규탄하지 않는다고not sufficiently outspoken in denouncing 비난하며 이런 미온적인 태도는 그들을 테러 공범자로 볼 수 있는"potentially complicit" 여지를 준다고 말한 적이 있습니다. 또 독실한 기독교인인 폼페이오는 동성애와 동성 간 결혼homosexuality and gay marriage에 대해서도 반대 입장을 분명히 했습니다. 의원 시절 교회에서 연설한 적이 있는데, '미국이 다른 신들을 섬기며 이를 다문화주의multiculturalism라고 하고, 정상에서 벗어난 것을 옹호하며to endorse perversion 대안적 생활방식alternative lifestyle이라고 한다'는 내용의 어떤 목사가 한 설교를 인용했다고 합니다.

거대 에너지기업 코크 인더스트리즈Koch Industries를 소유한 코크 형제의 오랜 수혜자longtime beneficiary인 폼페이오는 인간의 행위가 지구온난화의 주요 원인이라는 점에 대해서도 회의적인 시각을 드러내 왔습니다. 그래서 기후변화를 막기 위한 오바마 행정부의 노력을 계속 공격했고, 파리협약Paris Agreement도 반대했습니다. 또 전미총기협회(NRA)National Rifle Association의 후원을 받는 폼페이오는 협회 종신회원lifetime member of NRA이기도 합니다.

폼페이오를 지명하며 "tremendous energy, tremendous intellect"라고 칭찬을 쏟아낸 트럼프는 두 사람이 언제나 한마음 한뜻이었다며we're always on the same wave length" 앞으로 국가안보에 있어 정부가 한목소리를with the single voice 낼 거라고 예보했습니다. 이에 대해 트럼프가 중도파moderate camp를 차례로 무너뜨리고 행정부를 강경우파 쪽으로 몰아가고 있다며 강경파의 지배력 강화를 우려하는 목소리도 나왔습니다.

Bush-era war hawk, John Bolton

틸러슨의 해고는 이미 소문으로 돌고 있던 백악관 국가안보보좌관 교체설을 더 현실화했다고 합니다. 뭘 잘 모르는 대통령에게 장황하게 설교long-winded lectures를 하곤 해 트럼프의 불평은 산 3성 장군three-star general 허버트 맥매스터 대신 부시 시절 주전론자Bush-era war hawk로 유명한 존 볼턴이 자리잡습니다. 갑작스럽게 떠나게 된 틸러슨과 달리 맥매스터는 은퇴 의사를 밝힌 적이 있고 백악관에서도 그가 상호합의 하에"mutually agreed" 떠나게 됐다고 발표했습니다.

백악관 국가안보보좌관이란 국가안보national security와 외교정책 foreign policy과 관련해 대통령에게 자문하는 핵심적인 위치로 국방부 와 국무부를 포함에 다양한 정부부처에서 오는 정책제안policy proposals coming from various government departments을 대통령에게 전달하는 역할을 한다고 합니다. 상원 인준이 필요 없는 이 자리에 2018년 4월 9일자로 앉게 된 볼턴은, 러시아와의 내통 의혹으로 한 달도 못 돼 짤린 마이 클 플린Lt Gen Michael Flynn을 시작으로 트럼프 재임 14개월 만에 세 번

2018년 3월, 펜타곤에서 백악관 국가안보보좌관 지명자 존 볼턴을 맞이하는 제임스 매티스 국방장관

(사진 출처: Department of Defense photo by Navy Mass Communication Specialist 1st Class Kathryn E. Holm)

째 국가안보좌관이 됩니다.

앞서 언급한 hawk's hawk, uber-hawk 말고도 a hawk among hawks, foreign policy hawk, unrepentant hawk, Bush-era defence hawk, extreme war hawk, notorious hawk, Iran hawk 등이 그에게 따라 붙는 말입니다. 전쟁에 안달하며itching for war 언제나 회유보다는 충돌conflict over conciliation을 택하는 초강경파 존 볼턴과의 첫 만남에서 국방장관 제임스 매티스는 그에게 '악의 화신the devil incarnate'이라 불린다는 말을 들었다며 만나고 싶었다고 말했다는군요.

〈John Bolton: Bush-era war hawk makes comeback〉이라는 제목으로 볼턴을 자세히 다룬 《BBC》에 따르면, 덥수룩한 수염bushy facial hair과 헝클어진 머리tousled appearance, 괴팍한 태도curmudgeonly manner 가 특징인 볼턴은 볼티모어 소방관의 아들Baltimore fireman's son로 어린 시절부터 확고한 보수주의자staunch conservative의 면모를 드러냈다고 합니다. 예일대 로스쿨Yale Law School 재학 시절, 베트남전 반전운동이 한창인 캠퍼스에서among the campus anti-Vietnam war activists 자신이 마치 외계인"space alien"처럼 느껴졌다고 회고록《Surrender Is Not an Option: Defending America at the United Nations》에 썼다고 하는데, 이처럼 볼턴은 베트남전을 지지하면서도 자신은 주방위군에 입대해enlisted in the Maryland Army National Guard 참전을 피했다고avoided the draft 합니다.

"there is no United Nations"

존 볼딘은 로널드 레이건Ronald Reagan, 조지 H.W. 부시(아버지 부시), 조지 W. 부시 행정부에서 공화당 외교정책 강경파foreign policy hawk로 오랜 기간 몸담았습니다. 두 번째 부시 행정부에서 국무부 군축담당

차관US Department of State under-secretary for arms control으로 재직 당시 자신과 의견이 다른 두 명의 정보분석관intelligence analysts을 쫓아내려 했고, 상사인 콜린 파월Colin Powell 국무장관의 입지를 약화시키려seeking to undermine 했다는 의혹도 받았다고 합니다. 이런 볼턴을 부시 대통령은 유엔대사US ambassador to the United Nations에 지명해 외교관들의 실망을 샀고, 백 명이 넘는 전직 외교관들former US envoys이 상원의 인준 거부를 촉구하는 서안letter urging senators to reject the nomination에 서명했다고 합니다. (트럼프처럼) 국제협정international agreements을 무시하고, 유엔, 유럽연합 같은 다자기구multilateral organizations를 업신여기는 것으로 알려진 볼턴은 국제연합 같은 것은 없으며"there is no United Nations" 전세계 유일한 강대국"the only real power left in the world"인 미국이 경우에 따라 국제사회를 이끌 수 있다고 힘주어 말한 적도 있습니다. 이런 볼턴의 유엔대사 인준을 둘러싸고 상원 민주당 의원은 물론이고 몇몇 공화당 의원까지 거부의사를 밝혀, 부시 대통령은 휴회 중 임명recess appointment(의회가 휴회하고 있을 때 대통령의 권한으로 상원 인준 절차 없이 고위 공직자를 임명하는 것)을 통해 볼턴을 밀어 넣을to crowbar 수밖에 없었다고 합니다. 이렇게 유엔주재 미국 대사가 된 볼턴은 특유의 거친abrasive 스타일로 유엔 외교관들의 비난을 샀고 콘돌리자 라이스Condoleezza Rice 국무장관과도 충돌했다고 합니다.

unapologetic cheerleader of the Iraq war

존 볼턴은 이라크전2003 US invasion of Iraq을 적극 지지한 것으로 유명합니다. 사담 후세인Saddam Hussein이 대량살상무기(WMDs)weapons of mass destruction를 보유하고 있다고 주장하며 부시 정부의 이라크 침공을 주도한 공화당 네오콘(신보수주의자)Republican neoconservatives 중 한 명입니다. 대량살상무기 은닉 주장은 나중에 거짓으로 밝혀지고, 초기 이라크전 지지자early invasion supporters 대부분이 십 년 넘게 이어진 장기전decade-plus long odyssey이 잘못된 판단에서 시작됐다고misguided 어느 정도 인정한 반면, 볼턴은 아직도 이라크 침공을 잘한 일이라고 주장합니다to remain an unapologetic cheerleader of the Iraq war. 그는 2016년 《텔레그래프The Telegraph》에 기고한 글에서 중동을 위협하는 사담 후세인을 제거한 것만으로도 2003년 이라크 침공은 충분히 정당화된다고fully justified itself 했습니다. 또 현재 이라크가 고통 받는 까닭은 2011년 미군이 철수해서라며2011 withdrawal of all US combat forces, 조지 부시와 토니 블레어Tony Blair를 탓하지 말고 그 후임자들을 탓하라고 했죠.

볼턴이 트럼프 행정부에 발을 들이기 한 달 전, 이라크전쟁 15주년을 맞아 《퓨리서치센터Pew Research Center》가 실시한 여론조사에 따르면 53%의 미국인이 이라크전을 실패한"mostly failed" 전쟁으로 여긴다고 합니다.

"Bomb Iran" & preemptive strike on NK

일방적 강경 외교정책을 추구하는hard-line unilateralist 볼턴의 목소리는 여러 곳에서 들을 수 있습니다.

2015년 《뉴욕타임스》에 기고한 〈To Stop Iran's Bomb, Bomb Iran〉이라는 제목의 칼럼op-ed에서 이란의 핵개발을 막기 위해서는 이란에 폭탄을 투하해야 한다고 했습니다. 이스라엘의 핵은 억지력deterrent이지만 이란의 핵보유 움직임은 공세적offensive measure이라며, 중동지역 핵군비 경쟁을 부추길 수 있으므로 선제공격preemptive military strikes을 통해 막아야 한다고 했습니다. 이스라엘이 1981년, 건설 중인 이라크 원자로Iraqi nuclear reactor를 공습해 파괴한 오페라 작전Operation Opera과 2007년, 시리아의 핵시설로 추정되는 곳을 공습Operation Outside the Box한 예를 들며, 협상도 제재도 막을 수 없는 이란 핵개발을 저지할 유일한 방법은 군사작전military action뿐이라고 말합니다. 이런 선제공격과 함께 체제전복overthrowing the Iranian regime을 꾀하는 이란 반체제 단체Iranian opposition group를 미국이 적극 지원해야 한다고도 말하죠. 이란의 정권교체regime change in Iran를 소리 높여 주장하는 볼턴은 미국이 한때 테러조직terrorist organization으로 규정한 이란 반체제 과격단체 '무자헤딘 이 칼크(MEK)Mujahideen-e-Khalq'를 지지해왔다고 합니다. (전 뉴욕시장이자 현재 트럼프의 변호사인 루디 줄리아니Rudy Giuliani도 지지자 중 한 명입니다.)

이런 배경으로 오바마 행정부의 이란 핵합의를 좋게 봤을 리 없는 볼턴은 《월스트리트저널The Wall Street Journal》에 기고한 글에서 "diplomatic Waterloo"라는 표현을 쓰며 비난했습니다. 나폴레옹 1세 Emperor Napoleon Bonaparte가 최종적으로 패하면서 나폴레옹 전쟁 Napoleonic Wars의 마지막이 된 워털루전쟁Battle of Waterloo에서 비롯된 Waterloo는 '최종적인 패배final defeat' 또는 '참패, 결정적 대패disastrous or decisive defeat'라는 뜻이 있습니다.

2018년 2월, 같은 언론에 북한에 대해 쓴 글 〈The Legal Case for Striking North Korea First〉에서는 "The threat is imminent(위협이 임박했다)"라며 북한을 바로 선제공격preemptive strike on North Korea해야 한다고 말했습니다. 실제 북한 상황과 미국이 입수하는 정보 사이의 차이를 고려해 볼 때, 북한이 핵무기를 완성하는 마지막 순간까지 기다렸다가 공격하면 더 위험한 상황이 벌어질 거라고 했죠.

대표적인 대중국 강경파이기도 한 볼턴은 미국이 수십 년간 유지해온 '하나의 중국One China' 원칙을 트럼프 행정부가 재고해야 한다고 주장하며 대만에 더 많은 무기를 수출하고 미군도 주둔시켜야 한다고 했습니다.

unusual choice

존 볼턴을 백악관 국가안보보좌관으로 임명한 트럼프의 선택을 언론은 다소 이례적으로unusual choice 봤습니다. 볼턴은 원래 트럼프 정부 초대 국무장관 후보였는데 트럼프가 그의 콧수염walrus moustache을 싫어해 지명하지 않았다는 소소한 일화도 있고, 이란 핵합의에 대한 입장과 국제조약 및 다자기구를 무시하는 태도 외에는 외교안보적인 면에서 두 사람의 관점 차가 확연한 부분이 꽤 있기 때문입니다. 볼턴이 아직도 적극 지지한다는 이라크전의 경우 트럼프는 종종 "a big mistake"라고 했고, 또 불간섭주의non-interventionism를 표방한 대선 후보였기 때문에 그의 지지자들을 갸우뚱하게 하는 선택이라는 거죠.

북한에 대해서도 볼턴은 직접 대화하는 것direct negotiations은 "오바마 정책의 연속continuation of Obama policies"이라고 잘라 말한 적이 있는 반면, 트럼프는 김정은과 직접 만나 한반도 비핵화에 대해 대화하려고 하는 등 전과 달리 유화정책soft-line policy을 추구하고 있는 상황이었습니다. 블라디미르 푸틴Vladimir Putin이 이끄는 러시아에 대해서도 볼턴은 오랫동안 회의적인 시각을 보여온 반면, 트럼프는 푸틴과 돈독한 관계를 유지하려고 하고 있죠.

wings clipped by Trump

존 볼턴이 백악관 국가안보보좌관이 되면서 그가 미국 외교에 '화염과 분노fire and fury'를 불러올 거라는 예상과는 달리 미국의 이란 핵합의 탈퇴 외에 몇 달 동안 별 다른 영향력을 보이지 않자 《블룸버그》는 그 이유를 분석한 논평을 실었습니다. 트럼프가 초강경파 존 볼턴의 날개를 꺾었다는 제목의 글 〈Trump Has Clipped the Wings of Uber-Hawk John Bolton〉에서 칼럼리스트 할 브랜즈Hal Brands는, 외교정책과 관련해 대통령 다음으로 가장 영향력이 있는 자리에서 볼턴이 제 목소리를 내지 못하고 있다며, 그가 한때 유엔 같은 것은 없다고 말한 것을 빗대, 트럼프의 국가안보보좌관 같은 것은 없는 것으로"no such thing as a Trump adviser" 밝혀졌다고 비꼬았습니다.

트럼프 대통령이 김정은과의 싱가포르 회담 준비 과정에서 볼턴을 열외로 하는 등, 백악관 국가안보보좌관의 핵심 관심사와 관련해 볼턴과 거리두기를 하면서 외교안보에 있어 독자적인 목소리를 높여간 반면, 만약 다른 대통령이 지금의 트럼프처럼 푸틴과 기이한 친밀감bizarre affinity을 보였다면 당장 신문 칼럼에서 직무유기dereliction of duty 운운하며 추궁했을 볼턴이 침묵하는 이유를 브랜즈는 몇 가지로 추측했습니다.

우선 트럼프 행정부에서 일하는 국가안보보좌관이 느낄 수밖에 없는 책임감과 여기에 더해진 볼턴의 야망을 한 가지 이유로 봤습니다. 트럼프가 미국에 해가 되는 판단을 할지 모르므로 이를 방지할 의무가 있다고 볼턴이 믿는 것 같으며, 2012년과 2016년에 대통령 출마를 고려했을 만큼considered running for president in 2012 and 2016 야심에 찬 인물이므로 외교정책과 관련해 정점이라고 할 만한 현재 위치에서 내려오지 않으려한다는 거죠.

북한과 러시아와 관련해서는 볼턴이 장기전을 펼치는 것일 수도 있다고 했습니다. 트럼프 행정부에 들어오기 전 볼턴은 북미정상회담이 시간 낭비를 줄일 기회가 될 수 있다는 취지의 말을 했다고 합니다. 결코 미국이 원하는 결과를 내지 못할 협상에 소비할 길고 긴 시간을 정상회담이 오히려 줄여주는 역할을 할 거라는 주장으로, 핵을 포기할 용의가 전혀 없는 김정은 때문에 무산될 수밖에 없는 북미대화에 대한 트럼프의 외교적 환상diplomatic fantasy이 깨질 때까지 기다리면, 더 강한 정책harsher policy을 밀고나갈 길이 열릴 거라고 볼턴이 생각한다는 거죠.

외교안보를 둘러싼 볼턴과 트럼프의 숨은 의도가 무엇이든 간에, 이 두 사람의 정책적 판단이 미국에 어떤 득이 되는지는 별개의 문제라고 저자는 말합니다. 세계 최고 권력인 미국의 이익에 걸림돌이 된다고 여겨지면 무조건 무력을 사용해 해결하려는 볼턴과 미국우선주의를 부르짖는 트럼프가 의견을 같이한 이란 핵합의 탈퇴를 예로 듭니다. 렉스 틸러슨과 제임스 매티스는 이란 핵합의 유지가 미국의 국익에 부합한다고 주장했지만, 트럼프는 이란이 핵합의를 준수하고 있음에도no violation of the agreement 불인증decertifying the Iran deal을 선언한 데 이어 JCPOA 탈퇴를 공식 선언함으로써 전세계에 미국이 이란보다 더 불량하게to be the rogue actor 비춰지는 상황을 만들었다고 저자는 말하죠. 또 이란과의 긴장을 고조시키면서 외교안보적 위기나 충돌을 능란하게 처리하지 못하는 미국 정부의 무능을 보여줬다고도 말합니다.

미국이 이란 핵합의 탈퇴를 공식 선언한 2018년 5월 8일, 존 볼턴은 백악관 기자회견에서 이란 핵합의 탈퇴는 트럼프 대통령이 북한에 실질적인 합의real deal를 원한다는 메시지라고 했습니다. 불충분한 합의inadequate deals는 미국이 받아들이지 않을 거라는 분명한 신호라고 말했죠.

중간선거를 앞두고 2차 북미정상회담 계획이 오가는 가운데 트럼프는 김정은과 "사랑에 빠졌다fell in love"고 말하는 등 자신의 정치적 입지를 위해 대북협상을 적극 활용하는 모습을 보였습니다. 중간선거에서 민주당이 하원을 차지했지만 대화를 통한 북핵문제 해결에 민주당도 반대하지 않는 입장이어서 대북정책에 큰 변화는 없을 것으로 예상되는 가운데, 중간선거 이후 백악관과 내각의 대대적 물갈이shake-up가 대북정책에 더 큰 영향을 미칠 것이라는 분석이 우세했습니다.

massive shake-up after midterms

트럼프는 중간선거가 끝나자마자 러시아 게이트 특검수사를 스스로 제척한to recuse himself from Russia probe 제프 세션스 법무장관Attorney General Jeff Sessions을 즉각 경질하고, 자신의 충신Trump loyalist인 법무장관 비서실장Jeff Sessions's chief of staff 매슈 휘터커Mattew Whitacker를 법무장관 대행acting Attorney General으로 임명해 뮬러 특검수사를 관장oversight of the Mueller investigation하게 했습니다. (이후 법무장관이 된 윌리엄 바William Barr는 뮬러 특검 보고서Report on the Investigation into Russian Interference in the 2016 Presidential Election가 발표되자 마치 트럼프의 개인변호사처럼 대응했습니다acted more like Trump's defense lawyer.)

그나마 트럼프를 견제할 인물로 남아있던 제임스 매티스 국방장관과 백악관 비서실장 존 켈리White House Chief of Staff John F. Kelly까지 교체가 확실시 되면서 트럼프의 독단적인 목소리가 더 커질 거라고 예상되는 가운데, 백악관 인사 문제에 멜라니아까지 가세합니다.

2018년 11월, 멜라니아 트럼프는 아프리카 순방 때 자신의 보좌진과 충돌한 국가안보회의(NSC)National Security Council 부보좌관deputy national security adviser 미라 리가르델Mira Ricardel의 퇴출ouster을 요구하는 성명을 냈습니다. 퍼스트레이디가 남편 행정부의 참모, 그것도 안보분야 참모의 퇴출을 공개적으로 요구한 건 이례적인 일이며, 성명 발표에 대해 웨스트윙에 미리 알리지도 않았다고 합니다. 멜라니아 트럼프가 정부 관료들과 갈등을 빚은 건clashing with administration officials 이번이 처음이 아니라고 하죠.

리가르델은 볼턴에 의해 부보좌관으로 발탁된 인물로《워싱턴포스트》는 한 논평에서 그를 "a well-known Republican hawk"으로 강한 성격strong personality의 거친 관료주의자tough bureaucratic player라고 소개했습니다.《CNN》은 리가르델이 볼턴처럼 관료적 내분을 즐기는 성향으로penchant for bureaucratic infighting 트럼프 행정부 내 여러 참모들과 자주 충돌했다고 했습니다. 특히 볼턴이 견제하는 제임스 매티스 국방장관과의 마찰은 잘 알려져 있고, 존 켈리 비서실장과도 관계가 악화되고 있었다고 합니다. 리가르델은 볼턴의 NSC 쇄신 노력의 중심에 있던 핵심 측근으로 대통령의 모든 외교정책에 보좌관인 볼턴의 영향력을 강화하기 위해 조력해 왔다고 합니다. 리가르델의 퇴출을 둘러싼 드라마는 볼턴이 아세안(동남아시아국가연합) 회의Association of Southeast Asian Nations summit 참석차 지구 반 바퀴 멀리 싱가포르에 있을 때 일어났고, 리가르델은 결국 해임됩니다.

트럼프 행정부의 혼란스러운 인사이동은 다 따라잡기 힘들 정도로 잦습니다. 언론사마다 목록을 만들어 해고되거나 그만두는 이가 있으면 업데이트를 하고 있고, 위키피디아Wikipedia에도 트럼프 행정부의 해고자와 사직자 명단 〈List of Trump administration dismissals and resignations〉가 올라와 있습니다. 미국 싱크탱크 《브루킹스 연구소Brookings Institution》는 〈Tracking turnover in the Trump administration〉이라는 보고서로 트럼프 행정부의 참모A team와 내각cabinet의 이직률turnover을 추적하고 있고, 이전 행정부들과 비교해서 그래프로 보여줍니다. 《ABC뉴스》의 경우 트럼프 행정부를 떠난 이들이 언제부터 언제까지 며칠 근무했고, 어떤 배경에 의해 떠나게 됐는지 자세하게 다룬 기사 〈A list of officials who have left the Trump administration〉을 실었습니다.

미국 행정부의 전례 없는 인사이동 와중에도amid unprecedented staff upheaval 혼란은 없다"There is no chaos"고 말한 트럼프는 백악관에서 일하길 원하는 사람은 얼마든지 있다며 자신의 심기를 건드리는 사람은 내보내고 자기 입맛대로 측근을 채우고 있습니다.

경질된 존 켈리에 이어, 트럼프의 갑작스런 시리아 철군 방침에 반발한 매티스 국방장관까지 사임을 표하자 《워싱턴포스트》는 기존의

extremely hawkish view를 버리고 트럼프의 나팔수 역할을 하는 마이크 폼페이오와 존 볼튼을 예로 들며 예스맨yes-men만 남았다고 했습니다.

HBO가 온라인매체《악시오스Axios》를 통해 뉴스를 재조명한 다큐멘터리 시리즈limited documentary series of news-oriented specials〈악시오스Axios〉를 보면 트럼프가 측근을 불러모으는 방식이 마치 환영받지 못하고 버려진 장난감들misfit toys을 모아들이는 것 같다고 한 기자가 말하는 장면이 나옵니다. 주류에 의해 중요하게 받아들여지지 않는다는 점에서not taken seriously by the establishment 트럼프와 유대감을 형성하는 친구나 비공식 조언자들, 특히 미디어를 통해 알려지거나《폭스뉴스》와 관련있는 이들을 가까이에 둔다고 말하며,《폭스뉴스》해설자Fox News Channel commentator로 고정출연한 존 볼턴을 예로 듭니다.《폭스뉴스》와 백악관의 '합병merging'을 보는 것 같다고도 말하죠. 트럼프가 유엔주재 미국 대사 자리에 니키 헤일리Nikki Haley 후임으로 지명을 고려한 헤더 나워트Heather Nauert 국무부 대변인도《폭스뉴스》진행자 출신former Fox News host입니다.《CNN》은 이 지명을 두고 경험보다는 충성할 사람을 뽑았다며 "loyalty above experience"라는 표현을 썼습니다. (몇 달 뒤 나워트는 지명 후보에서 스스로 물러납니다withdrew herself from consideration.)

Hand over nuclear weapons!

제1차 북미정상회담Singapore Summit이 미국 현직 대통령sitting US president 최초 북한 지도자와 만난 것to meet face-to-face 외에 구체성이 부족한lack of other specific details 모호한 성격의 합의문vague nature of the agreement으로 실망을 낳았기 때문에 양측 모두 어느 정도 결실이 필요한 상황에서 2차 북미정상회담이 열렸고, 이 즈음 존 볼턴도 다시 날개를 펴기 시작했습니다.

백악관 국가안보보좌관으로 일한지 1년이 다 되어 가는 볼턴은 그 사이 국가안보회의를 자신이 원하는 방향으로 재정비했고, 행정부 내 다양한 의견을 종합해 대통령에게 전달하기보다는synthesizer and transmitter of views 대통령이 들을 필요가 있다고 여기는 것을 임의로 결정해 전달하며arbiter of what the president needs to hear 국가안보보좌관의 역할을 재정의했다고 《워싱턴포스트》는 썼습니다. 여기에 긴 보고서를 읽거나to read lengthy briefings 전문가와 상의하는 것to consult experts을 내키지 않아 하는 트럼프의 성향이 더해지면서 외교정책 의사결정 과정에서 볼턴의 영향력은 더 커졌고, 우방과의 긴밀한 협력을 주장하며strong advocates of working closely with allies 볼턴과 마찰을 빚던 짐 매티스, 존 켈리 등의 사퇴도 그의 입지 강화에 도움이 됐다고 했습니다.

2019년 2월 27일부터 양일간 베트남 하노이Hanoi, Vietnam에서 제2차 북미정상회담Hanoi Summit이 열렸고, 이와 동시에 미국에서는 트럼프의 개인변호사이자 해결사였던Trump's former lawyer and fixer 마이클 코언Michael Cohen의 의회 청문회congressional hearing가 진행됐습니다. 그는 하원 감독개혁위원회the House Oversight and Reform Committee 앞에 나와 2016년 대선을 전후해 트럼프를 위해 한 일에 대해 증언하며testified about his experiences working for the president 트럼프가 거짓말쟁이에 인종차별주의자, 협잡꾼"con man"이라고 했습니다.

다들 (특히 북한이) 어느 정도 성과를 예상했던in the expectation that a deal was within reach 회담은 먼 길을 온 두 정상의 노력이 무색하게 어떤

합의도 이루지 못하고without any deal or agreement 갑작스럽게 끝이 났고,
양측이 주장한 이유는 서로 달랐습니다.

트럼프 대통령은 회담 후 기자회견post-summit press conference에서 북
한이 부분적인 비핵화 조치의 대가로for only partial denuclearisation 전면
적인 제재해제all sanctions to be lifted를 요구했다고 주장한 반면, 밤늦게
돌연 기자회견abruptly scheduled midnight press conference을 연 북한은, 미
국의 전문가들이 참석한 가운데in the presence of American experts 주요 시
설을 영구적이고 완전히 폐기하는"permanently and completely" dismantling
the main facility 대가로 부분적인 제재완화만을 요구했다고only asked for
partial easing of sanctions 주장했습니다. 《뉴욕타임스》에 따르면 미국은
북한 핵프로그램의 핵심central part of its nuclear program인 영변 핵시설
Yongbyon enrichment facility 외에 다른 시설까지 폐기할 것을 요구했고,

2019년 2월 28일, 베트남 하노이에서 제2차 북미정상회담 뒤 기자회견을 하고 있는 트럼프 대통
령과 마이크 폼페이오 국무장관　　　　　　(사진 출처: US Department of State from United States)

북한은 현재의 북미 신뢰수준current level of trust을 감안해 최대한이라고 여겨지는 비핵화 단계를 제안했다고"maximum step for denuclearization we could offer" 합니다.

세계무대에 큰 성과를 내보이고 싶어하는eager to declare victory on the world stage 트럼프가 비핵화를 말하는 북한의 공허한 약속empty promises of denuclearization의 대가로 큰 양보를 하지 않을까 우려했던 주류 외교정책 엘리트들은 그가 'bad deal'을 맺지 않고 걸어 나와to walk away from a bad deal 안도했다고 하고, 정상 간의 관계를 강조하는 트럼프의 top-down 외교 방식이 한계를 드러냈다는 분석도 나왔습니다. 실질적인 비핵화 로드맵 작성은 정상급에서 하는 게 아니기 때문이죠. 《뉴욕타임스》는 협상을 주도해 온 폼페이오 국무장관이 김정은의 비핵화 의지에 대해 트럼프보다 더 회의적이라고more skeptical of Mr. Kim's intentions 전했고, 회담 결렬 후 트럼프 대통령이 폼페이오가 협상조건에 만족스러워하지 않았다고 한 말을 인용했습니다.

회담 전 분위기를 전한 《폴리티코POLITICO》 기사를 보면, 김정은과의 친밀한 관계"good rapport"를 강조하며, 한반도 비핵화denuclearizing the Korean Peninsula를 발전시켜 나갈 사람은 자기 밖에 없다the only person who can make progress고 말한 트럼프만이 유일하게 김정은이 핵을 포기할 준비가 되어있다고ready to give up his nuclear arsenal 믿는 것 같다고 했습니다. 트럼프 행정부 고위 인사들을 포함해 워싱턴 정계 모두가 북한의 비핵화에 대해 회의적이라고 말한 기사는, 예전부터 북한과의 외교에 반대해온longtime opponent of diplomacy with North Korea 볼턴은 물론이고, 북한과의 협상을 맡고 있는 폼페이오 국무장관까지 외교적 진전이 없는 것에 좌절감frustration about the lack of diplomatic progress

을 드러내며 대통령이 북한의 수에 넘어가는 게to get outmaneuvered 아닐까 우려했다고 합니다.

국내 언론에서는 코언 청문회로 궁지에 몰린 트럼프가 북한과 잘못된 합의를 해 상황을 더 악화시킬 수도 있다고 생각한 폼페이오가 의도적으로 완전 비핵화, 단계적 비핵화, 노딜 등 여러 옵션을 가지고 회담장에 들어갔다고 전하기도 했고, (트럼프 대통령과의 입장차 등으로 인해) 북한 문제에 있어 한 발 물러나 있던 볼턴이 회담장에 나타나 양측 회담자 수가 맞지 않았던 점도 이런 내용과 연결되어 보였습니다.

신중하게 설계된 양측의 주고받기give-and-take on both sides로 미래 협상을 위한 신뢰구축을 이루는 데to build trust for future negotiations 실패한 이번 회담에는 이렇게 볼턴의 그림자가 드리워져 있고 《로이터Reuters》의 보도가 이를 뒷받침했

POLITICO

《폴리티코》는 버지니아주 알링턴에 본사를 둔 정치전문매체로, 《워싱턴포스트》 등 주류 언론에서 경험을 쌓은 노련한 정치기자 3명이 2007년 런칭한 웹사이트가 그 시작입니다. 몇 년 새 웹, 모바일, TV, 종이신문 등 각종 플랫폼을 장악할 정도로 성장하며 저널리즘적인 측면뿐 아니라 상업적으로도 성공했다고 합니다.

'정치꾼'이라는 의미로 '정치인'을 못마땅하게 여기는 투로 부르는 'Politico'를 사명으로 한 것처럼, 거들먹거리지 않는, 약간은 타블로이드적인 어조로 공격적이며 위트 있게 뉴스를 전하면서도, 심층적이고 충실한 보도를 한다고 평가받습니다.

로버트 알브리튼Robert Allbritton이 소유한 《폴리티코》는 매일 아침 일찍 발송하는 이메일 뉴스레터 'Playbook', 에너지, 테크놀로지, 의료 등 특정 분야에 대한 전문 보도를 하는 유료 서비스 'Politico Pro', 격월로 발행하는 잡지 'Politico Magazine', 의회 회기 중 중점적으로 발행하는 무가지 종이신문 등을 생산하고 있습니다.

웹사이트 기사는 무료로 읽을 수 있고, 음성이 함께 제공되는 경우도 있습니다.

▶ website: www.politico.com

습니다. 하노이 회담 한 달 뒤 단독보도에서 《로이터》는 익명을 요구한 한 회담 관계자로부터 서류 한 장을 입수했다고 합니다. 회담 당일 트럼프가 김정은에게 건넸다는 이 서류에는 평양이 핵무기와 핵연료Pyongyang's nuclear weapons and bomb fuel를 미국으로 반출하라는transfer to the United States 요구도 담겨있다고 합니다.

이 내용은 존 볼턴이 오랫동안 주장해 온 비핵화 강경노선인 '리비아 모델'을 나타내는데, 리비아식 핵폐기 모델Libya model of denuclearization은 비밀리에 핵개발을 추진하던 리비아 카다피Muammar Gaddafi 정권이 서방의 권고에 따라 핵을 폐기한 뒤 보상을 받은 핵군축nuclear disarmament 모델로, 이 과정에서 미국은 2004년에 리비아의 핵무기와 탄도미사일 프로그램nuclear and ballistic missile programs 관련 서류 및 장비documents and equipments를 테네시주에 있는 오크리지 국립 연구소Oak Ridge National Laboratory in Tennessee로 실어왔습니다.

볼턴은 백악관 국가안보좌관이 된 뒤 북한이 이 모델을 따라야 한다고 주장해 왔고, 핵폐기 후 나토NATO의 공습으로 최후를 맞은 카다피에 대해 잘 알고 있는 김정은은 이 제안을 계속 거부해rejected repeatedly 왔습니다.

트럼프도 전에는 이런 볼턴의 주장과 거리를 둬 왔고, 1차 북미회담 전 북한이 볼턴의 요구를 거부하며 회담 개최가 무산될 위기에 처하자 트럼프는 리비아 모델을 추구하지 않는다고 말하기도 했습니다.

《로이터》에 따르면, 미국이 북한에 건넨 서류에는 북한의 핵인프라nuclear infrastructure와 화생전 프로그램chemical and biological warfare program, 탄도미사일과 관련 시설ballistic missiles, launchers, and associated facilities 등을 모두 폐기하는 것fully dismantling 뿐만 아니라, 핵무기와 핵연료 반출, 핵프로그램에 대한 포괄적 신고comprehensive declaration of its nuclear program 및 미국과 국제 검증단의 완전한 접근full access to US and international inspectors, 핵 관련 활동 및 신규 건설 전면 중단, 핵프로그램 관련 인력all nuclear program scientists and technicians의 상업활동 전환

transition to commercial activities 등 광범위한 요구가 전부 담겨있었다고 합니다.

《로이터》는 회담 관계자의 말을 빌어 이 문건이 미국이 정의한 FFVD 즉, 'final, fully verified, denuclearization(최종적이고 완전하게 검증 가능한 비핵화)'을 북한에 전한 것이라고 했습니다. 하노이 회담 결렬 후 기자회견에서 한 기자가 아직도 '완전하고 검증 가능한 비핵화complete, verifiable denuclearization'를 북한에 요구하느냐고 묻자 트럼프는 즉답을 피하며 북한이 많은 것을 포기하길a lot to be given up 바란다고만 대답했습니다.

"the leverage is on our side right now"

《로이터》 기사에도 나왔듯이 이 문건의 존재는 이미 볼턴이 언급한 바 있습니다. 하노이 회담 결렬 뒤 얼마되지 않아 북한의 미사일 발사장 재건 움직임이 보이자 이와 관련해《ABC뉴스》일요일 아침 프로그램〈This Week〉에 출연해서 한 말이죠.

볼턴은 미국이 정의하는 비핵화는 우라늄 농축과 플루토늄 재처리 능력uranium enrichment and plutonium reprocessing capability 등 북한의 핵무기 프로그램 제거elimination of their nuclear weapons program를 의미하고, 폐기해야 하는 대량살상무기weapons of mass destruction에 미국은 처음부터 생화학무기chemical and biological weapons를 포함시켰다고 말하며, 이런 내용은 트럼프 대통령이 김정은에게 건넨 서류에 적혀 있다고 말했습니다.

방송에서 이전 대통령들이 저지른 실수mistakes prior presidents have made를 트럼프가 반복하지 않으려 한다고 말한 볼턴은, 이런 실수 중 하나가 'action for action ploy(단계적 비핵화 술책)'에 넘어가는 것이라고 했습니다.

다양한 형태로 맺은 국제적인 비핵화 약속을 북한이 번번이 어겨왔다고"they have happily violated" 말한 볼턴은 현재 대북 제재완화economic relief가 절실한 북한이 핵프로그램을 부분적으로 포기하려 하겠지만, 경제 제재해제로 북한이 얻는 이익이 부분적인 비핵화partial denuclearization로 미국이 얻는 이익보다 훨씬 크기 때문에 단계적 비핵화 조치는 필연적으로 실패할 수밖에 없고, 25년 넘게 북한의 비핵화를 볼 수 없었던 이유라고 말했습니다.

경제제재라는 대북 압박 지렛대를 미국이 쥐고 있기"the leverage is on our side right now" 때문에 하노이 회담에서 걸어나온 트럼프의 판단이 옳았다고 말한 볼턴은, 이후 언론에 자주 모습을 드러내며 변함없이 강경한 입장을 고수하고 있고, 북한 뿐 아니라 이란과 관련해서도 긴장을 고조시키는 역할을 하고 있습니다.

이번에 다룬 트럼프 행정부의 매파들이나 외교안보정책, 인사이동에 관한 읽을거리와 볼거리를 아래 추천합니다.

📑 You might want to read (or watch) this

The New York Times
<Did a Queens Podiatrist Help Donald Trump Avoid Vietnam?>
By Steve Eder (2018.12.26.)

The Hill
<Juan Williams: Trump's nest of hawks>

By Juan Williams (2018.4.9.)

The New York times
<With Bolton, Trump Creates a Hard-Line Foreign Policy Team>
By David E. Sanger (2018.3.22.)

Bloomberg
<Trump Has Clipped the Wings of Uber-Hawk John Bolton>
By Hal Brands (2018.7.27.)

BBC
<Trump replaces National Security Adviser HR McMaster with John Bolton>
(2018.3.23.)

Bob Woodward
《Fear: Trump in the White House》 (2018.9.11.)

NBC News
<Tillerson's Fury at Trump Required an Intervention From Pence>
By Carol E. Lee, Kristen Welker, Stephanie Ruhle, Dafna Linzer (2017.10.4.)

The New Yorker
<With Mike Pompeo at the State Department, Are the Über-Hawks Winning?>
By Robin Wright (2018.3.13.)

The New York Times
<Mike Pompeo, a Hawk Who Pleased the President, Moves From Spying to
Diplomacy> By Scott Shane (2018.3.13.)

The Hill
<Booker grills Pompeo on views about Muslims, homosexuality>
By Morgan Chalfant (2018.4.12.)

BBC
<John Bolton: Bush-era war hawk makes comeback> (2019.5.15.)

Foreign Policy
<Trump Taps Uber-Hawk Bolton as National Security Advisor>
By Colum Lynch, Elias Groll (2018.3.22.)

The Telegraph
<The only mistake of the Iraq war was that we didn't get rid of Saddam Hussein sooner> By John Bolton (2016.7.6.)

The New York Times
<To Stop Iran's Bomb, Bomb Iran>
By John R. Bolton (2015.3.26.)

Wall Street Journal
<Beyond the Iran Nuclear Deal>
By John Bolton (2018.1.15.)

Wall Street Journal
<The Legal Case for Striking North Korea First>
By John Bolton (2018.2.28.)

CNN
<National security aide headed for exit after clash with Melania Trump's office>
By Jeremy Diamond, Kate Bennett, Jeff Zeleny, Pamela Brown (2018.11.14.)

The Washington Post
<John Bolton's new deputy is a hawk with sharp elbows, just like him>
By Josh Rogin (2018.4.23.)

Brookings Institution
<Tracking turnover in the Trump administration>
By Kathryn Dunn Tenpas, Elaine Kamarck, Nicholas W. Zeppos (2018.11.7.)

ABC News
<A list of officials who have left the Trump administration>
By Veronica Stracqualursi, Adam Kelsey, Meghan Keneally (2018.3.29.)

The Washington Post
<Trump is getting closer to a Cabinet full of yes-men>
By Aaron Blake (2018.12.21.)

HBO
<Axios> Season 1, Episode 1

CNN

<Trump expected to name Heather Nauert next UN ambassador, sources say>
By Elise Labott, Jim Sciutto, Nicole Gaouette (2018.11.7.)

The Washington Post

<John Bolton puts his singular stamp on Trump's National Security Council>
By Karen DeYoung, Greg Jaffe, John Hudson, Josh Dawsey (2019.3.4.)

The New York Times

<Trump's Talks With Kim Jong-un Collapse, and Both Sides Point Fingers>
By Edward Wong (2019.2.28.)

Politico

<Trump aides worry he'll get outfoxed in North Korea talks>
By Eliana Johnson (2019.2.22.)

Reuters

<Exclusive: With a piece of paper, Trump called on Kim to hand over nuclear weapons> By Lesley Wroughton, David Brunnstrom (2019.3.30.)

ABC News

<This Week> Martha Raddatz interview with John Bolton (2019.3.10.)

Quiz Fill in the blank

President Trump's new pick for Secretary of State, Mike Pompeo is expected to bring a h_____ approach to nuclear talks with North Korea.

트럼프 대통령이 국무장관으로 새로 뽑은 마이크 폼페이오는 북한과의 핵협상에서 강경한 태도를 보일 것으로 예상된다.

hawkish

NEWS

World | US Politics | Foreign Policy | Business | Culture | Environment | Immigration | Inequality | Brexit | Tech | More ▾

inclusion *rider*

말, 자전거, 오토바이 등에 탄 사람을 rider라고 하죠. 미국 우선주의를 강조하는 트럼프가 자주 의도하는 말의 일부이기도 합니다. 바로 free rider죠. '무임승차자'를 뜻하는 이 말은, 비용이나 대가를 지불하지 않고without cost or effort 득을 보는getting advantages or benefits 사람이나 집단을 공통적으로 칭하는 말입니다. 다른 사람들이 지불한 공공재public goods를 공짜로 사용하는 사람, 공동작업에 기여하지 않고 팀원이라는 이유로 결과에 편승하는 사람, 또는 노동조합원들의 활동으로 이룬 성과로 함께 덕을 보는to benefit from the existence of labor unions 비노조원 등을 가리키죠. 무역trade, 안보security 등과 관련된 각종 협약, 조약에서 미국이 불리한 입장이고 부당하게 많은 돈을 지불한다고 여기는 트럼프는, 다른 나라들이 그들의 몫fair share을 부담하지 않고 미국 덕을 본다며 모두 free rider로 치부합니다. 지정학적 특성상 미군이 주둔한 한국도 트럼프에게는 a security free rider죠. 하지만 그의 생각이 옳은지 그른지는 정확한 데이터와 모든 정황을 살펴보면 알 수 있겠죠.

무엇을 탄 사람이라는 뜻 외에 rider는 '추가조항'이나 '부칙' additional clause or stipulation을 뜻하기도 합니다. 계약서contract와 같은 공식 문서official or legal document나 어떤 규칙에 변경사항amendment이나 설명explanation, 추가정보extra piece of information 등을 덧붙인 '부가조항'이나 '첨부문서'를 말합니다. 보험계약을 할 때 혜택을 확대하기 위해 덧붙이는 추가사항을 rider라고 하고, 출연계약 또는 공연계약을 하는 연예인이 추가적인 요구사항을 덧붙이는 것도 rider라고 합니다.

이해를 돕기 위해 rider가 들어간 예문을 모아봤습니다.

A **rodeo rider** narrowly escaped after a bull's horn went through his head.
로데오를 하던 남자가 소에게 받혀 뿔이 머리를 관통한 뒤 가까스로 빠져나왔다.

Uber launches more safety tools to protect **riders**, drivers
〈우버, 탑승자와 운전자 보호를 위해 더 많은 안전장치를 탑재하다〉 (USA TODAY / Edward C. Baig / 2018.9.5.)

America's withdrawal from the Paris Agreement, the attempt to be a **free rider** on the climate deal
미국의 파리협정 탈퇴, 기후조약에 무임승차하려는 시도

Obama and Trump agree on one thing: There are too many **free riders** in NATO.
오바마와 트럼프가 의견을 같이하는 게 하나 있다. 나토에 무임승차하는 나라가 너무 많다는 것이다.

Life insurance riders are features not found on a basic life insurance policy.

생명보험 추가옵션(특약)은 기본 보험증서에는 없는 특별조항이다.

Adele listed one pack of Marlboro Lights and a lighter in her rider for the "Adele 21" tour.

아델은 'Adele 21' 투어 공연 때 말보로 라이트 한 갑과 라이터를 공연계약 추가조항 목록에 포함시켰다.

Free riding on American protection?

한국은 오랫동안 주한미군(USFK)United States Forces Korea 주둔비용을 지원해 왔습니다. 방위비분담금defense cost-sharing 현황은 국가 공식 승인 통계자료를 모아놓은 'e-나라지표' 사이트에 가면 볼 수 있습니다. 이곳에 나와 있는 의미분석에 따르면, 방위비분담금은 '주한미군주둔군지위협정(SOFA)Status of Forces Agreement 제5조(시설과 구역)에 대한 특별협정'에 근거하여 지원하는 협의(狹義)의 분담금을 의미하고, 특별협정은 2~5년 주기로 체결되며, 한·미간 협상에 의하여 분담액을 결정한다고 되어 있습니다. 이 협정은 한·미 방위비분담특별협정(SMA)Special Measures Agreement을 말합니다.

분담금은 주한미군의 인건비를 제외한 비인적(非人的) 주둔비용 중 일부를 분담하는 것으로, 흔히 '주한미군에 대한 한국의 방위분담 또는 지원'이라고 하면 특별협정에 의한 방위비분담금을 포함하여 직·간접지원을 모두 일컫는 광의(廣義)의 분담을 의미한다고 합니다. 'e-나라지표' 사이트에 그래프와 숫자로 제시된 분담금 합의액 외에도 기타 다양한 비용이 더 들어간다는 뜻이죠.

방위비분담금, 부동산매입비 등 정부예산을 직접 투입하여 현금cash, 현물in-kind, 서비스 등으로 지원하는 것은 직접지원direct support, 부가세 면세, 토지 공여, 카투사(KATUSA)Korean Augmentation Troops to the United States Army 등 정부예산이 직접 투입되지 않는, 기회비용opportunity cost과 감세·면세tax exemptions 등으로 지원하는 것은 간접지원indirect support에 해당합니다.

"They pay us peanuts"

어휘력이 빈약한 사람이 같은 단어를 반복적으로 사용하는 현상은 트럼프에게서 볼 수 있습니다. 사람들이 자신의 말을 신뢰하지 않는 것 같아서인지 최상급이나 very, great, wonderful, fantastic, tremendous처럼 강조, 과장하는 말을 자주, 때론 연이어 쓰고, 지나치게 비약하거나 일반화하는 것도 흔히 볼 수 있습니다. 트럼프가 자주 쓰는 말은 그의 추종자들도 덩달아 쓰는 반면, 그에게 비판적인 사람이나 언론은 가능한 피하려고 하는 듯합니다. 대선 당시 그가 자주 사용하던 말 중에 하나가 peanuts입니다. '아주 적은 액수(푼돈)'나 '하찮은 것'을 뜻하는 이 말을, 트럼프는 fact와 상관없이 시시하고 보잘 것 없다고 주장하려는 것에 무조건 사용하죠.

대선 출사표를 던지면서 멕시코 이민자들이 미국에 마약과 범죄를 들여오고 있다고 말하고, 심지어 그들을 rapists라고 한 발언에 대해, 사실과 비교하면"compared to what turns out to be the truth" 자신이 한 말은 "peanuts"라고 했죠. (이 말의 왕당함은 언론사마다 검증했습니다.) 또 대선출마로 포기해야 하는 TV쇼와 사업으로 벌어들일 거금big money을 생각하면 대선출마 비용cost of running for president은 "peanuts"

라고 했고, 《폭스뉴스Fox News》 빌 오라일리Bill O'Reilly와의 인터뷰에서 멕시코 국경장벽Mexican border wall을 세울 자금을 어떻게 마련할 것인지 묻는 질문에, 중국 만리장성Great Wall of China에 비하면 멕시코 장벽은 "peanuts"라며 멕시코가 비용을 지불할 거라고 했습니다.

공화당 대선후보 경선 때인 2015년 10월, 뉴햄프셔New Hampshire에서 트럼프를 향해 한 청중이, 한국이 8억 6,100만 달러를 냈다며 방위비분담금에 대한 트럼프의 발언이 "not true"라고 바로잡으려 하자, 이 돈 또한 "peanuts"라고 했습니다. 2016년 1월, 《CNN》 울프 블리처Wolf Blitzer와의 인터뷰에서도 돈 잘 버는 한국이지만 "They pay us peanuts"라며, 한국이 미국에게 보호해주는 대가로 상당히 많은 돈을 지불해야 한다고"should pay us very substantially" 했습니다.

"Why don't they pay us?"

트럼프가 전에 대선출마를 고려했던 2011년 3월, 《ABC》 TV 생방송 아침 토크쇼 〈The View〉에 출연해, 한국이 미국으로부터 많은 돈을 벌어들이고 있고 미국의 "25,000 soldiers"가 한국을 보호하기 위해 가 있지만 "They don't pay us"라고 말했습니다.

미국 정치인들의 발언이 정확한지accuracy of statements 팩트체크하는 사이트 PolitiFact.com이 트럼프 말의 진위를 보도한 글을 보면, 세계은행World Bank의 자료를 근거로 한국이 미국으로부터 많은 수익을 올리는 것은 우선 타당해 보인다고 했습니다. 하지만 주둔군에 대해서는, 2011년 현재 "28,500 US service members"가 한국에 있고 주둔군 대부분이 공군Air Force이라며, 육군 병력Army troops을 칭하는 soldiers라는 용어도 틀렸다고 했습니다. 50만 명이 넘는 한국 현역군인service members on active duty과 수많은 예비군reserve troops에 비하면 미군은 아주 왜소해 보인다는 말도 덧붙였죠.

가장 중요한 방위비분담금에 대해서는, 미군주둔과 관련된 부담을 나누는 것"burden sharing"을 명시한 협정서에 한국이 정기적으로 조인해 왔다고 했습니다. 한·미 방위비분담특별협정(SMA)을 말하는 것이죠. 2009년 양국 정부가 체결한 협정이 2013년까지 5년간 적용된다며, 이에 따라 한국 정부가 부담해야 하는 금액은 약 6억 9,400만 달러이고, 이 금액은 잇따르는 4년간 물가상승률inflation에 따라 증가한다고도 했습니다. 한국의 분담금이 여러 명목sub-categories으로 나뉜다며, 미군이 고용하는 한국인 노동자 인건비labor cost sharing, 군사건설 및 연합방위 증강사업construction programs을 위한 비용, 군수지원비logistics cost sharing 등이 있다고 설명했습니다.

따라서 한국이 돈을 지불하지 않는다는 트럼프의 말은 틀렸고, 미국이 공짜로 한국을 보호해 준다는 말에 대해서는 한국에 대한 군사적인 투자military investment in South Korea가 미국에도 득이 된다는 전문가들의 말을 인용했습니다. 중국, 러시아, 대만, 북한, 일본 등이 뒤얽힐 수 있는 국지전을 억제해deterring a regional war 전세계에 중대한 영향을 미칠 수 있는 위기를 미연에 방지할preventing a crisis 목적으로 미군의 한국주둔이 필요하다고 했군요.

재미있는 사실은, 당시 트럼프의 정치보좌관political aide으로 그를 대신해 PolitiFact.com의 질의에 답한 사람이 마이클 코언Michael Cohen이라는 점입니다. 지금은 트럼프에게서 등을 돌리고 온갖 비리를 폭로하고 있지만 그때는 트럼프의 충신이었던 코언은, 미국이 세계경찰 역할을 하고 있는데"playing police officer to the entire world" 그 비용을 누가 댈거냐고 반문했군요.

views held by many middle-class white people

2015년 공화당 유력 대선주자Republican presidential front-runner로 자리
하면서 트럼프는 한국을 계속 안보 면에서 무임승차하는 나라free rider
in security terms로 특징짓습니다. 이런 그의 행태를 보다 못한 《한겨레
The Hankyoreh》 기자가 트럼프에게 공개서한open letter to Donald Trump을
띄웁니다. (《한겨레》는 온라인으로 국제판을 제공하고 있어, 주요 기
사를 영어, 일본어, 중국어 등으로 읽을 수 있습니다.) 이 공개서한은
〈How do you like them "peanuts"?('땅콩' 같은 소리 하고 있네)〉라는
제목으로 한겨레 영문판 사이트에 올라와 있습니다.

뻔뻔하게 거짓말하는 트럼프의 성향tendency to tell bald-faced lies 때문
에 편지를 쓰게 됐다고 말한 권혁철 기자는 9,200억 원에 달하는 한국
의 분담금을 peanuts라고 표현하며 한국을 a "free rider" on security
로 보는 트럼프의 생각이 미국 백인 중산층middle-class white people의
시각을 반영한다는 말을 듣고 사실을 분명히 밝혀야겠다고 생각한
것으로 보입니다. 기자는 당시 출간된 책 《Crippled America: How
to Make America Great Again(번역서: 불구가 된 미국)》에 트럼프
가 28,000명의 주한미군이 (책에는 "28,500 wonderful American
soldiers"라고 되어 있습니다) 한국을 지키기 위해 매일 위험을 무릅쓰
고in harm's way every single day" 있고, '미군만이 유일하게 남한을 지키고
있다'고"the only thing that is protecting South Korea" 쓴 것에 분개하며, 23년
전 자신도 병장 제대했고discharged as a sergeant, 지금 이 순간에도 63만
명의 한국군이 남한을 지키고 있다고 했습니다.

이어 방위비분담금에 대해 자세히 설명합니다. 1990년까지는 트럼프 말대로 한국이 비용을 지불하지 않았다고 합니다. 하지만 소련이 무너지고 냉전이 종식되자 미국은 한국의 경제성장 등을 이유로 들며 주한미군(USFK) 주둔비용stationing cost을 요구하기 시작합니다. 그래서 한국은 방위비분담금을 내기 시작했고, 1991년 1,000억 원이던 금액은 2014년 9,200억 원으로 9배 넘게 뛰었다고 합니다.

미군은 일본과 독일에도 주둔해 있는데, 그 규모와 GDPgross domestic product 대비 분담금을 따져보면, 이 두 나라보다 한국이 더 많은 비용을 지불하고 있다고 합니다. GDP에서 미군 주둔비용 지원금이 차지하는 비율을 보면, 한국은 0.068%, 일본은 0.064%, 독일은 0.016%라고 합니다.

액수로 표현된 협의의 분담금 외에 부동산 임대료 평가액appraised values on real estate rentals, 면세, 공공요금 할인discounts on public fees, 기반시설 이용료 면제exemptions on infrastructure usage costs 등 간접지원에 대해서도 언급한 《한겨레》 기자는, 땅 값이 비싼 한국의 특성상 미군이 공짜로 사용하는 1억 796만 평방미터 토지107,962,720 square-meters of land에 대한 총 가치는 약 12조 1,100억 원이라며, 국방부 자료를 토대로 한국이 한 해 "3조 원"에 달하는 금액을 주한미군 지원에 쓰고 있고고 했습니다.

"Are you from South Korea?"

앞서 잠깐 언급한, 2015년 뉴햄프셔에서 트럼프의 말을 바로잡으려 했던 사람은 하버드생인 한국계 조셉 최Joseph Choe로, 그가 한국에 대해 발언을 시작하자 트럼프는 대뜸 "Are you from South Korea?"라고 묻죠. "I'm not"이라고 대답한 그는 텍사스Texas에서 태어나 콜로라도Colorado에서 자랐다고 덧붙입니다. 자신의 국적에 상관없이 사실을 올바르게 밝히고 싶다고 말한 조셉 최는 트럼프가 무례하게 끼어들어 중단해 버리는 바람에 하려던 말을 다 하지 못했지만, 그의 행동이 화제가 되면서 언론사들과의 인터뷰를 통해 자신의 생각을 밝힐 수 있었죠.

《NPR》, 《NBC뉴스》 등과 인터뷰한 조셉 최는 아무리 지위가 높은 사람이라도 잘못된factually wrong 말을 하거나 잘못된 행동을 하면 자신은 지적하고 비판할 것이라며"I'll call you out on it" 트럼프가 멕시코인과 여성, 한국 등을 향해 이상한 주장을 하는 것을 보고 이를 바로잡고 싶었다고 말했습니다.

그가 유명 정치인high-profile political figure의 잘못을 지적한 것은 이번이 처음이 아니라고 합니다. 전에 아베 일본 총리Japanese Prime Minister Shinzo Abe가 하버드대 케네디 스쿨Harvard's Kennedy School을 방문했을 때, 수십만 명의 여성을 강제 성노예로 삼은 일coerced sexual slavery에 일본 정부가 분명히 개입한 사실을 아직도 부인하는지 물었다고 합니다. 아베는 위안부comfort women 문제를 인신매매human trafficking와 일본의 성폭행 감소 계획Japan's plan for reducing sexual violence 등으로 방향을 틀어 말하며 대답을 피했고, 조셉 최는 아베가 사과할 거라고 기대하지는 않았지만 실망스러운 답변이었다고 말했습니다.

《NPR》 기사는 "Are you from South Korea?"라고 물은 트럼프의 질문에 대한 전문가의 분석을 실었습니다. 인종, 이민, 문화를 연구하는 캘리포니아대학교 어바인 캠퍼스University of California, Irvine 사회학과sociology 교수 제니퍼 리Jennifer Lee는 트럼프가 조셉 최를 대한 태도는 외래성sense of foreignness에 대한 인식을 암묵적으로 표현한 것이라고 말했습니다. 아시아계 미국인Asian-Americans에게 출신을 묻는 질문은 숨은 뜻이 담겨 있을 수 있다며, 이런 질문이 악의 없어 보이겠지만 실제로는 '누가 미국인인가who is American'라는 의문을 제기하는 도전적이고 공격적인 질문이라는 거죠. 아시아계 미국인은 미국인이 아니라는, 영원한 외래인perpetual foreigners이라는 인식이 계속되고 있음을 의미한다고 합니다.

조셉 최가 트럼프와 대면한 자리에 있었던 누군가는 트럼프에게 출생증명서birth certificate를 보여 줘야겠다며 농담을 건넸다고 합니다. 오바마가 미국에서 태

npr

National Public Radio의 머리글자를 딴 《NPR》은 미국 공영 라디오방송public radio network입니다. 1971년 첫 방송을 내보냈고, 워싱턴DC에 본사를 두고 있습니다. 민간과 정부의 재원으로 운영되는 비영리매체인 《NPR》은 뉴스와 문화 관련 프로그램을 제작해 미국 전역 라디오 방송국에 배급합니다.

출퇴근 시간에 방송하는 〈Morning Edition〉과 〈All Things Considered〉가 대표 프로그램이라는군요. 《NPR》의 뉴스와 프로그램은 홈페이지와 모바일, 팟캐스트 등을 통해 들을 수 있습니다. 웹사이트 기사 중 관련 방송이 있는 경우 음성도 함께 제공되며, 방송 대본이 실리기도 합니다. 모든 방송은 15초 전과 후로 조절하며 들을 수 있습니다. 주요 프로그램을 온디맨드on demand로 들을 수 있는 모바일앱도 마찬가지입니다.

▶ website: www.npr.org

어나지 않아 대통령 자격이 없다는ineligible to be president 음모론을 제기하며birther movement 출생증명서를 보여줘야 한다고 끈질기게 주장했던 인물이 트럼프이기 때문입니다.

아시아계 미국인으로 자라며 미묘한 차별micro-aggressions에서부터 노골적인 인종차별outright racism까지 접해 온 조셉 최는, 이런 상처를 주는 말이나 생각이 증오hatred가 아닌 무지ignorance에서 온다는 것을 알기 때문에 생산적인 대화productive conversation가 언제나 도움이 된다며, 사실을 무시하면 무지ignorance는 계속되고, 트럼프처럼 영향력 있는 인물influential figure의 입에서 나오는 허위진술misstatements은 지극히

위험하다고 말했습니다.

the largest US overseas military base

트럼프는 대선 캠페인 당시 한국이 방위비분담금을 더 내지 않으면 주한미군을 철수시킬withdrawal of US Forces Korea 의향이 있다고 했고, 한미 FTA 재협상third round of Korea-US FTA talks 때도 미국이 원하는 방향으로 협상이 진행되지 않으면 주한미군을 철수시키겠다고 위협 했습니다.

미국의 북한 전문매체 《38노스38 North》는 주한미군 철수를 시도한 적이 있는 지미 카터Jimmy Carter 대통령 시기 한미 관계 전문가를 통해, 그때나 지금이나 미군철수 가능성이 얼마나 희박한지 설명했습니다.

미군 지상병력을 한국에서 모두 철수시키겠다고to remove all US ground combat forces from South Korea 공약한 카터는 1977년 대통령에 당선되자 이를 바로 실행에 옮깁니다. 그의 이런 움직임은 의회는 물론 자신의 행정부 내에서도 반발을 샀습니다. 미군의 해외주둔US regional presence으로 미국의 패권구조US hegemonic structure가 확대·강화되기 때문이고, 베트남 패전 이후 아시아 대륙에서의 주둔Asian mainland deployment이 군사적, 심리적으로 더 중요한 의미를 띠면서 주변 우방도 철수를 반대했다고 합니다. 여기에 북한의 군사력이 기존에 추측 했던 것보다 훨씬 월등하다는far stronger than had been previously assumed 새로운 정보가 입수되면서 카터 대통령의 주한미군 철수 계획은 무산 됐고, 3천 명의 병력만 미국으로 불러들이는 데 그쳤다고 합니다.

북한의 도발 억제deterrence of North Korean adventurism, 핵능력 추구

pursuit of nuclear capability를 포함해 남한의 국방정책에 대한 미국의 영향력US influence over South Korea's defense policy 유지, 중국에 대한 견제 regional balancing against China 등 전략적 이해strategic interests가 걸린 한반도에서 미국의 주둔군 철수가 불가능해 보인다고 말한 저자는, 단호한 의지를 드러낸 대통령도even a determined president 이루지 못한 일을 (즉흥적인 면에서 변수가 있긴 하지만) 트럼프가 해내기는 어려울 거라고 말하며, 1970년대 상황과 지금을 대비해 설명했습니다.

박정희 정권의 인권유린Park Chung Hee's human rights violations에 강한 반감을 드러낸 카터 대통령은, 이 (주요한) 이유 말고도 영구적인 미군주둔을 의도한 적이 없고, 안보관계에 있어 주둔군 철수는 자연스러운 과정이며, 남한의 경제성장으로 자주국방 능력이 높아졌고, 또 비용 절감a way to save money을 위해 미군을 철수하려 했다고 합니다.

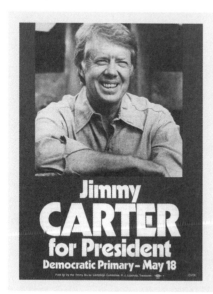

지미 카터의 1976년 대선 민주당 예비선거
Democratic Party presidential primary 전단

한국의 국방능력defense and war-fighting capabilities에 대해, 카터 시절에는 국방현대화defense modernization를 위한 시간이 필요했고, 현재는 미국의 핵우산에 의존하고 있다고dependent on the US nuclear umbrella 설명한 저자는, 비용 절감을 부분적인 이유로 댄 카터와 달리 미군의 해외주둔을 주로 비용적인 면에서 접근하며 틀린 말을 쏟아내는 트럼프에 대해 다음과 같이 썼습니다. 한국이 캠프 험프리스Camp Humphreys 건설비의 90%를 포함해 미국 주둔비용의 절반을 이미 내고 있는데 to cover half of US basing costs already, 이런 사실을 무시하고 한국을 'free riding on American protection'이라고 비난하는 것은, 자신의 말이 현재 남북간 및 북미간 진행 중인 대화ongoing inter-Korean and US-North Korea talks에 어떤 영향을 미칠지 고려하지 못하는 대통령의 인식부족을 여실히 드러낸다고to betray a stunning lack of awareness 했죠.

캠프 험프리스에 대해 잠깐 살펴보면, 한국과 미국은 2004년 한국 전역의 미군 부대를 평택 미군기지 캠프 험프리스United States Army Garrison-Humphreys로 이전하기로 합의합니다. 이를 위한 기지 확장 건설비용 107억 달러(약 12조 원) 중 한국 정부가 92%를 부담했고, 미국은 자신들의 부담 비용 대부분을 한국 측이 제공하는 방위비분담금으로 전용해 충당했다고 합니다. 캠프 험프리스는 여의도의 5배 정도 면적이며, 미군의 해외 단일기지로는 세계 최대the largest US overseas military base 수준이라고 합니다. 확장 과정에서 거주지가 편입되면서 주변 주민들의 저항도 있었습니다. 군부대 때문에 50년간 소음과 환경파괴로 피해를 본 주민들이 이제는 삶의 터전마저 잃게 된 거죠.

미국 의회 전문 매체 《The Hill》은 2017년 11월 트럼프 대통령 방한 당시, 한국이 상당한 자금을 댄largely financed 캠프 험프리스에서 트럼프를 맞이한 문재인 대통령의 이례적인 행보를 두고, 한국을 security freerider로 보는 트럼프의 인식을 약화시키려는 바람으로 해석했습니다. 이때 트럼프와 동행한 《NPR》 기자는 한국의 안보를 위한 것이니 부대 확장 건설비 대부분을 한국이 부담하는 게 당연하다고appropriate 한 트럼프의 말을 전하면서, 트럼프의 무임승차 발언과 달리 한국이 경제 규모에 비해relative to the size of its economy 국방에 아주 많은 돈을 들인다고pretty hefty defense budget 했습니다.

amassing of unspent defense contributions

2018년 한국의 방위비분담액은 9,602억 원이었고, 2019년부터 적용될 제10차 한·미 방위비분담특별협정(SMA) 체결을 위한 협의는, 항상 더 많은 비용greater share of defense costs을 부담하라고 압박해 온 미국의 바람대로 흘러가 8.2% 인상된 1조 398억원 정도로 정해졌습니다. 하지만 유효기간이 1년이어서 힘든 협상another bruising renegotiation을 바로 또 시작해야 하는 처지가 됐죠. 10차 협상이 진행 중일 때 나온 《한겨레》 보도에 따르면, 분담금 중 다 쓰지 않고 축적된 불용액만amassing of unspent defense contributions 2016년 말 3,330억 원에 이르는데, 주한미군은 이 돈을 커뮤니티뱅크에 예치한to deposit the funds into Community Bank 뒤 제휴은행인 뱅크오브아메리카에 재예치하는to entrust them in turn to Bank of America 방식으로 이자 수익interest earnings을 올리고 있다고 합니다. 한국인이 내는 세금South Korean taxpayer money으로 돈놀이moneylending를 하고 있다는 비난을 사는 이유죠.

Cost Plus 50 formula

2019년도분 한국의 방위비분담금이 정해지고 얼마 안 돼 《블룸버그Bloomberg》가 트럼프 정부의 'Cost Puls 50'라는 공식formula을 보도합니다.

한국, 독일, 일본 등 미군이 주둔한 동맹국allies hosting US Troops에게 미군 주둔비의 전부를 부담하게 하고to pay the entire cost of those deployments 거기에 더해 이런 '특혜'를 누리는 대가로for the privilege of hosting them 50% 이상의 프리미엄huge premium을 더 요구한다는 계획입니다. 이 공식을 적용하면 현재도 많은 부담을 하고 있는 동맹국이 경우에 따라 5~6배를 더 내야할 수도 있다고 합니다. (독일의 경우 현재 미군 3만 5천명35,000 US personnel에 대한 주둔비 중 약 28%인 10억 달러를 매년$1 billion a year 부담한다고 하는군요.)

《블룸버그》에 따르면 트럼프가 취임했을 때부터 이미 품고 있었던 이 아이디어를 몇 달 전부터 강하게 주장해 왔고, 이로 인해 한국과의 방위비분담금 협상이 거의 무산될 뻔 했다고almost derailed 합니다. 트럼프가 존 볼턴 백악관 국가안보보좌관에게 "We want cost plus 50"라고 쓴 쪽지를 건네며 협상을 받아들이지 않으려 했다는군요.

백악관은 주둔비 전액에 프리미엄 추가라는 이 발상을 (트럼프가 계속 주장해온) 나토 회원국NATO partners의 방위비분담을 높이기 위한accelerating increases in defense spending 방안으로 보고 있고, 미국은 동맹국들에게 방위비를 더 내게 하는 압박 수단을 이 외에도 여러 가지로 모색하고 있다고 합니다.

그런데 《블룸버그》가 밝힌 트럼프 행정부 내 한 관계자의 말에 따르면, 미군이 주둔한 나라가 정책적으로 얼마나 미국과 보조를 같이

하느냐to align closely with the US에 따라 상승한 분담금을 깎아주는to determine the discount 공식도 있다고 합니다. 미국이 방위비분담금을 자신들의 요구를 관철하는 지렛대로 이용하려 한다는a way to exert leverage 거죠. 안보 동맹국들은 미국이 과연 우방이 맞는지 의심스럽다는 반응이고, 미군이 주둔한 지역에서는 주둔군을 거부해온 움직임이 더 강해질 수 있다고 합니다.

트럼프 행정부의 이런 조치를 비판하는 사람들은, 미군의 해외 주둔에서 오는 혜택을 잘못 해석한 데서to misread the benefits 기인한 요구라며, 이런 요구가 주둔지의 편의를 위해for the benefits of those countries 미군이 파견됐다는 잘못된 인식을 심어줄 수 있다고 말합니다.

《워싱턴포스트The Washington Post》는 자신에게 등을 돌린 이들을 'flippers', 'rats'라고 부르며 마피아 두목 같은 언어를 구사하는speaking like a mob boss 트럼프가 이제는 미군을 이용해 보호비를 뜯어내려 한다며, 대통령이 미국의 외교정책을 'protection racket(보호비 명목으로 갈취하는 행위)'으로 바꿔놓고

Bloomberg

마이클 블룸버그Michael Bloomberg가 1981년 설립한 '블룸버그Bloomberg L.P.'는 '세계 금융의 중추신경계'라고 자처하는 경제전문 미디어회사로, 뉴욕 맨해튼에 본사를 둔 비공개 기업private, limited partnership입니다.

컴퓨터와 인터넷이 아직 대중화되지 않은 시절, 블룸버그는 자체 개발한 컴퓨터 시스템인 '블룸버그 터미널Bloomberg Terminal'을 통해 월스트리트 회사들을 상대로 증시 데이터와 금융분석 등을 실시간 제공하는 서비스를 시작했고, 아무나 접근할 수 없는 차별화된 전문정보를 제공하는 블룸버그 터미널은 이후 금융계 리더들의 값비싼 필수품으로 자리매김했다고 합니다.

블룸버그 터미널 이용자들에게 금융 뉴스를 전하기 위해 1990년, 마이클 블룸버그와 매튜 윙클러Matthew Winkler가 공동 설립한 《블룸버그 통신Bloomberg News》은 2010년, 70여개국에 2,300명이 넘는 기자를 둘 정도로 성장했고, 통신사 콘텐츠는 24시간 경제뉴스를 방송하는 Bloomberg Television, 라디오방송 Bloomberg Radio, 웹사이트 Bloomberg.com과 잡지, 모바일 플랫폼 등으로 전파된다고 합니다.

웹사이트 기사는 매달 일정 수를 무료로 읽을 수 있고, 블룸버그 자체 TV 네트워크가 있어서 기사와 관련된 동영상 뉴스 클립이 함께 제공되기도 합니다. 기사를 읽어주는 음성서비스를 제공하지만, 약간 이색적인 기계음입니다.

▶ website: www.bloomberg.com

있다고 꼬집었습니다.

이 글을 쓴 군사학자military historian이자 칼럼니스트인 맥스 부트 Max Boot는, 동맹국에게 방위비분담금 증액을 요구한asking allies to pay more 사례는 이전 행정부에서도 있었지만, 트럼프의 경우 미군의 해외 주둔으로 미국이 어떤 득을 보는지 전혀 알지 못한 채no awareness of the benefits 마치 세를 올려 받으려 하는 집주인landlord demanding a rent increase처럼 행세한다고 했습니다. 하지만 우방은 세입자tenants도, 'freeloaders(식객, 기식자)'도 아닌, 미국의 집단안보 파트너partners in a collective security enterprise이며, 이로 인해 가장 큰 이익을 보는 것은 미국이라고 했습니다.

전세계 인구의 4.27%, 전세계 GDP의 24.4%를 차지하는 미국이 (우방의 도움으로) 국제적인 안보 시스템을 유지하는 데 상대적으로 저렴한 투자relatively inexpensive investment를 하고 있다며, 7천억 달러가 넘는 국방예산도 미국 GDP의 3.1% 밖에 되지 않는다고 말하죠. 전체 국방예산 중 아주 작은 부분tiny portion of the overall defense budget이 해외 주둔에 사용되는데, 2016년 기준, 130만 현역 미군1.3 million active-duty military personnel 중 15%만이 해외에 배치됐고, 사실상 해외주둔이 미국 내 주둔보다 비용이 더 적게 든다고 합니다. 노스 케롤라이나주나 텍사스주가 독일이나 한국, 일본처럼 군 유지비를 거들지 않을 won't contribute to the upkeep 테니까요. 또 잠재적인 분쟁지역과 더 가까이 있으니closer to the scenes of potential trouble 미국에 있는 것보다 훨씬 유용하겠죠.

저자는 해외주둔 미군의 역할과 필요성에 대해 다음과 같이 설명합니다. 미군이 대규모로 주둔한 독일, 한국, 일본의 경우 자국군의 수가 훨씬 많고, 이들의 10% 정도에 해당하는 미군의 주요 역할은 러시아, 중국, 북한처럼 핵무기를 갖춘 적국의 전쟁 도발을 억제하는 것으로to deter a war with nuclear-armed foes, 만약 미군이 주둔하지 않으면 우방이 스스로 핵을 갖추려 할 것이고allies likely would go nuclear 그러면 안정을 위협하는 위험한 핵군비 경쟁dangerous and destabilizing nuclear arms races을 낳을 거라고 말합니다.

미국이 북아메리카 밖outside of North America 경제적 요충지three most economically important regions인 유럽, 동북아시아Northeast Asia, 중동Middle East에 미군을 전방배치해 안보를 유지하면서 역사상 가장 오랫동안 자유와 번영freedom and prosperity을 누릴 수 있었다고 말한 저자는, 2차 세계대전 이후 75년 가까이 강대국 간에 전쟁이 단 한 번도 일어나지 않은not a single war between the great powers 것은 역사적으로 아주 이례적인 현상miraculous anomaly이라며, 미군의 해외주둔이 여기에 큰 몫을 했다고 말합니다. 그러면서 미국 외교정책을 재난 방지preventing disaster 차원에서 접근하며 미국 패권주의를 옹호한 한 역사서의 내용을 소개하죠. 미국이 이끄는 국제질서US-led international order가 너무나 오랫동안 성공적으로 평화를 이어왔기 때문에, 비극에 대한 감각을 잃어가는losing their sense of tragedy 미국인들이 이 평화를 당연하게 여기고 있다는 책 내용에 동의를 표한 저자는, 이런 미국의 위치를 망치려드는 트럼프가 그 무감각의 증거라고 말하죠. 동맹의 가치를 훼손하고, 동맹을 상대로 경제적 실리를 챙기려 하는 트럼프가 기존의 국제질서를 공격하며 미국의 위상을 약화시키고 있다고 우려합니다.

The inclusion crisis in Hollywood

대외적으로 'America first'를 내세우며 신고립주의neoisolationism 외교 정책을 표방하고, 미국 내에서는 백인 정체성 정치identity politics를 표방하며 백인우월주의white supremacy를 옹호하고 이민자 혐오 발언을 서슴지 않는 트럼프는, 자신의 영향력으로 거짓정보를 유포하며 집단적 배타성을 부추겨, 함께 살아가는 세상보다는 사회적 갈등과 분열을 조장하고 있습니다. 하지만 사회적·문화적 다양성diversity을 위해 자신의 영향력을 활용하는 사람도 있죠.

2018년 제90회 아카데미 시상식90th Academy Awards에서 여우주연상 Best Actress을 수상한 프랜시스 맥도먼드Frances McDormand는 수상 소감 맨 마지막에 "inclusion rider" 이 두 단어를 남기죠. 생소한 이 말 뜻을 찾기 위해 구글 검색이 쇄도했고, rider를 writer로 생각한 시청자들도 있어 inclusion writer의 검색량도 덩달아 치솟았다고 합니다. 90회 아카데미 시상식이 inclusion rider라는 말을 사람들에게 알린 making the term common parlance 기회로 기억될 것이라고 한 《BBC》는 미디어 연구가media researcher 스테이시 스미스Stacy Smith가 2016년 TED Talk에서 이 말을 선보였다고 전했습니다.

to eradicate the epidemic of invisibility

스테이시 스미스는 수백 편의 미국 영화를 분석해 할리우드의 뿌리 깊은 성차별을 데이터화한 〈The data behind Hollywood's sexism〉을 TED에서 강연합니다. 이 강연의 시발점은 이로부터 10년 전, 자신의

첫 연구였다고 합니다. 연령 제한이 없는 영화G-rated films에서 성역할
gender role을 분석한 연구를 통해 영화, 특히 미국 영화에서 여성이 보
이지 않거나 주변부에 자리한 것을 보고erased and marginalized, 여성과
소수자를 포함시키지 않는 할리우드의 위기inclusion crisis in Hollywood를
바로잡는 데 헌신하기로 마음먹었다는 스미스는, 자신의 연구팀과 함
께 해마다 미국에서 최고 수익을 올린 영화 100편top 100 grossing films
을 조사했다고 합니다.

2007년부터 2015년까지 800편의 영화에서 대사가 있는 모든 등
장인물every speaking character을 성gender, 인종race, 민족성ethnicity,
LGBTlesbian, gay, bisexual, and transgender, 장애인characters with a disability
으로 분류했다고 합니다. 800편의 영화, 35,205명의 대사가 있는 등
장인물 중 여성girls and women은 1/3도 안 됐다고less than a third 합니다.
1945년부터 1955년 사이 영화를 분석한 결과와 비교하면 이 비율은
반세기 동안 변함이 없었다고 하죠.

강연 당시 가장 최근인 2015년 자료를 분석한 결과를 보면, 상위
100편 중 48편에는 대사가 있는 흑인 등장인물African-American speaking
character이 한 명도 없고, 70편에서는 대사를 하는 아시아계 여성Asian
or Asian-American speaking characters이 한 명도 없었다고 합니다. 또 여성
장애인이 등장하지 않는 영화가 84편이고, 레즈비언, 양성애자, 트랜
스젠더 역으로 대사가 있는 여성이 한 번도 나오지 않은 영화는 93편
이었다고 합니다. 이런 결과를 말하며 스미스는 이들이 제대로 드러
나지 않는 게underrepresentation 아니라 아예 삭제된 것erasure이라며, 스
크린에서 이들이 보이지 않는 게 너무 일반적이어서 마치 유행병처럼
퍼져있다고 "the epidemic of invisibility"라고 했습니다.

이 100편 중 여성이 주인공이거나 공동주연인female lead or colead 영화는 32편뿐이었고, 주요 역할로 소수자 여성underrepresented female이 나온 영화는 3편, 백인이 아닌 45세 이상의 여성이 나온 영화는 단지 1편이었다고 합니다.

여성은 영화에서 묘사될 때도 성적인 면이 더 부각되며far more likely to be sexualized, 노출 의상을 입는 경우가 상대 남자배우에 비해 3배 더 많고, 몸매도 훨씬 날씬하다고 합니다.

여성을 성적 대상화하고objectifying 여성과 소수자가 미미한 존재로 다뤄지는 스크린상의 불평등inequality on-screen은 두 가지 원인에서 기인한다고 스미스는 말합니다. 첫 번째는 여성을 스크린의 중심에 둘 여성감독female directors이 적은 것입니다. 연구 대상이었던 영화 800편의 감독 886명 중에서 4.1%만이 여성이었고, 이 중 흑인감독이 3명, 아시아계가 1명이었다고 합니다. 여성감독이 적은 이유를 알고 싶었던 스미스는 영화업계 중역들을 인터뷰했는데, 그들은 남녀를 불문하고, 감독하면 모두 남성을 떠올렸다고 합니다. 리더의 특성이 본질적으로 남성다움masculine in nature이라는 인식 때문에 감독이라는 역할이 여성에게 부합하지 않는다고inconsistent 느끼는 거죠.

또 관객에 대한 오해misperceptions of the audience로 스크린상의 불평등이 계속된다고 합니다. 여성은 수익성이 좋은 관객financially lucrative target audience으로 여겨지지 않는다고 합니다. 이에 더해 여성이 중심인 영화는 남성이 중심인 영화보다 투자수익return on investment이 떨어진다는 오해도 있다는군요. 하지만 〈헝거게임The Hunger Games〉이나 〈피치 퍼펙트Pitch Perfect〉 같은 영화가 흥행에 성공한 것을 봐도, 또 스미스 연구팀이 자체 분석한 결과를 보더라도 주인공의 성별gender of the lead character이 상업적인 성공economic success에 아무런 역할을 하지 않는다고 합니다. 성공 요인은 제작비production costs와 배급how widely a film is distributed에 있다고 하죠.

그래서 스미스는 여성감독이 거의 없고, 여성 관객을 불신하는, 50년 동안 계속된 영화업계의 문제를 해결할 방법을 몇 가지 제시합니다. 먼저 5명을 추가하라고"just add five" 합니다. 영화 한 편당 대사가 한 마디라도 있는 여성 캐릭터 다섯 명을 추가하고, 이렇게 3년만 계속하면 반세기만에 처음으로 성평등gender parity이 이루어진다고 하는군요. 이 방법은 남자 배우들의 출연 기회를 뺏지도, 비용이 많이 들지도 않는다고 합니다.

A급 배우A-list talent가 기여할 수 있는 방법도 있다고 합니다. 스미스에 의하면 일반적인 장편 영화typical feature film에 대사가 있는 등장인물이 40~45명 정도 출연하고, 이중에서 8~10명만 중심 이야기와 관련이 있다고 합니다. 따라서 나머지 단역minor roles이 이야기가 전개되는 장소와 상황의 실제 인구를 반영하지 못할 이유가 없다고 합니다. 할리우드 대작에 출연하는 일류배우들A-listers은 계약할 때 특정한 요구를 할 수 있으므로, 이런 비중이 크지 않은 역할에 우리가 실제로 살고 있는 세상world in which we actually live이 그대로 드러나도록 형평을 기하는 조항equity clause을 요구하면 된다는 거죠. 그동안 등한시되고 배제된excluded, 그래서 현실과 동떨어진 세계를 보여주는 스크린에 여성, 유색인, 성소수자, 장애인 등을 '포함'시키는 inclusion rider를 통해 오디션과 캐스팅 과정에서 편견을 없애고 이들을 온당하게 드러내는 것이죠. 이런 요구는 배역에만 한정되지 않습니다. 오스카를 수상한 후 무대 뒤에서 inclusion rider에 대해 묻는 사람들에게 프랜시

스 맥도먼드는 배역 선정casting뿐 아니라 스태프crew 고용에도 최소한 50%의 다양성을 요구할 수 있다고 설명했습니다.

영화사가 감독을 선정할 때 여성과 유색인 지원자를 필수적으로 인터뷰하는 제도를 만들어 이들을 배제하는 고용 관행exclusionary hiring practices을 바로잡고, 관객이 여성감독의 영화를 찾아 보며 지원을 아끼지 않는 것도 영화계의 불평등를 해소하는 방법이라고 말한 스미스는, 전세계 사람들이 보는 할리우드 영화에 포용과 수용inclusion and acceptance의 정서를 드리워 더 평등한 세상을 보여주자고 말하죠.

"We're not going back"

맥도먼드는 영화계에서 일한지 35년 만에 이런 조항을 알게 됐다며 퇴보는 없을 거라고"we're not going back" 말했고, 맥도먼드의 연설에 고무된 유명 배우들도 자신의 신념과 가치를 실현할 inclusion rider를 적용하겠다고 선언했습니다. 이런 움직임은 백인 남성이 지배적인 연예계를 다양화하기 위해 진행 중인 노력ongoing push to diversify the entertainment industry의 일환으로 #OscarsSoWhite 캠페인과 최근의 #MeToo, Time's Up 운동과 맥을 같이 합니다.

《뉴욕타임스The New York Times》의 한 논평은 맥도먼드에 의해 화제가 된 inclusion rider가 A급 배우가 기회를 선사하는 형식적인 평등에 머물 수 있어 권력 불균형을 파괴하기 보다는 강화할 수to reinforce rather than break down power disparities 있다며, 법제화나 영화사 차원에서의 정책, 대중적인 움직임이 더 필요하다고 비판했지만, 맥도먼드가 변화를 촉발한 것은 분명해 보입니다.

2018년 9월, 워너브라더스Warner Bros.는 할리우드 주요 영화사 최초로 스크린 안팎의on and off screen 다양성을 높이려는 의도의 회사 방침 company-wide policy을 채택합니다. 자매 회사인 HBO와 터너Turner에도 적용되는 이 방침에 대해 모회사 워너미디어WarnerMedia는 모든 수준에서 소수자individuals from under-represented groups에게 기회를 제공한다는 목표로, 영화에 다양성을 불어넣기 위해 작가, 프로듀서, 감독이 협력할 것이라며, 진행상황을 매년 발표하겠다고 했습니다.

맥도먼드에 의해 가시화된 변화는 최근 방영되는 미국 드라마를 보면 확실히 느낄 수 있습니다. 아시아인이 주요 인물로 등장하는 드라마를 좀더 자주 보게됐고, 화면을 채우는 인물 중 백인이 아닌 사람이 많아졌으며, 여성의 경우 연령대가 다양해졌고, 히잡을 쓴 여성도 종종 볼 수 있습니다.

이번에 다룬 내용과 관련된 읽을거리와 볼거리를 아래 추천합니다.

 You might want to read (or watch) this

CNN
<Trump: North Korea is China's problem to fix>
By MJ Lee (2016.1.6.)

PolitiFact
<Donald Trump says South Korea doesn't pay United States for troop presence>
By Louis Jacobson (2011.4.1.)

The Hankyoreh
<How do you like them "peanuts"?>
By Kwon Hyuk-chul (2015.12.3.)

NBC News
<'Are You from South Korea?' Harvard Student Speaks Out About Trump Event>
By Emil Guillermo (2015.10.20.)

NPR
<South Korea? Trump's 'Where Are You From' Moment>
By Asma Khalid (2015.10.15.)

38 North
<US Troops in Korea: From History's Vantage Point>
By Clint Work (2018.5.8.)

The Hill
<Odds of full-blown war go up if Trump threatens North Korea>
By Scott Snyder (2017.11.5.)

NPR
<Trump Visits South Korea, Meets Its President>
By Scott Horsley (2017.11.7.)

The Hankyoreh
<Tough negotiations begin on South Korea-US defense cost sharing for the coming year> By Park Byong-su (2018.5.19.)

Bloomberg
<Trump Seeks Huge Premium From Allies Hosting U.S. Troops>
By Nick Wadhams, Jennifer Jacobs (2019.3.8.)

Washington Post
<Trump is turning US foreign policy into a protection racket>
By Max Boot (2019.3.11.)

BBC
<Oscars 2018: Who or what is an inclusion rider?> (2018.3.5.)

TED Talk
<Stacy Smith: The data behind Hollywood's sexism>

The New York Times

<Sorry, Hollywood. Inclusion Riders Won't Save You.>
By Rebecca Chapman (2018.4.3.)

The Guardian

<Warner Bros to launch 'inclusion rider' diversity policy with Michael B Jordan film> By Sam Levin (2018.9.5.)

Quiz Fill in the blank

Inspired by Frances McDormand's speech at Oscars 2018, some A-list stars announced that they'd be asking for inclusion r_____.

프랜시스 맥도먼드의 2018년 오스카 수상소감에 고무된 몇몇 일류배우들은 다양성을 보장하는 추가 계약 조항을 요구하겠다고 선언했다.

riders

death sentence
commuted to life

단어 commute은 '통근(하다)'는 뜻으로 흔히 알고 있습니다. 기본적으로 '바꾸다exchange'는 뜻인 동사 commute은 지불방식payment 등을 다른 것으로 '변경하다replace, 대체하다substitute', 또는 형벌penalty을 좀더 약한less severe 것으로 바꾸어 '감형하다'는 뜻이기도 합니다.

대통령에게는 헌법이 부여한 감형 권한the power to grant commutations of sentence이 있습니다. 오바마Barack Obama 대통령이 임기 말에 미국의 전쟁범죄를 폭로한 첼시 매닝Chelsea Manning을 감형해 화제가 됐는데, 이렇게 대통령이 누군가를 감형했다는 기사에서 꼭 만나게 되는 단어가 commute입니다.

이해를 돕기 위해 commute, commutation이 여러 의미로 쓰인 예를 모아봤습니다.

E-scooters Zoom Ahead as the Future of Commuting
〈전동 스쿠터(킥보드), 미래 통근수단으로 쌩하니 앞서가다〉 (Financial Times / Tim Bradshaw, Emma Jacobs / 2018.12.6.)

commuter rail train derailment in Wilmington
윌밍턴에서의 통근열차 탈선

the commutation to a lump sum of part of a pension
연금의 일부를 일시불 지급으로 변경하는 것

Trump Commutes Fraud Sentence of Kosher Meatpacker
〈트럼프, 사기죄로 복역 중인 유대인 도축업자를 감형하다〉 (Reuters / 2017.12.21.)

Most convicted chaebols are ultimately pardoned or granted a commutation.
유죄판결을 받은 재벌 대부분은 막판에 사면되거나 감형을 받는다.

Clemency for Chelsea Manning

오바마 대통령이 임기를 사흘 남겨두고three days before he left office 미국 정부의 기밀정보를 위키리크스에 폭로해disclosing classified government information to WikiLeaks 35년형을 선고받은sentenced to 35 years in prison 첼시 매닝을 감형했습니다. 28년이나 형기를 대폭 감형해 2017년 5월 풀려나게 되자 언론에서는 "Obama commuted the bulk of Manning's sentence"라고 표현했고, 백악관과 힐러리 클린턴 국무장관이 매닝의 기밀유출을 비난한 바 있기 때문에 "a surprise commutation"이라고 하기도 했습니다.

성전환gender transition을 하기 전 미군 브래들리 매닝 일병Pte(Private) First Class Bradley Manning이었던 첼시 매닝은 이라크 바그다드에서 정보

분석병intelligence analyst으로 복무하던 중 2010년, 70만 건이 넘는 방대한 기밀자료를 군 서버military servers에서 다운로드해 위키리크스에 넘겼습니다.

이라크에 파병돼 'SigActssignificant actions/activities'라고 하는 전쟁 현장보고서military field reports를 수없이 분석하며 이라크 전쟁에서 미국의 역할에 대해 포괄적으로 보게 된 매닝은, 이 피비린내 나는 전쟁이 헛되이 이어지는 상황을 사람들이 알지 못하는 것에 낙담합니다. 불쾌한 부분이 제거된 채 미국에 전해지는 이라크전 소식과는 전혀 다른 전쟁에 대해 미군이 너무 많은 것을 비밀로 한다고 생각했죠.

매닝은 이라크전과 아프가니스탄전의 거의 모든 SigActs를 모은 전쟁일지Iraq and Afghan war logs 약 48만 건과 미 국무부 외교전문diplomatic cables 25만 건, 관타나모 수용소 기밀자료Guantanamo Bay files, 그리고 2007년 바그다드에서 미군 헬기가 이라크 민간인을 살해하는 동영상을 폭로합니다.

Collateral Murder

매닝이 유출한 동영상은 위키리크스가 〈Collateral Murder(부수적 살인)〉라는 제목으로 2010년 4월 유튜브에 공개합니다. 2007년 7월 12일, 이라크 바그다드에서 반군을 수색하던hunting for insurgents 미군 아파치 헬기US Army Apache helicopters 두 대 중 한 대에서 촬영한 이 동영상에는, 《로이터Reuters》 소속인 두 사람two Iraqis working for Reuters news agency을 비롯해 12명의 이라크 민간인Iraqi civilians이 아파치 헬기에 의해 사살되는being gunned down 장면이 고스란히 담겨있습니다. 위키리크스는 동영상에 배경 설명을 첨가했고, 헬기 조종사들의 무전교신 내용도 자막transcripts으로 볼 수 있게 했습니다.

비디오에는 다음과 같은 상황이 담겨 있습니다. 첫 부분에 거리를 서성이는 사람들이 보이고, 그중에는 망원렌즈telephoto lens가 달린 카메라를 어깨에 맨 두 사람이 있습니다. 《로이터》 소속 사진기자 나미르 누르 엘딘Namir Noor-Eldeen과 그의 운전을 맡은 사이드 스마흐Saeed Chmagh입니다. 22살의 나미르는 뛰어난 전쟁 사진기자one of the best war photographers in Iraq였고, 네 아이를 둔 40세의 가장 사이드는 존경받는 《로이터》 직원이었다고 합니다. 어딘가로 가고 있는 그들 뒤로 몇 명이 더 보이고, 그중에는 AK-47 소총처럼 보이는 것을 땅에 끌듯이 들고 걸어가는 사람이 있습니다. 이것과 함께 카메라를 로켓 추진 유탄 발사기rocket-propelled grenade launcher로

2007년 바그다드에서 미군이 민간인을 공습한 동영상 장면들. 화살표가 무기로 추정되는 것을 가리키고 있다.

(사진 출처: filmed by the United States Army, released by WikiLeaks / 2007.7.12.)

오인한 미군은 "Request permission to engage."라는 말로 발포 허가를 요청합니다. "You are free to engage."라고 교전 허가가 떨어지자 무장헬기는 무리를 향해 폭격합니다. 폭격 당시 운전사 사이드는 전화 통화를 하고 있었고, 모여 있는 무리 중 누구도 총을 쏘거나 겨누지 않았습니다. 폭격으로 그 자리에 있던 예닐곱 명이 모두 사망하고, 아직 살아있는 사이드가 부상을 당해 안전한 장소로 기어가는wounded and trying to crawl to safety 모습이 보입니다. 그러자 헬기에서는 "All you gotta do is pick up a weapon.(무기만 들면 돼.)"이라고 말하며 다시 폭격할 구실pretext for opening fire을 찾습니다. 주변에는 어떤 무기도 보이지 않는데 말이죠. "Come on, let us shoot!(아, 좀 쏘자!)"이라고 말하며 안달하기도 합니다. 사살돼 땅에 누워있는 시체를 보고 "look at those dead bastards(저 놈들 죽은 것 좀 봐)"라고 말하기도 합니다. 잠시 뒤 부상자를 보고 미니밴minivan이 멈춰 섰고, 사람들이 다가와 병원에 데려가려는 듯 사이드를 차에 실으려고 하자, 헬기는 차량도 뚫을 수 있는 철갑탄armor-piercing shells으로 다시 공격합니다. 살 수도 있었던 사이드는 죽은 채 밴 앞에 쓰러져 있고, 두 아이를 밴에 태운 채 부상자를 도우려고 멈춰 섰던 이도 그 자리에서 죽음을 당합니다. 외신은 그를 "good Samaritan"이라고 칭했죠. 밴 안에 아이들이 타고 있었던 것을 알게 된 헬기 조종사는 "Well, it's their fault for bringing their kids into a battle.(아이들을 전쟁터에 데려온 게 잘못이지.)"이라고 말합니다.

헬리콥터 조종사들의 행동에 대해 매닝은 돋보기를 들고 개미를 괴롭히는torturing ants with a magnifying glass 아이들처럼 보인다고 말했고, 위키리크스 설립자 줄리안 어산지Julian Assange는 조종사들이 마치 컴퓨터게임을 하고 있는 것 같다고 말했는데, 동영상을 보면 그런 느낌을 받게 됩니다. 무기를 확인할 수 없을 것 같은 상황에서도 무기가 보인다고 하면서 공격할 구실을 찾거나 공격대상이 민간인일 수 있다는 의심을 전혀 하지 않는 것을 보면, 그들이 생사를 넘나드는 전쟁에 임하고 있다기보다는 더 많은 사망자를 내 스코어를 올리려는 것처럼 보입니다.

이 사건에 대해 미군당국US military authorities은 사상자가 모두 적군anti-Iraqi forces or insurgents이었고, 공격과 관련된 미군의 행동은 모두 교전규칙Rules of Engagement에 따른 것이었다고 결론지었습니다. 《로이터》통신사는 정보공개법Freedom of Information Act에 따라 공격에 연루된 헬리콥터가 찍은 동영상 증거video evidence를 요청했지만 펜타곤이 이를 막고 있었는데, 수년 뒤 첼시 매닝에 의해 공개된 거죠. 출소 후 《뉴욕타임스The New York Times》와의 인터뷰에서 매닝은 이때 상황을 언급하며, 정부가 모든 것을 비밀로 하려는"government obsessed with blanket classification" 징후가 느껴졌다고 말했습니다. 그때나 지금이나 많은 것이 비밀로 유지되어야 한다는 생각에는 변함이 없다며, 정보원sources이나 부대 이동troop movements, 핵과 관련된 정보nuclear information 등은 기밀로 보호해야 하지만, 과실missteps이나 잘못된 정책misguided policies, 역사는 숨겨서는 안 된다고 말하죠.

관련 기사를 읽다보면 이 사건을 friendly fire라고 칭하는 경우를 볼 수 있는데, 이는 적군이 아닌non-enemy 아군이나 연합군allied forces으로부터 적군으로 오인 받거나misidentified 실수errors에 의해 공격받는 '아군의 포격'을 말합니다. 미군에 의해 《로이터》기자가 사살된 이 사건은 근래 전쟁 취재기자가 아군에게 목숨을 잃은 가장 끔찍한 사건 중 하나로 꼽힌다고 합니다.

Cablegate

매닝이 유출한 외교전문(電文)을 뜻하는 diplomatic cable은 해외주재 미 대사관US embassies과 미 국무부State Department 사이의 주요 통신 수단primary means of communication으로, 외교관의 정보보고가 담긴 기밀공문confidential dispatch입니다. 성격상 비밀을 요하므로 염탐이나 해킹에서 보호하기 위해 암호화되어encrypted 있다고 합니다. Cable이라는 용어를 쓰게 된 것은 19세기 해저케이블undersea telegraph cables이 가설되면서 외교전문이 이를 통해 전보로via telegraph 보내진 데에서 유래합니다. 이후 원격통신 기술의 발달로 1970년대 초부터는 전자 방식으로 전송되고transmitted electronically 있지만, 이런 기술의 변화에도 cable이라는 말은 외교 용어diplomatic lingo에 그대로 남아있다고 합니다. 그래서 위키리크스가 매닝의 도움으로 기밀 외교전문을 유출한 사건이 'Cablegate'로 불리게 됐습니다. 1966년부터 2010년까지, 전세계 270곳이 넘는 외교공관diplomatic missions에서 미 국무부로 보낸 25만 건 가량의 외교전문을 전달 받은 위키리크스는, 미국《뉴욕타임스》, 영국《가디언The Guardian》, 독일《슈피겔Der Spiegel》, 프랑스《르몽드Le Monde》, 스페인《엘 파이스El País》 등 5개 언론기관이 이를 보도할 수 있게 했습니다. 하지만 이들 모두 가장 중요한 내용만을 추출해서extracts from the most significant cables 발표했지 전체 데이터를 무분별하게 방출하지는to "dump" the entire dataset 않았고, 위험에 노출될 수 있는 무고한 이들innocent individuals의 이름은 공개하지 않았다고 합니다. 위키리크스도 애초에 (미 국무부의 우려와는 달리) 신원 등을 알 수 없게 가린to redact identities 제한된 내용만을only limited cable extracts 제공할 의도였다고 합니다.

민감한 국제이슈에 대한 미 정부의 평가와 미국의 대외전략US foreign strategies이 그대로 드러난 외교전문에 따르면, 미국은 적국뿐 아니라 우방, 심지어 유엔 지도부까지 사찰하며to spy on the UN leadership 각국 대사관을 글로벌 첩보 네트워크global espionage network

처럼 사용해 왔습니다. 또 미 대사관 직원들은 주재국 정부host governments를 거침없이 비판하고 부패allegations of corruption를 고발하는가 하면, 각국 지도자들에게 조롱에 가까운 평가를 내리기도 했습니다. 그래서 《TIME》은 'diplo-disses'라고 표현하기도 했습니다. 모스크바에 있는 미 대사관에서 보낸 '그리 외교적이지 못한not-so-diplomatic' 외교전문에 따르면 당시 러시아 대통령이던 메드베데프Medvedev는 '배트맨Batman'인 푸틴 총리Putin the PM의 '로빈Robin'에 불과하다는 평가를 받았습니다. 푸틴은 무리 중에서 우두머리를 뜻하는 'alpha-dog'이라고 칭해지기도 했죠. 이탈리아 실비오 베를루스코니 총리는 유럽 지도자치고는 'feckless, vain, and ineffective(무책임하고 허영심이 많으며 무능하다)'는 말을 들었고, 독일 앙겔라 메르켈Angela Merkel 총리에게는 'avoids risk and is rarely creative(위험을 감수하지 않으려 하고 창의적인 경우가 드물다)'라고 했습니다. 이란 마무드 아마디네자드Mahmoud Ahmadinejad 대통령은 '아돌프 히틀러Adolf Hitler'와 비교됐고, 북한 김정일에 대해서는 늙고 쇠약한 지도자라는 의미에서 'flabby old chap(무기력한 늙은이)'이라는 표현을 썼습니다.

이외에 Cablegate로 밝혀진 내용 몇 가지를 살펴보면, 아랍 지도자들이 미국 정부에 이란 폭격을 촉구한urging an air strike on Iran 일, 파키스탄에 경제 붕괴 등 불안감이 증폭되면서 공무원들이 테러조직에 핵물질을 밀반출할 수도 있다는to smuggle out nuclear material 우려, 러시아 정부와 정보기관intelligence agencies이 마피아 보스들mafia bosses을 이용해 법적 활동criminal operations을 벌이고 있고 이들의 관계가 매우 긴밀해 러시아는 사실상 마피아 국가"virtual mafia state"나 다름없다는 주장, 테러 그룹을 재정적으로 지원하는 사우디 후원자들Saudi donors의 이름, 미국과 예멘의 알카에다 공습use of US planes to bomb al-Qaida targets 은폐 모의, 농축 우라늄enriched uranium이 불법 수송된 환경 재앙에 가까운 사건 등이 있습니다.

한국과 관련된 내용은 경향신문 등 국내 언론사에서 영어 원문을 볼 수 있게 따로 모아 두었더군요. 언론사 홈페이지에 가서 검색하면 볼 수 있습니다.

Tunisian Revolution

외교전문 공개가 가져온 파장을 이야기하자면 튀니지Tunisia에서 시작된 '아랍의 봄Arab Spring' 시민혁명을 빼놓을 수 없습니다. 민주주의가 어느 정도 작동하고functioning democracies 표현의 자유free expression가 보장된 나라에서는 폭로된 내용이 놀랍기는 하지만 정황상 어느 정도 짐작하고 있었다는 반응인 반면, 언론자유가 통제된 억압적인 정권oppressive regime 아래 살고 있는 이들은 자국에 대한 미국의 거침없는 평가가 의심을 확신으로 만드는 개안의 기회로 다가왔습니다.

독재자 벤 알리strongman Zine el-Abidine Ben Ali 대통령이 22년 넘게 장기집권하던 튀니지는 북아프리카에서도 탄압이 가장 심한one of the most repressive 나라였습니다. 2009년 기밀 외교전문에서 미국 대사US ambassador to Tunisia는 확실히 문제가 있는"The problem is clear" 나라라며 튀니지를 다음과 같이 평가했습니다. 22년간 집권하고 있고 후계자가 없는 벤 알리 정권은 국민의 신임을 잃은 상태며, 국내외 어떤 비판이나 조언도 받아들이지 않고tolerate no advice or criticism, 갈수록 공권력에 의존하며 권력유지preserving power에만 집중하고 있다고 했습니다. 또 권력 핵심층 부패corruption in the inner circle가 심해 이에 불만을 토로하는 국민의 목소리가 높고, 특히 대통령 영부인과 그 가족에 대한 증오는 상당하다고 했습니다. 높은 실업률high unemployment과 지역 간 불평등regional inequities으로 국민의 분노가 치솟으며 장기집권이 위기를 맞고 있다고 했죠.

자신의 정권에 대한 평가가 알려지길 원치 않았던 벤 알리는 위키리크스가 폭로한 외교전문을 보도한 언론사 웹사이트를 차단했지만, 오랜 기간 억압받던 국민은 이 폭로에 목말라했고, 외교전문이 공개된 지 한 달 만에 튀니지는 혁명에 휩싸였습니다. 절망한 26세 젊은이의 분신으로 전국적인 폭동nationwide rioting이 일어났습니다. 벤 알리 정권 아래 실업과 정치적 억압joblessness and political repression으로 오랫동안 들끓던 불만long-simmering frustration이 폭발한 거죠. 타락한 독재정권에 대해 국민이 이미 알고 있었지만, 이를 공식화해 준 위키리크스의 폭로가 인터넷과 소셜미디어로 무장한 젊은이들에게 저항의 힘을 북돋았고, 튀니지 국민의 권력을 향한 체념한 냉소주의resigned cynicism가 희망hope으로 바뀌었다고 합니다.

색이나 꽃의 이름을 따서 혁명에 이름을 붙이는 경향에 따라 서방 언론에서는 튀니지 국화national flower 이름을 따서 '재스민 혁명Jasmine Revolution'이라고 부르지만, 튀니지인들은 이 표현을 사용하지 않는다고 합니다. 독재자인 벤 알리가 1987년 무혈 쿠데타bloodless coup d'état로 권력을 잡은 것도 '재스민 혁명'이라고 불리기 때문입니다. 튀니지에서는 존엄과 자유dignity and freedom를 향한 혁명이라는 의미로 'Dignity Revolution'이라는 이름을 쓴다고 합니다.

2010년 말 시작된 튀니지의 시민저항civil resistance은 독재정권을 무너뜨렸고, 이를 계기로 북아프리카 및 아랍, 중동 주변 국가로 혁명의

The Guardian

《가디언》은 영국 유력 일간지로, 의회 개혁을 요구하는 군중을 군대가 짓밟은 피털루 학살Peterloo massacre 이후 진보적인 목소리를 높이기 위해, 1821년 《The Manchester Guardian》이라는 이름으로 창간됐다고 합니다.

1907년 《The Manchester Guardian》을 소유하게 된 C. P. 스콧Charles Prestwich Scott은 "상업적·정치적 개입에서 벗어나 언론자유와 진보적 가치를 지키고 재정적 안정과 편집부의 독립"을 위해 '스콧 트러스트Scott Trust'를 만드는데, 《가디언》과 일요신문 《옵저버The Observer》가 속한 '가디언 미디어 그룹(GMG)Guardian Media Group'을 독점 소유한 스콧 트러스트는 저널리즘 발전을 위한 재정지원을 한다고 합니다.

종이신문은 2018년부터 타블로이드판형으로 인쇄하고 있고, 구독률은 보수성향의 《텔레그래프The Daily Telegraph》와 중도우파 《더타임스The Times》에 밀리지만, 온라인 독자는 가장 많고, 독자들의 신뢰도도 높다고 합니다.

많은 특종을 냈지만 미 국가안보국(NSA) 내부고발자 에드워드 스노든 Edward Snowden 관련 특종으로 특히 유명합니다.

모바일앱을 통해 손쉽게 기사를 볼 수 있고, 온라인으로 대부분의 기사를 무료로 읽을 수 있지만, 후원을 독려하는 문구가 자주 뜹니다.

▶ website: www.theguardian.com

물결revolutionary wave이 확산되며 '아랍의 봄Arab Spring'을 만들어냅니다. (그래서 튀니지 시민혁명을 'the first WikiLeaks revolution'이라고 하기도 하더군요.)

《가디언》은 외교전문 폭로가 가져온 이 예상치 못한 결과를 '위키리크스 효과 WikiLeaks effect'라는 말로 설명했습니다. 부패한 독재정권에 대한 아주 솔직한 평가가 마음에 들었던 튀니지인들은 미국이 자신들의 저항을 지지해 주고, 주변 아랍 지도자들이 그들의 혁명에 개입하지 못하게 압력을 행사해to exert pressure 주길 바랐다고 합니다. (벤 알리가 축출되는 것을 본 이웃 리비아의 폭군despot in neighbouring Libya 무아마르 카다피 Muammar Gaddafi는 대사들의 거짓말을 누설한 위키리크스에 속지 말라고 튀니지 국민들을 향해 경고했다는군요.) 힐러리 국무장관US secretary of state Hillary Clinton 이 '국제 문제를 함께 해결하려는 미국의 노력을 약화시켰다undermined our efforts' 며 맹비난했던 외교전문 폭로가 아이러니하게도 이라크전으로 실추된 중동에서의 미국의 이미지를 회복하고, 민주화democratization와 근대화modernization라는 그들의 고상한 목표lofty goals를 진전시키는 계기가 됐다고 해석한 《가디언》은 위키리크스가 의도치 않게 미국이 신뢰를 잃은 곳에서 영향력을 되찾게 해 주었다고 했습니다.

whistle-blower or traitor?

2010년 1월, 이라크에서 레이디 가가Lady Gaga의 〈Telephone〉이라는 노래를 립싱크하며 'Lady Gaga'라고 적힌 CD-RW에 기밀자료를 다운로드한 매닝은 파일을 다시 자신의 노트북에 옮겨 미국으로 가지고 갑니다. 2주간의 휴가 동안 미국에 머물며 어떻게 할지 고민하던 매닝은 이라크에서 본 세상과 미국이 얼마나 다른지 그 격차를 실감하며 자료를 공개하기로 결심합니다. 《워싱턴 포스트The Washington Post》와 《뉴욕타임스》, 정치 전문 미디어 《폴리티코POLITICO》에 연락을 취해 보지만 반응이 없자 폭로전문 사이트secret-sharing/anti-secrecy site 위키리크스에 자료를 보내고 이라크로 돌아옵니다.

자료를 다운로드하면서 이 사실을 채팅 중이던 전직 해커former hacker 아드리안 라모Adrian Lamo에게 밝힌 매닝은 라모가 그를 당국에 고발하면서 2010년 5월 체포됩니다.

미국 역사상 최대 규모의 국가기밀을 유출한leaking the largest trove of state secrets 혐의로 기소된 매닝은 매릴랜드주 포트 미드Fort Meade, Maryland 군사법정에서 열린 사전심리pre-trial hearing에서 35쪽의 진술서를 한 시간 넘게 낭독하며 유출 동기를 해명했습니다. 정보분석병으로 기밀자료를 검토하면서 전쟁으로 이라크 민간인과 미국 사회가 치러야하는 값비싼 대가the costs of war에 놀라지 않을 수 없었다고 말한 매닝은, 대중이, 특히 미국민이 이 자료를 보게 되면, 미군과 미국의 외교정책에military and our foreign policy in general 관한 논쟁을 촉발해to spark a public debate, 인간관계를 무시한 대테러전 개입의 필요성need to engage in counterterrorism을 다시 한번 생각하는 계기가 될 거라고 믿었다고 합니다. 그래서 대중에게 정보를 공개해야 한다는 책임감responsibility to the public을 느꼈고, 그를 동요케하는"upset" or "disturbed" 정보 외에 미국에 해가 되는 어떤 정보도 위키리크스에 전달하지 않았다고도 말했습니다.

매닝을 둘러싸고 공익을 위해 전쟁의 민낯을 폭로한 내부고발자whistle-blower냐 아니면 전시에 적을 도운 반역자traitor냐 의견이 분분했지만, 군사법원military tribunal은 가장 중대한 혐의인 이적행위aiding the enemy에 대해서는 무죄평결을 내렸습니다. 하지만 간첩법 위반violations of the Espionage Act과 절도stealing US government property, 컴퓨터 사기charges under the Computer Fraud and Abuse Act, 군 규정 위반failure to obey lawful general orders 등 20개 혐의가 유죄로 인정돼being convicted of 20 charges 35년 형을 선고받았습니다.

매닝의 혐의 중 논란이 된 것은 간첩죄로, 내부고발자가 간첩혐의로 유죄평결을 받은 것은 처음이라고 합니다. 매닝에게 무거운 형량을 선고해 내부고발을 줄여보려는 의도로 해석되는 이 평결을 두고 《뉴욕타임스》는 〈Bradley Manning's Excessive Sentence〉라는 제목의 논평에서, 매닝이 대부분의 삶을 감옥에서 보내게 함으로써 잠재적인 폭로를 막아보려는to discourage other potential leakers 시도로 보이지만, 스노든의 사례에서 볼 수 있듯이 정부가 국민에게 너무 많은 것을 숨기고 있다고 여겨질 때는 중형의 위협threat of significant prison time도 기밀자료 유출을 막을 수 없다고 말하며 매닝에 대한 선고가 지나치다고 비판했습니다. 《가디언》도 〈Bradley Manning: a sentence both unjust and unfair〉라는 논평 제목에 나와 있듯이 선고가 '부당하고 불공평하다'고 했습니다.

a long, lonely fight

35년형을 선고받은 바로 다음날 매닝은 《NBC》의 아침 TV 프로그램 〈Today〉을 통해 자신이 여성이며, 새로운 이름인 첼시Chelsea로 불리기 바란다고 발표했습니다. 그는 어려서부터 자신이 여성이라고 느꼈고, 군 생활 중에도 갈등을 겪었지만, 2011년까지 이어진 '묻지도 말하지도 말라(DADT)Don't Ask, Don't Tell' 정책 때문에 공개적으로 자신의 성정체성을 밝힐 수 없었다고 합니다. DADT는 성소수자의 군복무를 허용하려는 취지에서 1993년 빌 클린턴 정부가 도입한instituted by the Clinton Administration 정책으로, 성소수자임을 드러내지 않으면 closeted 군복무를 할 수 있지만, 커밍아웃을 하면 퇴역을 당하기도to be discharged 했습니다. 오마바 대통령은 2011년 이 정책을 폐지하며 성소수자가 스스로에 대해 거짓말을 해야 했던forced to lie about who they are 정책이라고 말했습니다.

군은 2014년 브래들리 애드워드 매닝Bradley Edward Manning에서 첼시 엘리자베스 매닝Chelsea Elizabeth Manning으로의 개명을 공식 인정했고, 호르몬 치료hormone therapy도 승인했습니다. 하지만 매닝의 수감 생활은 자신의 정체성을 찾기 위한 군과의 긴 싸움이었습니다.

여자 교도소로의 이송 요청이 거부돼 남자들만 복역하는 군 교도소 all-male Army prison 포트 레븐워스Fort Leavenworth에 수감돼 머리도 기를 수 없었던 매닝은 성별 불쾌감(gender dysphoria)이 악화되자 교

첼시 매닝이 생각하는 자신의 이미지. 매닝과 화가의 협업으로 나온 결과물.

(사진 출처: Alicia Neal / Chelsea Manning Support Network / 2014.4.23.)

도당국과 미국 정부로부터 괴롭힘을 당하고 있다며bullying of the prison authorities and the US government 단식투쟁hunger strike을 하기도 했고, 고문에 가까운 독방 감금solitary confinement 등 인권침해를 겪으며 2번이나 자살을 시도suicide attempts했습니다. 매닝 관련 기사를 읽다보면 자주 접하는 gender dysphoria는 gender identity disorder(성정체성 장애)라고도 하는데, 태어날 때 주어진 (신체적) 성별assigned sex and gender at birth이 그 사람의 성정체성gender identity과 일치하지 않아 겪게 되는 고통을 말합니다. 단식투쟁으로 매닝은 트랜스젠더 재소자 최초로first for a transgender inmate 군으로부터 성전환 수술gender transition surgery / gender reassignment surgery을 약속 받지만, 풀려날 때까지 수술은 이루어지지 않았습니다.

　유엔 조사관이 잔혹하고 비인간적인"cruel" and "inhumane" 환경이라고 평가한 수감기관 다섯 곳을 옮겨 다니며 6년 넘게 복역한 매닝은 2016년 11월, 아주 오랫동안 찾아오지 않을 자유를 위한 마지막 기회 last chance for freedom라며, 후임 대통령incoming president 트럼프가 백악관에 들어서기 전에 형기를 감형해 달라고 오바마 대통령에게 탄원 plea for mercy합니다. 매닝은 기밀 유출자 중에서 가장 오랫동안 복역 중이었다고imprisoned longer than any other official leaker 합니다. 오바마가 감형할 최종후보자 명단Obama's shortlist to commute prison sentence에 오른 매닝은 2017년 5월, 7년 만에 석방됩니다.

매닝이 감형되자 또 다른 leaker이자 whistle-blower인 스노든의 사면pardoning 가능성에 대해 의문이 쏟아졌지만, 백악관 대변인White House press secretary 조쉬 어니스트Josh Earnest는 이 두 사람은 전혀 다르다며"stark difference" 분명히 선을 그었습니다. 범죄의 규모와 결과 등 몇 가지 면에서 중요한 차이점이 있다고 했습니다. 첼시 매닝은 정당한 군 사법절차를 밟아through the military criminal justice process 유죄판결을 받았고found guilty 자신의 잘못을 인정했지만acknowledged wrongdoing, 스노든은 도망가 적의 품에 안겼다며fled into the arms of an adversary, 매닝의 정보유출도 국가안보에 피해를 줬지만damaging to national security, 스노든의 폭로는 훨씬 더 심각하고 위험한far more serious and far more dangerous 결과를 가져왔다고 말했습니다. 오바마도 감형 결정을 발표하며 스노든과 줄리언 어산지를 겨냥해 한 마디 합니다. 매닝이 치른 대가를 보면 기밀정보를 유출하고도 처벌받지 않을 수 있다는to go unpunished 생각을 할 수 없을 거라고 말이죠.

풀려난 뒤《ABC》아침방송 〈굿모닝아메리카Good Morning America〉에 출연한 매닝은 새로운 삶을 살 수 있는 기회를 준giving her "another chance" 오바마 전 대통령에게 감사의 마음을 전했습니다. 오바마에게 백악관을 떠나면서 단 한 번 관용을 베풀 일이 있다면"if you grant only one act of clemency" 매닝의 석방이라며 감형을 촉구하는 트윗을 올렸던 스노든도 트윗으로 고마움을 표했습니다.

Chelsea Manning sent back to jail

성전환 과정을 완성해 가며 방송출연, 회고록memoir 집필, 자신을 소재로 한 다큐멘터리 출연(〈XY Chelsea〉라는 제목의 이 다큐멘터리는 스노든이 NSA 자료를 폭로할 때 홍콩에서 만난 3명 중 한 명인 다큐멘터리 영화감독 로라 포이트러스Laura Poitras가 제작자로 참여했습니다), 메릴랜드주 상원의원 출마running for a US Senate seat in Maryland (애초 가능성이 희박했던 매닝은 민주당 예비선거에서 탈락합니다) 등 바쁜 나날을 보내던 사회운동가activist 첼시 매닝은, 2019년 3월, 다시 수감됩니다.

위키리크스를 조사하고 있는investigating WikiLeaks 버지니아주 동부 연방지방법원 대배심a grand jury in the Eastern District of Virginia에서 증언을 거부했기refusing to testify 때문입니다. 대배심 과정이 비밀로 진행되는 것secrecy of the grand jury process에 반대하고, 이미 군사법원에서 모든 것을 밝혔다며already revealed everything at her court martial 증언할 의사가 전혀 없다고 말한 매닝은 판사가 어떤 결정을 내리든 받아들이겠다고 했습니다. 법정모독contempt of court으로 간주한 판사는 증언을 할 때까지, 아니면 대배심이 끝날 때까지 매닝을 수감하라고 했죠.

일반인이 배심원으로 참여하는 배심재판jury trial은 형사사건의 기소 여부whether criminal charges should be brought를 결정하는 대배심과 재판에 참여해 유무죄를 평결하는 소배심regular jury / trial jury으로 나뉩니다. (12~)23명으로 이루어지는 대배심이 (6~)12명으로 이루어지는 소배심보다 배심원 수가 많아 grand jury라고 불리고, 이런 면에서 소배심을 petit jury라고 부르기도 합니다. (불어에서 온 petit는 '작은'이라는 뜻이죠.)

형사사건의 기소여부를 결정하기 위해 검찰이 구성하는 대배심은, 범죄가 이루어졌다고 믿을만한 상당한 이유probable cause가 있는지, 즉 기소할 만한 충분한 증거enough evidence to pursue a prosecution가 있는지 결정하게 되고, 이를 위해 조사권한investigative powers이 주어지며, 물적증거physical evidence를 요구하거나 증인을 소환할 수to subpoena people to testify 있습니다. 대배심 절차는 비공개로in secret / closed 진행되고, 소환된 증인이 증언을 거부하면 법정모독죄가 성립될 수 있다고can be held in contempt of court 합니다.

62일 동안 투옥됐던 (이중 28일은 독방 감금이었다고 합니다) 매닝은 풀려난지 7일만에 같은 이유, 같은 죄목으로 다시 수감됩니다. 대배심 절차상 18개월까지 구금될 수 있는 상황에서 이번에는 판사가 벌금financial penalty까지 부과했습니다. 증언 거부로 구금 30일이 넘어가면 매일for every subsequent day 500달러, 60일이 넘어가면 매일 1천 달러를 내라고 했죠.

《가디언》은 대배심을 둘러싼 공방이 버지니아 검찰과 매닝 간의 의지력 대결로 확대되고 있다고shaping up an epic battle of wills 했습니다, 버지니아 검찰은 궁극적으로 열리길 바라는 줄리언 어산지 재판에 매닝을 증인으로 세우겠다는 결의를 보이고 있고determined to force Manning to testify, 첫 대배심이 만료돼expiry of the first grand jury 풀려나면서 어떤 대배심에서도 증언하지 않을 것이며 정부의 강요에 굴복하지 않을 것 이라고"I cannot be coerced" 말한 매닝은 자신의 저항 기질defiant streak을 증명해 보였죠.

The Demon of Death Valley

대통령의 감형에 의해서가 아닌, 사형제도가 폐지되면서 사형선고 를 받은 이들이 종신형으로 대체되는 경우가 있습니다. 이때도 단어 commute을 쓰죠. 1960년대 말 미국을 떠들썩하게 한 살인마 찰스 맨 슨Charles Manson이 이 경우에 속합니다.

Manson Family

1969년 LA를 공포에 떨게 하고 미국을 충격에 빠뜨린 살인사건이 있 었습니다. 영화감독 로만 폴란스키Roman Polanski의 신혼집에 4명의 살인마가 침입해 영화배우인 아내 샤론 테이트Sharon Tate를 비롯해 5명을 잔인하게 살해했죠. 당시 폴란스키는 런던에 있었고, 살해된 사람 중에는 미국의 유명 커피브랜드 폴저스Folgers의 커피 재벌 상속 녀coffee fortune heiress 애비게일 폴저Abigail Folger도 있었습니다. 임신 8개월을 넘긴 샤론 테이트는 수차례 칼에 찔려 살해됐고, 살인자 중 한 명은 그의 피로 현관문에 'pig'라고 썼습니다. 살인을 저지른 이들 은 찰스 맨슨이 이끄는 컬트cult '맨슨 패밀리Manson Family'의 구성원이 었죠.

당시 이 사건을 보도한 《TIME》은 야만적인 잔인함에 살인사건 담당 형사까지도 충격을 받았다고shocked even homicide-squad detectives 했고, 소름끼치고 피비린내 나는, 아주 어리석고 무분별한 세기의 살인이라고 했습니다. 맨슨이 이끄는 패밀리를 '약을 하고 살인을 저지르는 반(半)종교적인 히피들의 컬트semi-religious hippie drug-and-murder cult'라고 표현한 기사에 따르면, 어린 여자들이 대부분인, 맨슨을 좀비처럼 따르는 추종자들zombie-like followers 중 최소 8명이 여러 건의 살인에 가담했다고 합니다. (그의 추종자 중에는 나중에 제럴드 포드 대통령을 암살하려고 했던attempted to assassinate President Gerald Ford 이도 있는데, 이 내용은 영화 〈포레스트 검프Forrest Gump〉에도 삽입됐습니다.)

체구는 작지만 카리스마가 있었던charismatic 것으로 보이는 찰스 맨슨은 종교, 공상과학소설science fiction, 비술the occult 등에서 따온 독특한 사상unique blend of ideas을 설파하며 신봉자들을 모아 맨슨 패밀리를

1967년 영화 〈인형의 계곡Valley of the Dolls〉에 출연할 당시 샤론 테이트

(사진 출처: 20th Century Fox)

만들고, 1968년 캘리포니아 동쪽 데스밸리Death Valley에 자리 잡습니다. 언론에서 그를 'The Demon of Death Valley'라고 부른 이유입니다. LSDLysergic acid diethylamide에 취해 교주인 맨슨을 노예처럼 따른 slavishly obedient 추종자들에게 자신이 예수와 악마Jesus Christ and the devil 가 한 몸에 담긴rolled into one 화신이라고 말했다고 하는군요.

불우한 어린 시절impoverished and troubled childhood을 보낸 맨슨은 패밀리를 형성할 즈음 이미 다양한 범죄a variety of offenses로 인생의 절반을 교도소correctional institutions에서 보낸 전과자ex-convict였습니다. 교도소에서 기타를 배우며 음악을 하게 된 맨슨은 컬트를 이끌며 살인을 교사하기 전에는 포크 싱어송라이터를 꿈꾸는 음악가aspiring folk singer-songwriter였다고 합니다. 지인을 통해 비치보이스Beach Boys의 드러머 데니스 윌슨Dennis Wilson을 알게 되는데, 윌슨이 맨슨의 노래 〈Cease to Exist〉를 가져다가 〈Never Learn Not to Love〉라는 제목의 비치보이스 노래로 만들고도 그를 곡의 주인으로 인정해주지 않아 분개했다고 합니다. 윌슨의 소개로 배우 도리스 데이Doris Day의 아들이자 음반제작자인 테리 멜처Terry Melcher를 만나게 되는데, 처음에는 맨슨의 음악에 관심을 보이던 멜처가 음반계약을 거부하자, 맨슨은 패밀리 멤버들을 그의 집으로 보내, 보이는 사람은 모조리 죽이라고 to kill everyone they found 지시합니다. 하지만 멜처는 이미 이사했고, 그 집은 폴란스키 부부가 임대하고 있었죠. 이렇게 해서 샤론 테이트의 이름은 찰스 맨슨과 뗄 수 없는 관계가 됩니다.

Helter Skelter

이 외에도 여러 살인을 꾀한 맨슨은 인종전쟁을 일으키려는 의도intention

of sparking a race war에서 살인을 조직했다고orchestrated a killing spree 합니다.

맨슨은 비틀즈the Beatles 노래 〈헬터 스켈터Helter Skelter〉에 집착했다고 하는데, 이 곡은 폴 메카트니Paul McCartney가 '가장 요란한 사운드sound as loud and dirty as possible'를 내려는 시도에서 만들어졌다고 합니다. 영국의 록그룹 더 후The Who의 멤버 피트 타운젠드Pete Townshend가 한 인터뷰에서 그들의 최근 싱글 〈I Can See for Miles〉가 지금까지 녹음한 곡 중에서 "the loudest, rawest, dirtiest song"이라 한 말을 읽고 흥미롭게 느낀 메카트니는 이 곡을 들어보지만, 시끄럽거나 거칠지 않고 정교하고 세련되게"very sort of sophisticated" 느껴졌다며, 그럼 우리가 그런 요란스러운 곡을 만들면 되겠다는 생각에 〈Helter Skelter〉를 작곡하게 됐다고 합니다. 초기 헤비메탈 발전에 중요한 영향을 미친key influence in the early development of heavy metal 곡으로 평가받는 이 곡은, 몹시 감상적인soppy 발라드만 쓴다고 비판한 평론가들에 대한 폴 메카트니의 대답이기도 하다는군요.

헬터 스켈터는 영국 유원지에서 볼 수 있는 놀이기구로, 높은 둥근 탑 바깥을 미끄럼틀이 나선형으로 감싸고 내려오는tall spiral slide winding round a tower 구조물입니다. 내부에서 꼭대기까지 올라간 뒤 미끄럼틀을 타고 내려오게 되어 있습니다. 그래서 인지 '혼란chaos', '무질서disorder', '소란turmoil' 등을 뜻하는 말이기도 합니다.

맨슨은 〈Helter Skelter〉가 수록된 비틀즈의 〈화이트 앨범The White Album〉에 있는 몇 곡의 노래가 종말론적인 인종전쟁apocalyptic race war을 예언했다고 믿었습니다. 흑인에 대한 처우를 두고over the treatment of blacks 백인이 인종차별주의자와 그렇지 않은 사람으로 나뉘어 전쟁을 하고, 백인이 거의 전멸한 상태에서 얼마 안 되는 생존자는 흑인 투사들black militants에 의해 몰살된 뒤, 전쟁을 피해 지하도시 underground city에 숨어있던 맨슨과 패밀리가 유일한 백인 생존자only remaining whites가 되어, 미국을 이끌어갈 능력이 되지 않는incapable of running the United States 흑인들을 지배할 것이라고 믿었다고 하죠. 미끄럼을 타고 바닥까지 내려갔다가 다시 꼭대기로 올라가는 행위를 묘사한 〈Helter Skelter〉의 가사를 두고 맨슨은 자신과 패밀리가 지하 은신처로부터 모습을 드러내는to emerge from their hiding place 순간을 그렸다고 해석했다고 합니다.

맨슨의 인종전쟁에 대한 망상은 살인에 그대로 투영됩니다. 살인을 저지른 뒤에는 흑인 무장단체militant African-American group 흑표당원 Black Panthers이 공격한 것처럼 거짓 단서false clues를 남겼고, 샤론 테이트를 죽인 바로 다음날 벌인 라비앙카 부부Leno and Rosemary LaBianca 살해 현장에는 피로 'Healter Skelter'라는 틀린 스펠링을 남기기도 했습니다.

pop culture's dark obsession

맨슨 신봉자들은 1969년 9건의 연쇄살인을 저질렀고committed a series of nine murders, 살인에 가담하지는 않았지만 이를 지휘하고 조종한 주모자mastermind 맨슨도 다른 살인자들과 함께 1971년 사형을 선고받습니다. 하지만 1972년 캘리포니아주 대법원Supreme Court of California이 당시 사형법death penalty laws이 헌법에 위배된다며unconstitutional 사형제를 일시 폐지했고briefly abolished, 이전 사형판결을 모두 무효화하면서 invalidated all death sentences prior to 1972, 맨슨도 자동적으로 종신형으로 대체됩니다. 그래서 맨슨과 관련된 기사에는 "his death sentence was commuted to life"라는 내용이 종종 보입니다. 가석방이 가능한 종신형으로 바뀐resentenced to life with the possibility of parole 맨슨은 12번 가석방을 신청하지만 모두 받아들여지지 않았고, 2017년 11월 19일, 코코란Corcoran에 있는 캘리포니아주 교도소California State Prison에서 83세의 나이로 자연사died of natural causes합니다.

베트남 전쟁Vietnam War과 시민권 운동civil rights movements으로 분열된 미국 사회를 배경으로, 정치·사회적 주류와 동떨어져 섹스와 약물, 록큰롤rock and roll으로 특정되는 독립적인 유토피아를 추구한 히피 문화hippy subculture를 재구성해 대규모 살인에 이용한 찰스 맨슨은 1960년대의 뒤틀린 문화적 아이콘cultural icon이 됐습니다. 수감된 뒤에도 그의 종말론적인 비전에 매혹돼 그를 숭배 대상cult figure으로 여기는 이들이 끊이지 않았고 (수감 중 하루 평균 4통의 팬레터를 받았

1971년 찰스 맨슨이 샌 쿠엔틴 교도소San Quentin State Prison에 수감되면서 찍은 머그샷
(사진 출처: State of California, San Quentin Prison)

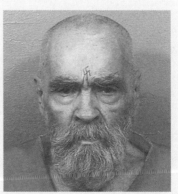

2017년 찰스 맨슨이 교도소에서 찍은 사진
(사진 출처: California Department of Corrections and Rehabilitation)

다고 합니다) 이런 흠모자 중에는 그와 결혼을 약속한 젊은 여자도 있었습니다.

사람들의 어두운 상상력을 사로잡은 맨슨은 건즈 앤 로지즈Guns 'N' Roses와 같은 음악가들에게 영감을 주었고, 뮤지션 마릴린 맨슨Marilyn Manson은 60년대 미국 대중문화의 아이콘American pop culture icons인 마릴린 먼로Marilyn Monroe와 찰스 맨슨Charles Manson의 이름을 따서 예명을 지었습니다. 맨슨과 그의 신봉자들 이야기는 수많은 책과 연극, 영화, TV드라마의 소재가 됐고, 맨슨이 《NBS》, 《CBS》 등 주요 방송사와 한 옥중 인터뷰도 화제를 모았습니다. 1980년대 초 인터뷰에 등장한 맨슨의 이마에는 재판 당시 새겼던 X 대신 나치의 상징인 스와스티카swastika가 새겨져 있었다고 합니다.

Sorry they missed you, Tarantino

샤론 테이트가 살해된 지 50년이 다 되어가면서 몇몇 영화감독이 찰스 맨슨을 다룬 영화를 준비 중이라는 말이 들렸습니다. 2019년 칸느 영화제Cannes Film Festival에서 봉준호 감독에게 황금종려상Palme d'Or을 빼앗긴 쿠엔틴 타란티노Quentin Tarantino도 그 중 한 명이었죠. 그의 출품작 〈Once Upon a Time in ... Hollywood〉는 1969년 LA를 배경으로 다양한 인물과 스토리라인을 통해 급변하는 할리우드를 그렸다고 합니다. 레오나르도 디카프리오Leonardo DiCaprio가 연기한 TV 서부영화 전문배우 옆집으로 샤론 테이트와 로만 폴란스키가 이사온다는 설정이라고 하는군요.

《가디언》의 영화평론가film critic 피터 브래드쇼Peter Bradshaw는 영화제 심사위원들festival juries이 잘못된 판단을 하는 경우가 있지만 올해는 아니라며, 계층과 신분, 불평등을 풍자적으로 그린 우화_{satirical} parable of class, status and injustice로 관객을 사로잡은 봉준호의 작품을 칭찬했습니다. 타란티노의 작품에 대해서는 눈부신 영화라며 'dazzling and brilliant'라고 표현했고, 상을 하나도 타지 못해 솔직히 놀랐다고 했습니다.

이번에 다룬 내용과 관련된 기사를 아래 추천합니다.

 You might want to read this

BBC
<Chelsea Manning: Wikileaks source and her turbulent life> (2017.5.16.)

The New York Times Magazine
<The Long, Lonely Road of Chelsea Manning>
By Matthew Shaer (2017.6.12.)

The Guardian
<US embassy cables leak sparks global diplomatic crisis>
By David Leigh (2010.11.28.)

TIME
<Sticks and Stones: The Top 5 Cablegate Insults>
By Emily Rauhala (2010.11.29.)

The Guardian
<WikiLeaks: Tunisia knew its rulers were debauched. But leaks still had impact>
By David Leigh, Luke Harding (2011.2.2.)

The Guardian
<Chelsea Manning jailed for refusing to testify to grand jury in WikiLeaks case>
By Erin Durkin (2019.3.8.)

BBC

<What is a US grand jury?> (2017.8.4.)

The Guardian

<Chelsea Manning jailed again as she refuses to testify before grand jury>
By Ed Pilkington (2019.5.17.)

TIME

<Read TIME's Report of the Grisly Sharon Tate Murder>
By Lily Rothman (2015.8.9.)

TIME

<'The Demon of Death Valley': Read TIME's Original Report on the 1969 Manson
Family Arrests> By Lily Rothman (2017.11.20.)

The Guardian

<Sorry they missed you, Tarantino — but Cannes was right to celebrate Parasite>
By Peter Bradshaw (2019.5.25.)

Quiz Fill in the blank

After California abolished the death penalty, their sentences were
c_____ to life imprisonment.

캘리포니아주가 사형제도를 폐지한 후 그들은 종신형으로 대체됐다.

commuted

NEWS

World | US Politics | Foreign Policy | **Business** | Culture | Environment | Immigration | Inequality | Brexit | Tech | More ▾

quite a budget *crunch*

바삭한 감자칩을 씹을 때 나는 소리_{sound of crunching chips} crunch 는 '무언가가 갑자기 부족한_{suddenly not enough of something} 상황'을 뜻 하기도 합니다. 특히 경제적으로 여유가 없는_{tight} 경우에 흔히 쓰 여, 재정이 부족한 상황은 a financial crunch, 예산 부족은 a budget crunch, 자금난은 a cash crunch라고 말할 수 있습니다.

그런가 하면 사태가 아주 심각해져 '어떤 결정을 내리거나 행동을 취해야만 하는_{forced to make a decision or act} (위기)상황_{important and often unpleasant situation}'을 the crunch라고 합니다. 그래서 crunch가 형용 사로 '중대한_{critical}, 결정적인_{decisive}'이란 뜻도 있습니다.

이해를 돕기 위해 crunch가 여러 의미로 쓰인 예를 모아봤습니다.

Doritos' 'lady friendly' crisps prove it's **crunch time** for sexist marketing

〈도리토스의 '숙녀용 콘칩'은 성차별적 마케팅을 재고해야 할 때가 됐다는 증거다〉 (The Telegraph / 2018.2.5.) ◀ 도리토스 토르티야 칩(tortilla chips)을 만드는 펩시코(PepsiCo)가 씹을 때 소리가 덜 나고("low crunch") 핸드백에 들어가는 작은 봉지의 숙녀용 신제품을 출시 하자 성차별적 마케팅이라며 비난한 기사로, crunch의 두 가지 의미를 이용한 표현

What You Need to Know About Turkey's Financial Crunch
〈터키 재정악화에 대해서 알아야 할 몇 가지〉 (Bloomberg / 2018.8.16.)

amid rising market concerns about a potential cash crunch at Tesla
테슬라의 현금 유동성 위기 가능성에 대한 시장의 우려가 증가하고 있는 가운데

the Republicans' time-crunched effort to pass a health-care bill
공화당이 시간에 쫓기며 건강보험개혁법안을 통과시키려는 노력

Theresa May has agreed to stand down as leader of the Conservative Party following a crunch meeting with Tory backbenchers.
테레사 메이는 토리 평의원들과의 결정적인 회동 뒤 보수당 대표 자리에서 물러나는 데 동의했다.

Trump's former personal lawyer Michael Cohen once used to say he "would take a bullet" for Trump, but when it came to the crunch, he turned a gun on the president.
트럼프의 개인변호사였던 마이클 코헨은 한때 트럼프 대신 '총도 맞겠다'고 말하곤 했지만, 결정적인 순간이 되자 총을 대통령 쪽으로 겨눴다.

'The Simpsons' predicted the future

트럼프가 백악관에 입성하자 폭스사Fox Broadcasting Company의 애니메이션 시트콤animated sitcom 〈심슨가족The Simpsons〉의 예언 능력이 화제가 됐습니다. 15년도 넘는 세월을 뛰어넘어 트럼프가 대통령이 된 미래를 예측했기 때문이죠. 이밖에도 9·11 테러, 슈퍼볼 우승팀Super

Bowl winners, 힉스입자Higgs boson particle, 스마트워치smartwatches, 디즈니의 21세기폭스 인수acquisition of 21st Century Fox by Disney 등을 예언하면서, 혹시 제작팀이 미래를 점치는 수정 구슬crystal ball을 가지고 있는게 아니냐는 의문까지 자아냈습니다.

no crystal ball

트럼프가 대통령이 된 후 언론사마다 〈심슨가족〉의 예언이 적중했던 사례를 모아 기사화했는데, 《뉴욕타임스The New York Times》는 이 예언들이 어떻게 가능했는지 분석한 기사를 냈습니다. 예상 적중에 대해 대부분 논리적으로 설명이 가능하다는 이 기사는 우선 제작책임자showrunner 알 진Al Jean의 말을 언급합니다. 그에 따르면 〈심슨가족〉의 에피소드들은 만들어지고 나서 1년 뒤에 방송된다고 합니다. 그래서 1년을 앞서 생각하는to think one year ahead 제작진의 사고방식frame of mind이 이런 결과를 가져온 것 같다고 하는군요.

그런가 하면 대학교재로도 사용되는 《심슨가족과 철학The Simpsons and Philosophy》의 저자 윌리엄 어윈William Irwin은 하버드 졸업생이 대부분인 뛰어난 작가들brilliant minds 덕분이라고 말합니다. 똑똑한 사람들이 모여 예술, 문학, 대중문화, 정치, 과학 등 다방면에 걸친 쇼를 만들다보면 깜짝 놀랄 예측startling predictions을 할 수 밖에 없다고 합니다.

또 한 가지 이유를 들자면 〈심슨가족〉이 롱런을 해서 그렇다고 합니다. 폭스사의 최장기 TV 시리즈the longest-running scripted TV series in history로 1989년 12월 처음 방송을 시작한 이래 2019년 현재 31번째 시즌을 앞두고 있습니다. 이렇게 많은 에피소드가 쌓이다보면 아주 별난 일도 일어나기 마련이라는군요.

〈심슨가족〉의 예측력을 이렇게 분석한 기사는, 아주 기이하게 예상이 적중한 에피소드the weirdest predictions에서부터 타당한 설명이 가능한 것plausible predictions까지 사례별로 설명을 이어갑니다.

a warning to America

2000년 3월에 방송된 에피소드 〈Bart to the Future(미래로 간 바트)〉에서 바트 심슨Bart Simpson은 여동생 리사 심슨Lisa Simpson이 대통령이 된 미래를 보게 됩니다. 이전 대통령 트럼프로부터 "quite a budget crunch"를 물려받았다고 말하는 리사 심슨 대통령은 트럼프 덕분에 빈털터리가 된 국가재정을 회복해야만 하는 처지에 놓이죠.

〈심슨가족〉이 대통령 트럼프를 예언한 신통력은 당시 배경으로 쉽게 설명이 된다고 합니다. 1999년, 부동산 개발업자real estate developer이자 방송인media personality인 도널드 트럼프Donald Trump는 자신이 대통령에 출마하면 역대 최고의 대통령이 될 거라고 공공연히 말하고 다녔다고 합니다. 〈심슨가족〉 작가들이 이런 좋은 이야깃거리를 놓쳤을 리 없고, 그래서 대통령으로 트럼프가 등장한 게 아주 예상 밖의 일은 아니라고 알 진은 말했습니다.

이런 배경이 있었기에 트럼프가 대통령이 된 미래를 예견한 건 〈심슨가족〉만이 아닙니다. 2000년 1월 영화감독 마이클 무어Michael Moore가 월스트리트Wall Street의 뉴욕증권거래소New York Stock Exchange 앞에서 찍은 록밴드 Rage Against the Machine의 뮤직비디오 〈Sleep Now in the Fire〉를 보면 한 남자가 'Donald J. Trump for President'라고 쓰인 트럼프의 사진을 들고 있는 장면이 삽입되어 있습니다. 또《뉴욕타임스》에 따르면 이보다 훨씬 전에 영화 〈Back to the Future II〉

가 트럼프 대통령을 예견했다고 하는군요. 1989년 개봉한 이 영화에는 도널드 트럼프를 닮은 악당이 권력을 쥔 암울한 미래가 나오기 때문입니다.

2016년 대선 당시, 아직 트럼프가 대통령이 될 것 같지 않았을 때, 《할리우드리포터The Hollywood Reporter》와 인터뷰한 해당 에피소드 작가 댄 그리니Dan Greaney는 미국을 향한 경고warning to America 차원에서 트럼프를 대통령으로 등장시켰다고 말합니다. 전 대통령으로 궁지에 처한 미국에서 리사 심슨이 새 대통령이 되지만, 상황이 최악이어서as bad as it possibly could 리사가 해결할 수 없는beyond fixing 지경을 그리려 했고, 그래서 바로 앞 대통령으로 트럼프가 등장했다고 합니다. 바닥을 치기 직전 단계last stop before hitting bottom에 합당해 보이는 인

Rage Against the Machine의 뮤직비디오 〈Sleep Now in the Fire〉의 한 장면. 어떤 남자가 'Donald J. Trump for President'라고 쓰인 트럼프의 사진을 들고 있다.

물이었던 거죠.

〈심슨가족〉제작진은 트럼프가 대통령에 당선된 뒤 처음 나간 에피소드first post-Trump episode 오프닝에서, 우거지상을 하고grimacing 칠판에 "BEING RIGHT SUCKS"라고 쓰는 바트를 등장시켜 자신들의 예언이 맞았음을 자축(?)했습니다. 하지만 2016년 대선 막판까지 실제로 트럼프가 대통령이 될 거라고 확신한 사람은 그리 많지 않았던 것 같습니다. 다른 애니메이션 시트콤 〈사우스파크South Park〉는 트럼프가 대통령에 당선되자 힐러리 클린턴의 당선을 염두에 두고 제작한 에피소드를 서둘러 다시 썼다고 합니다.

Trump's budget deficit

그렇다면 〈심슨가족〉이 그린 것처럼 트럼프가 미국을 파산broke에 이르게 할까요? 《뉴스위크Newsweek》가 2018년 8월, 트럼프 행정부가 오바마 때보다 얼마나 더 많은 재정적자를 내고 있는지 보도했습니다.

이 기사에 따르면 2018년 7월 미연방 재정적자US federal deficit가 769억 달러로, 회계연도fiscal year / budget year가 시작되고 10개월간 총 누적적자가 6,840억 달러에 달해, 전년 동기 대비 21% 가까이 증가했다고 합니다. (미국 연방정부의 회계연도는 10월 1일부터 시작합니다. 따라서 'FY2018'로 표기하기도 하는 2018회계연도fiscal 2018는 2017년 10월부터 2018년 9월 30일까지입니다.)

법인세를 35%에서 21%로 크게 낮추고 부자 감세를 한 트럼프의 세제개편Trump tax cuts으로 2018년 연방 세입federal revenues은 1% 증가한 반면, 국방비 등 지출은 4.4% 늘었다고 전한 기사는, 트럼프 행정부가 재정적자 1조 달러에 이르는 때를 2019년으로 예상하는 《CBS

뉴스》를 인용했습니다. 《블룸버그 Bloomberg》의 경우, 예산과 경제에 관한 정보를 의회에 제공하는to provide budget and economic information to Congress 미 의회 예산국(CBO)Congressional Budget Office이 2020년에 재정적자가 1조 달러에 달할 것으로 예상한다고 전했습니다.

트럼프는 대선 캠페인에서 재정적자를 줄이겠다고to cut the deficit 단언하며, 한 때 1조 달러가 넘는 적자를 낸 오바마 행정부의 경제정책을 맹공격했습니다. 오바마는 취임 첫해인 2009년 1조 5,500억 달러라는 최고 수치의 적자the highest ever deficit figure를 내는데, 이는 2008년 글로벌 금융위기 이후 정부가 경기회복 economic recovery을 위해 엄청난 부양책

huge stimulus package을 실시했기 때문입니다. 오바마 행정부는 그 후 3년 동안 계속 1조 달러가 넘는 적자를 냈지만, 2015년에는 4,380억 달러까지 떨어졌고, 오바마 임기 마지막 해에는 6,660억 달러였다고 합니다.

재정적자를 줄이는 것은 물론이고 국가부채까지 없애겠다고to wipe out the national debt 공약한 트럼프가 백악관 대통령 집무실Oval Office에 들어선 뒤에는 주체할 수 없이 늘어나는 적자 걱정은 별로 하지 않는 less worried about the runaway numbers 것 같다고 《뉴스위크》는 말했습니다.

federal spending has been rising faster than revenues

트럼프 행정부가 2018년 10월 발표한 2018회계연도 연방정부 예산적자는 7,790억 달러$779 billion로, 지난해보다 17% 상승했고, 1조 달러를 넘겼던 2012년 이래 가장 높은 수치라고 합니다. 연방정부 세입은 140억 달러로 조금 올랐지만 지출은 1,270억 달러로 3.2% 증가했다고 합니다.

공화당 주도의 감세정책Republican-backed tax cut으로 법인세 수입corporate tax collections이 22% 하락하는 등 세입이 별로 늘지 않은 반면, (2017년 9월, 연방정부 셧다운을 막기 위한 일환으로 공화당과 민주당이 합의함에 따라) 국방예산이 대폭 증가했고spike in defense spending, 사회보장Social Security 비용과 정부 부채에 대한 이자interest on the federal debt도 증가했다고 합니다. 《CNN》의 보도에 따르면, 재정적자를 악화시키는 미국 연방정부 부채가 2차 세계대전 이후 최고 수준이라고 합니다.

백악관 예산관리국장Director of the Office of Management and Budget이 되기 전 하원의원일 때 정부 빚을 줄여야 한다고 강경하게 주장했던 notable debt hawk 믹 멀베이니Mick Mulvaney는, 의회의 무책임하고 불필요한 지출이 불러온 심각한 결과가 수치로 나타났다며, 스티븐 므누신 재무장관Treasury Secretary Steven Mnuchin과 한 목소리로 교육, 의료health care, 각종 사회 프로그램social programs의 지출을 삭감하지 않으려고 하는 민주당 의원들을Democrats' resistance to cutting government spending 재정적자의 원인으로 몰아세우며 감세정책을 옹호했습니다. 하지만 주택도시개발부Department of Housing and Urban Development, 교통부Department of Transportation, 에너지부Department of Energy, 교육부

Department of Education 모두 지출outlays이 줄었고, 보건복지부Department of Health and Human Services와 재향군인회Department of Veterans Affairs는 비용이 약간 증가했을 뿐이라고increased slightly 합니다.

《AP》통신은 2019년 3월, 2019회계연도가 시작된 2018년 10월 이후 4달 동안 연방정부의 재정적자가 총 3,103억 달러로totaled $310.3 billion, 전년 동기 1,757억 달러에 비해 77% 증가했다고 전했습니다. 이 기간 동안 급료에서 공제하는 개인소득세individual income taxes withheld from paychecks와 법인세로 거친 세입은 전년 동기 각각 3%와 23% 감소했다고 합니다. 그런데 수입품에 부과하는 국경세border taxes collected on imports인 관세수입tariff revenue은 전년 대비 90%나 증가했다고 합니다. 트럼프 행정부가 중국 등 여러 나라와 무역분쟁trade disputes을 벌이며 높은 관세higher tariffs를 부과해서 생긴 현상인데, 국경세는 상품이 만들어지는 나라가 부담하는 게 아니라 상품을 수입하는 미국 기업US companies importing the products이 내기 때문에, 이 비용은 미국 소비자에게 전가된다고passed on to American consumers 《AP》는 설명했습니다.

20th Century Fox, a division of Walt Disney Co.

1998년 방송된 〈심슨가족〉의 한 에피소드에서 호머 심슨Homer Simpson은 당시 부부였던 할리우드 스타 킴 베이싱어Kim Basinger와 알렉 볼드윈Alec Baldwin, 그리고 영화감독 론 하워드Ron Howard와 어울리게 됩니다. 여기에 20세기폭스20th Century Fox 간판이 나오는데 아래 부분에 a division of Walt Disney Co.라고 쓰여 있죠. 20세기폭스가 월트디즈니 산하 영화사라는 뜻인데, 이 예언은 20년 후 사실이 됩니다. 월트디즈니사The Walt Disney Company가 20세기폭스가 속한 21세기폭스21st Century Fox의 주요 미디어 자산key media assets을 인수하죠.

(언론재벌 루퍼트 머독Rupert Murdoch의 미디어복합기업mass media conglomerate '뉴스코퍼레이션News Corporation'이 소유한 영국 타블로이드 주간지red-top weekly newspaper 《뉴스오브더월드News of the World》가 수년간 정치인과 왕실가족British Royal Family, 유명인사 등 수백 명의 전화를 해킹해 불법도청한 스캔들phone hacking scandal이 터지자, 2013년 뉴스코퍼레이션으로부터 엔터테인먼트와 미디어 부문entertainment and media properties이 분사해 21세기폭스가 됩니다. 영화사 20세기폭스와 폭스서치라이트Fox Searchlight Pictures, 폭스뉴스채널Fox News Channel 등이 속한 폭스엔터테인먼트그룹Fox Entertainment Group이 여기에 포함됐었죠.)

이 예언에 대해서도 알 진은 앞서 생각하는forward-thinking 작가들의 결과물이라며, 합병mergers은 언제나 일어날 수 있으므로 디즈니의 폭스 인수도 충분히 생각해 봄직 했다고 말합니다.

머독과 각별한 사이인 트럼프는 매각을 축하하는 말을 전했지만, 그 전에 자신에게 호의적인 《폭스뉴스Fox News》가 매각 대상에 포함되지 않는지 먼저 확인했다고 합니다. 폭스뉴스채널과 폭스비즈니스네트워크Fox Business Network 등은 디즈니 인수 대상에서 제외됐습니다.

2018년 7월 디즈니와 폭스 양사 주주들의 승인으로 마무리 단계에 들어간 이 거래로 디즈니는 20세기폭스가 80년 넘게 만들어온 방대한 영화 자산을 확보하게 됩니다. (20세기폭스는 1935년 Twentieth Century Pictures와 Fox Film Corporation의 합병으로 탄생했습니

다.) 〈아바타Avatar〉, 〈엑스맨X-Men〉, 〈타이타닉Titanic〉 등의 영화 뿐
아니라 〈심슨가족〉과 같은 TV프로그램도 디즈니 소유가 되죠. 애
니메이션 제작사 픽사Pixar Animation Studios와 만화·영화 제작사 마블
Marvel Entertainment, 〈스타워즈Star Wars〉 제작사 루카스필름Lucasfilm까
지 이미 손에 넣은 디즈니는 폭스 인수로 엔터테인먼트업계에서 지배
적인 위치dominant entertainment player에 서게 됩니다. 이 외에 FX와 내
셔널지오그래픽National Geographic 같은 케이블채널과 2천만 명이 넘
는 회원을 보유한 스트리밍 서비스streaming service 홀루Hulu의 지배지
분controlling stake도 디즈니가 갖게 됩니다.

direct-to-consumer streaming service

폭스 인수에서 중요하게 작용한 점significant driver이 홀루의 지분확보
라고 합니다. 홀루 지분은 디즈니, 폭스, 컴캐스트Comcast Corp.가 동
일하게 30%를 가지고 있었는데, 폭스 인수로 디즈니가 60%를 확보하
게 되죠. (2019년 5월, 컴캐스트는 디즈니에게 5년 안에 홀루 지분을
넘기기로 했다고 밝혔고, 이 발표와 함께 디즈니는 완전한 경영권full
operational control of Hulu을 확보했습니다.)

  텔레비전과 영화의 미래가 온라인에 있음을 확인시켜준 디즈니의
폭스 인수는 스트리밍 서비스의 강자streaming giants 넷플릭스Netflix,
아마존Amazon Prime과 경쟁하기 위해 할리우드 영화계에 불고 있
는 합병 바람의 한 축이라고 합니다. 거대 통신업체 AT&T는 HBO
와 워너브라더스Warner Bros.가 있는 타임워너Time Warner Inc.를 사들
였고, 《CBS》는 미디어 그룹 바이어컴Viacom과 합병을 타진 중이며,
폭스를 인수하려다 무산된 컴캐스트는 유럽 시장을 확보한European

entertainment giant 영국 위성방송 스카이Sky Plc를 인수했습니다.

콘텐츠content와 이를 소비자에게 온라인으로 직접 전달할 유통 방법distribution을 함께 소유하려는 이런 움직임은 디즈니 최고경영자 로버트 A. 아이거Robert A. Iger의 말에 그대로 나타납니다. 《뉴욕타임스》가 인용한 바에 따르면, 아이거는 폭스 인수로 소비자에게 직접 서비스하는 direct-to-consumer 전략이 가속화하게 됐다며, 고객에게 직접 다가가는 방법을 구축하는 데 디즈니 미디어 사업의 미래가 달려있는 만큼 이를 최우선시하겠다고our highest priority 했습니다. 스트리밍 회사 중 3위 자리에 있는 훌루의 지분 확보로 전략적으로 유리한 위치에 서게 된 디즈니는 이미 준비 중이던 자체 스트리밍 서비스 Disney+를 넷플릭스와의 배급 계약이 종료되는 2019년에 선보인다고 합니다.

going head-to-head with Amazon and Netflix

2019년 3월, 컴캐스트는 새로운 인터넷 스트리밍 비디오 서비스 Xfinity Flex를 출시한다고 발표합니다. 소비자들이 비싼 케이블TV 패키지cable TV packages보다 온라인으로 콘텐츠를 시청하는 것을 선호해 유선방송을 해지하는 cord cutting 트렌드가 계속되자, 동종 케이블 업계 회사들처럼 컴캐스트도 미래 사업을 인터넷에 집중한 것이라고 《로이터Reuters》는 보도했습니다.

이 발표가 있고 며칠 뒤 애플도 새로운 스트리밍 서비스 'Apple TV Channels'와 'Apple TV+'를 선보입니다. 'It's show time'이라는 말로 예고했던 이 Apple Special Event는 캘리포니아주 쿠퍼티노Cupertino, California에 위치한 본사, 애플 파크Apple Park의 스티브 잡스 극장Steve

Jobs theater에서 열렸고, 라이브 스트리밍 중계live stream broadcast로 모든 사람이 볼 수 있게 했습니다.

HBO, Showtime, Starz 등 인기 채널의 콘텐츠를 애플TV 앱을 통해 쉽게 접근할 수 있게 한 Apple TV Channels 외에, 애플이 자체 제작한 오리지널 콘텐츠original content created by Apple를 제공하는 스트리밍 TV 서비스 Apple TV+를 가을에 런칭한다고 발표하죠.

J.J. 에이브럼스J.J. Abrams, 스티븐 스필버그Steven Spielberg, 오프라 윈프리Oprah Winfrey, 제니퍼 애니스톤Jennifer Aniston, 리즈 위더스푼Reese Witherspoon, 스티브 카렐Steve Carell 등 애플의 오리지널 콘텐츠를 만들 유명 제작자와 감독, 배우들big-name producers, directors and actors이 무대에 오르기도 했습니다.

아마존, 넷플릭스 등과 맞서겠다는to go head-to-head with Amazon and Netflix 애플이지만 이들보다 콘텐츠가 훨씬 한정적이어서far more limited 발표 직후 시장의 반응은 그리 열광적이지 않았다고 합니다. 애플 주가는 소폭 하락했고 넷플릭스 주가는 상승했다고 하죠.

이날 애플은 'Apple News+'도 소개했는데, 300개가 넘는 잡지와 주요 신문을 (미국에서) 월 9.99달러에 볼 수 있는 서비스입니다. The Atlantic, New York Magazine, The New Yorker, National Geographic, Rolling Stone, TIME, The Oprah Magazine, People, Vogue, WIRED 등의 잡지와 The Wall Street Journal, Los Angeles Times 등의 신문이 목록에 포함되어 있습니다.

이번에 다룬 내용과 관련된 읽을거리와 볼거리를 아래 추천합니다.

The New York Times
<The Simpsons' Has Predicted a Lot. Most of It Can Be Explained>
By Maya Salam (2018.2.2.)

Rage Against the Machine
<Sleep Now in the Fire> (music video)

The Independent
<The Simpsons made Donald Trump president 16 years ago as a plot device to make America 'as bad as it possibly could be'>
By Christopher Hooton (2016.11.10.)

Newsweek
<How Much Higher are Trump's Budget Deficits than Obama's?>
By David Brennan (2018.8.11.)

Bloomberg
<Specter of America's Growing Fiscal Deficit and Debt Load Looms>
By Liz McCormick, Steve Matthews (2018.8.4.)

CNN Business
<US deficit rises 17% to the highest level since 2012>
By Lydia DePillis (2018.10.16.)

AP
<US budget deficit up 77 percent so far this budget year>
By Martin Crutsinger (2019.3.5.)

The New York Times
<Disney and Fox Shareholders Approve Deal, Ending Corporate Duel>
By Edmund Lee, Brooks Barnes (2018.7.27.)

CNNMoney
<White House confirms: Trump talked to Murdoch about Disney deal>
By Tom Kludt (2017.12.15.)

Reuters

<Comcast to launch streaming video service for internet customers>
By Sheila Dang (2019.3.22.)

CNBC

<Apple unveils streaming TV services>
By Todd Haselton (2019.3.25.)

The Telegraph

<Apple launches new credit card and TV streaming service to rival Netflix and
Amazon> By Natasha Bernal, Hasan Chowdhury, James Titcomb (2019.3.26.)

Quiz Fill in the blank

The cash c＿＿＿＿＿ in Venezuela is coming to a head.

베네수엘라의 현금부족 사태가 악화되고 있다.

crunch

NEWS

World | US Politics | Foreign Policy | Business | Culture | Environment | Immigration | Inequality | Brexit | Tech | More ▼

the first *sitting* US president

'앉아있는seated'의 뜻인 sitting은 '현직의in office'라는 뜻도 있습니다. 이 경우 current, incumbent 등의 말이 대신할 수 있죠. 형용사로 쓰인 sitting은 '알을 품고 있는brooding over eggs'의 뜻이기도 하고, 앉아 있기 때문에 '쉽게 표적이 될 수 있는easy to attack'을 뜻하기도 합니다.

명사로 쓰인 경우, 기본적으로 '한 번에 계속 앉아있는 기간 continuous period of being seated'을 뜻합니다. 그래서 의회parliament 등의 '개회(기간)session'을 뜻하고, 그림이나 사진의 '모델을 서는posing 기간(이 경우 꼭 앉아있지 않아도 이 단어를 쓰더군요)'을 뜻하기도 합니다. 또 식당에서 장소 제약 등을 이유로 한 끼에 두 번 식사를 제공할 경우 '한 번의 식사시간'를 의미하기도 합니다.

이해를 돕기 위해 sitting이 여러 의미로 쓰인 예를 모아봤습니다.

if you drink more than three alcoholic drinks in one sitting
한 자리에서 술을 3잔 이상 마신다면

a fascinating thriller that I devoured in just one sitting

한 번에 탐독한 흥미진진한 스릴러

She posed for two sittings for the portrait, and nodded off during one of them.

그는 초상화를 위해 두 번 포즈를 취했고, 그 중 한 번은 도중에 졸았다.

sitting ducks for scam artists

사기꾼들의 쉬운 먹잇감

The US Supreme Court operates on a nine-month term, from October to June, and the term is divided into 'sittings' and 'recesses'. Sittings and recesses alternate at approximately two-week intervals.

미국 연방 대법원은 10월부터 6월까지 9개월 회기이며, 회기는 '개정'과 '휴정'으로 나뉜다. 대개 2주 간격으로 개정과 휴정이 반복된다.

at an emergency sitting of the UN Security Council in New York

뉴욕에서 열린 유엔 안보리 긴급 이사회에서

One sitting member on the GOP side, Justin Amash, said that Trump committed impeachable offenses.

공화당 소속 현직 의원 중 한 명인 저스틴 아매쉬는 트럼프가 탄핵 대상이 될 만한 불법행위를 저질렀다고 말했다.

The attorney general will hesitate before indicting a sitting prime minister.

법무장관은 현 총리를 기소하기에 앞서 유보적인 태도를 취할 것이다.

the first ever meeting between a sitting US President and North Korean leader

사상 최초 미국 현직 대통령과 북한 지도자의 만남

도널드 트럼프Donald Trump는 재임 중에 북한 지도자와 만났을 뿐 아니라 북한 땅을 밟은set foot in North Korea 첫 미국 대통령입니다. 기존 정치인들과 다르다고 자부하며 남들이 못한 일을 자신은 해냈다고 과시하길 즐기는 트럼프는 미국 현직 대통령으로서 처음 한 일이 꽤 됩니다. 하지만 이로 인해 논란과 비난의 대상이 된 경우도 많죠. 그 중 하나가 예루살렘을 이스라엘의 수도로 공식 인정한 것입니다. 아주 민감한 문제인 이스라엘·팔레스타인 분쟁을 해결하기 위해 신중을 기해야 할 초강대국superpower의 지도자가 이해관계에 따른 임의적인 판단을 하며 평화가 필요한 중동을 위기로 몰아가고 있습니다.

the Old City of Jerusalem

트럼프는 미국 현직 대통령으로 처음 예루살렘 통곡의 벽Wailing Wall을 방문했습니다. 이전 대통령들도 이곳을 방문하기는 했지만 재임 기간 전이나 후였지before or after the tenure as president 현직에 있을 때 방문하지는 않았습니다. 외신에서는 트럼프가 통곡의 벽을 방문한 the first sitting US president라며 이 방문의 상징성을 전했습니다.

영어권에서는 Western Wall(서쪽 성벽)이라고 흔히 칭하는 통곡의 벽은, 유대교도들에게는 '성전산Temple Mount', 이슬람교도들에게는 '고귀한 성역Noble Sanctuary'이라고 불리는 곳에 있습니다. 로마 제국에 의해 파괴된 유대교 성전의 서쪽 옹벽 일부가 남아있는 것이 통곡의 벽이고, 성벽 안쪽으로는 현재 이슬람교 사원이 자리하고 있습니다. 이곳은 예루살렘 구시가지the Old City of Jerusalem에 속합니다.

예루살렘은 수천 년간 이집트Egypt, 바빌로니아Babylonia, 로마 제국 Roman Empire, 십자군Crusaders, 오스만 제국Ottoman Empire, 대영제국 British Empire 등의 세력 하에 있었고, 구시가지는 아브라함이 남긴 세 종교three Abrahamic faiths인 세계 3대 유일신 종교three major monotheistic faiths, 유대교Judaism, 이슬람교Islam, 기독교Christianity 모두에게 신성시 되는, 종교적으로 중요한 의미가 있는 곳입니다. 유대교의 성전산과 서쪽 성벽, 이슬람교의 바위돔 사원Dome of the Rock과 알아크사 모스 크Al-Aqsa Mosque, 기독교의 성묘교회the Church of the Holy Sepulchre가 여

통곡의 벽 너머로 보이는 바위돔 사원Dome of the Rock   (사진 출처: Berthold Werner)

기에 있습니다. ('Church of the Resurrection'이라고도 하는 성묘교회는 예수가 십자가에 못 박혀 죽은 뒤 안장되었다가 부활한 묘지로 여겨지는 장소에where Jesus is said to have been buried and resurrected 세워진 교회입니다.)

the complex history of the Israeli-Palestinian conflict

오스만 제국으로부터 팔레스타인 통치권을 획득한 영국은 1917년 밸푸어 선언Balfour Declaration을 통해 팔레스타인에 유대인 민족국가national home for the Jewish people 건설을 지지합니다. 이 선언은 당시 영국 외무장관then British Foreign Secretary 아서 밸푸어Arthur Balfour가 영국의 유대인 공동체 지도자a leader of the British Jewish community이자 유대계 금융재벌로 유명한 로스차일드 가문의 월터 로스차일드Walter Rothschild에게 보낸 편지에 담겨 있습니다. 하지만 그전에 영국의 이집트 주재 고등 판무관British High Commissioner to Egypt 헨리 맥마흔 경Sir Henry McMahon은 아랍 지도자Sharif of Mecca 후세인 빈 알리Hussein bin Ali와 1915~1916년에 걸쳐 주고받은 서한McMahon-Hussein Correspondence에서, 영국이 1차 세계대전 이후 팔레스타인에 아랍 독립국가 건설을 인정한다고to recognize Arab independence 약속했습니다. 이런 개별적인 밀약을 바탕으로 한 영국의 모순된 외교정책은 이스라엘과 팔레스타인의 분쟁Israeli-Palestinian conflict을 초래합니다.

1947년 유엔은 영국이 팔레스타인 위임통치British Mandate of Palestine를 끝내면 팔레스타인 지역을 유대인 국가와 아랍 국가, 예루살렘으로 분할할 것을 제안하는 유엔 팔레스타인 분할안United Nations Partition Plan for Palestine을 채택합니다. 이 결의안에 따르면 예루살렘은 특별한

```
                              Foreign Office,
                                 November 2nd, 1917.


Dear Lord Rothschild,
             I have much pleasure in conveying to you, on
behalf of His Majesty's Government, the following
declaration of sympathy with Jewish Zionist aspirations
which has been submitted to, and approved by, the Cabinet

       His Majesty's Government view with favour the
    establishment in Palestine of a national home for the
    Jewish people, and will use their best endeavours to
    facilitate the achievement of this object, it being
    clearly understood that nothing shall be done which
    may prejudice the civil and religious rights of
    existing non-Jewish communities in Palestine, or the
    rights and political status enjoyed by Jews in any
    other country"

       I should be grateful if you would bring this
    declaration to the knowledge of the Zionist Federation.
```

아서 밸푸어가 월터 로스차일드에게 보낸 편지에 담긴 밸푸어 선언.

국제 관리를 받는Special International Regime 개별 도시separate international city / corpus separatum가 됩니다. 하지만 채택 직후 일어난 내전1947-1948

civil war in Mandatory Palestine으로 결의안은 이행되지 못합니다. 1948년 영국이 철수하고 이스라엘the State of Israel이 독립을 선언하면서 1차 중동전쟁First Arab-Israeli War이 발생했고, 1949년 전쟁이 끝나면서 휴전선demarcation line인 그린라인Green Line을 중심으로 서예루살렘은 이스라엘이, 동예루살렘은 요르단Jordan이 차지하게 됩니다. 휴전 협정1949 Armistice Agreements이 진행될 때 지도에 녹색 잉크로 선을 그어 Green Line이라고 하는 이 경계선은, 1967년 6일 전쟁Six-Day War 이전까지 이스라엘의 실질적인 국경선으로 'pre-1967 borders'라고 불리기도 합니다.

6일 전쟁이라고도 하는 3차 중동전쟁Third Arab-Israeli War에서 압승한 이스라엘은 지배 영토를 3배 이상 늘리고, 이때 서안지구West Bank 전체를 차지하면서, 구시가가 있는 동예루살렘도 점령합니다. 이스라엘은 점령지역Israeli-occupied territories에 유대인 정착촌Israeli settlements를 세우는데, 유엔과 국제사법재판소International Court of Justice를 포함해 국제사회 대부분은 이 정착촌을 국제법상 불법illegal under international law으로 봅니다.

the status of Jerusalem

예루살렘의 지위status of Jerusalem는 이스라엘과 팔레스타인 분쟁의 핵심입니다. 이스라엘은 예루살렘을 '분리할 수 없는 영원한 수도eternal and undivided capital'라고 주장하고, 팔레스타인은 동예루살렘을 향후 세울 국가의 수도capital of a future Palestinian state로 여깁니다.

이스라엘은 1980년 예루살렘법Jerusalem Law을 제정해 예루살렘이 이스라엘의 완전한 수도the "complete and united" capital of Israel라고 선언

1948년, 갈리리Galilee를 떠나 피난길에 오른 팔레스타인 난민. 1947~1949년 이어진 아랍-이스라엘 전쟁Arab-Israeli war을 이스라엘은 '독립전쟁War of Independence', 팔레스타인은 '나크바Nakba'라고 칭한다. '대재앙catastrophe'을 뜻하는 나크바는 팔레스타인에 살던 아랍 인구의 절반(70만 명)이 피난하거나 추방당한 Palestinian exodus처럼, 전쟁이 팔레스타인에 미친 영향을 총칭한다.
(사진 출처: Fred Csasznik / Front cover of 〈The Birth of the Palestinian Refugee Problem〉 by Benny Morris)

했고, 이에 유엔 안보리United Nations Security Council는 결의안을 통해 이스라엘의 동예루살렘 병합annexation of East Jerusalem은 국제법 위반violation of international law이라며 예루살렘법의 무효null and void를 선언했습니다. 또 각국 대사관을 예루살렘에서 철수하게 해, 모두 텔아비브Tel Aviv로 옮긴 상태였죠.

1993년과 1995년 두 차례에 걸쳐 이스라엘과 팔레스타인해방기구(PLO)Palestine Liberation Organization 간에 합의한 오슬로 협정Oslo Accords은 중동평화의 초석이라 할 수 있습니다. 이때 확립된 '두 국가 해법two-state solution'은 유엔 결의안에 기초한 이스라엘과 팔레스타인 분쟁 해결 방안으로, 1967년 중동전쟁 이전 경계선을 기준으로 이스라엘과 팔레스타인이 각각 독립된 국가로 평화롭게 공존하자는 구상

1993년 오슬로 평화협정 조인식에서 악수하고 있는 이츠하크 라빈 이스라엘 총리(왼쪽)와 야세르 아라파트Yasser Arafat 팔레스타인해방기구(PLO) 의장   (사진 출처: Vince Musi / The White House)

입니다.

오슬로 협정에 따르면 예루살렘은 이스라엘과 팔레스타인 간에 협상을 통해 영구적인 지위를 결정해야 하는 '미뤄진postponed' 문제들에 속합니다. 어느 쪽도 최종 결정에 영향을 미치는 행위를 미리 해서는 안 된다고도 되어 있죠. 1993년 합의한 Oslo I Accord에 담긴 내용입니다.

Oslo I Accord

Specific understandings

Article V

    Permanent status negotiations issues

It was understood that several issues were postponed to permanent status negotiations, including: Jerusalem, refugees, settlements, security arrangements, borders, relations and co-operation with other neighbours, and other issues of common interest. The outcome of these permanent status negotiations should not be prejudiced or pre-empted by the parties.

이후 오슬로 협정에 반대한 극우 청년의 이스라엘 총리 암살, 이스라엘에 들어선 강경파 정권, 2차 인티파다Second Intifada(아랍어로 '떨림tremor/shuddering'이라는 뜻의 인티파다는 팔레스타인의 반이스라엘 저항운동Palestinian uprising against Israel을 뜻합니다) 등 여러 사건으로 평화협상은 중단됐고, 이스라엘과 팔레스타인 사이에 긴장도 계속됐습니다.

Trump's historic visit to Western Wall

이런 복잡한 배경이 있는 분쟁지역이기에 미국 전직 대통령들은 임기 중 통곡의 벽을 방문하지 않았습니다. 하지만 트럼프 대통령은 임기 첫 해인 2017년 5월, 이스라엘의 6일 전쟁 50주년 기념일을 앞둔 시점에 이곳을 방문하죠. 이스라엘은 1967년 3차 중동전쟁으로 예루살렘을 재통합reunification of Jerusalem하고 구시가지를 손에 넣었다며 이를 Jerusalem Day로 지정해 기념합니다. 《CNN》에 따르면, 트럼프는 이번 방문 때 예루살렘을 이스라엘의 수도로 인정한다는to recognize Jerusalem as Israel's capital 자신의 선거공약을 단행하려 했다고considering fulfilling the pledge 합니다. 하지만 그의 선언이 답보상태인 평화협상을 되살릴 기회chances of reviving peace negotiations를 망치고 지역 긴장을 고

2017년 5월, 예루살렘 통곡의 벽을 방문한 트럼프 대통령. 영부인, 딸 부부와 함께 통곡의 벽 관계자들의 설명을 듣고 있다. (사진 출처: US Embassy Tel Aviv)

조시킬 거라고to inflame tensions in the region 워싱턴 외교정책 담당자들과 주변 아랍국가 지도자들이 경고해 이런 의도를 접었다고backed off the idea amid warnings 합니다.

통곡의 벽을 찾은 트럼프는 벽에 다가가 기도를 하는 듯 잠시 손을 얹고 있다가 벽 틈으로 종이쪽지를 밀어 넣었습니다. 통곡의 벽에는 이곳을 찾은 사람들이 기도를 적은 종이쪽지slips of paper containing written prayers를 갈라진 벽 틈crevices of the Wall에 넣는 오랜 전통이 있습니다. 매년 백만 개가 넘는 기도문이 벽 틈에 꽂히는데, 일 년에 두 번이 쪽지를 수거해 근처 올리브산Mount of Olives에 묻는다고 합니다.

기도를 마친 유대인들은 벽에서 물러날 때 뒷걸음질한다고to walk

backwards 합니다. 신앙심과 경건함의 표현sign of devotion이라는데, 트럼프는 이렇게 하지 않았죠. 트럼프의 뒤를 이어 유대교도Orthodox Jew인 사위 재러드 쿠슈너Jared Kushner도 기도를 했는데, 두 사람은 유대인이 쓰는 전통 모자인 검은 키파kippa(h)/yamulke를 썼더군요.

Trump recognizes Jerusalem as Israel's capital

2017년 12월 6일, 트럼프는 다시 한 번 "the first sitting US President"라는 말을 듣게 됩니다. 예루살렘을 이스라엘의 수도로 공식 인정하고 텔아비브에 있는 미 대사관을 예루살렘으로 이전하겠다고 발표했기 때문이죠. 70년간 이어온 미국의 외교정책을 뒤집으면서reversing nearly seven decades of US policy 트럼프는 이 발표로 중동평화 협상이 진전될 거라는will advance the peace process 알 수 없는 말을 합니다. 국제사회는 즉각 우려를 표명했고, 이스라엘과 팔레스타인의 긴장은 심화됐습니다. 영국, 프랑스 등 유럽 지도자들은 "regrettable(유감스러운)", "unhelpful to the peace process(평화협상에 도움이 안 되는)", "a grave mistake(심각한 실수)"라고 말했고, 팔레스타인 자치정부 대통령Palestinian Authority President 마흐무드 압바스Mahmoud Abbas는 결코 끝나지 않을 전쟁"wars that will never end"이 시작될 수 있다고 경고했습니다. 베냐민 네타냐후 이스라엘 총리Israeli Prime Minister Benjamin Netanyahu만이 역사적인 날"This is a historic day"이라며 유일하게 긍정적인 반응을 보였습니다. 그게 반반한 팔레스타인인들은 미국과 이스라엘 국기를 불태우며 격렬한 시위를 이어갔고, 크리스마스에는 산타복장을 하고 이스라엘군을 향해 돌을 넌시는 이도 볼 수 있었습니다.

the Jerusalem Embassy Act of 1995

트럼프 대통령은 예루살렘을 이스라엘의 수도로 공식 인정하는 포고령에 서명하고 다음과 같은 성명도 발표했습니다.

Statement by President Trump on Jerusalem

...

My announcement today marks the beginning of a new approach to conflict between Israel and the Palestinians.

In 1995, Congress adopted the Jerusalem Embassy Act, urging the federal government to relocate the American embassy to Jerusalem and to recognize that that city — and so importantly — is Israel's capital. This act passed Congress by an overwhelming bipartisan majority and was reaffirmed by a unanimous vote of the Senate only six months ago.

Yet, for over 20 years, every previous American president has exercised the law's waiver, refusing to move the US embassy to Jerusalem or to recognize Jerusalem as Israel's capital city.

Presidents issued these waivers under the belief that delaying the recognition of Jerusalem would advance the cause of peace. Some say they lacked courage, but they made their best judgments based on facts as they understood them at the time. Nevertheless, the record is in. After more than two decades of waivers, we are no closer to a lasting peace agreement between Israel and the

Palestinians. It would be folly to assume that repeating the exact same formula would now produce a different or better result.

Therefore, I have determined that it is time to officially recognize Jerusalem as the capital of Israel.

While previous presidents have made this a major campaign promise, they failed to deliver. Today, I am delivering.

That is why, consistent with the Jerusalem Embassy Act, I am also directing the State Department to begin preparation to move the American embassy from Tel Aviv to Jerusalem. This will immediately begin the process of hiring architects, engineers, and planners, so that a new embassy, when completed, will be a magnificent tribute to peace.

...

기원전 10세기in the 10th century BCE, 다윗왕이 예루살렘을 정복하고 유대인의 수도로 선언한King David's declaration of Jerusalem as the capital of the Jews 예루살렘 정도 3천 년을 기념해to celebrate the 3,000th anniversary 1995년 10월, 워싱턴을 방문한 이스라엘 총리 이츠하크 라빈Yitzhak Rabin은, 이스라엘의 수도로서 영속해 존재한 하나의 온전한 예루살렘wholeness of Jerusalem에 대해 연설합니다. 정치적으로 좌우가 갈리는 이스라엘이지만 '하나의 예루살렘'에 대해서는 모두가 의견을 같이한다며, 예루살렘은 둘일 수 없고, 타협의 대상도 아니며not subject to compromise, 예루살렘 없이는 평화도 없다고 말하죠.

라빈 총리 방문에 맞춰 미국 의회는 그의 연설을 반영하는 법안을 통과시킵니다. 트럼프가 성명에서 언급한 예루살렘 대사관법Jerusalem Embassy Act으로, 예루살렘을 이스라엘의 수도로 공식 인정하고 1999년까지 미국 대사관을 텔아비브에서 예루살렘으로 옮긴다는 내용의 법안입니다. 상·하원의 압도적인 지지overwhelming vote로 통과됐지만, 빌 클린턴Bill Clinton 대통령이 의회 개회 중 열흘10-day period while Congress was in session 안에 서명을 하지 않아declined to sign 대통령의 서명이 없는 법안law without a presidential signature이 됐습니다.

이집트 타바Taba, Egypt에서 서명해 Taba agreement라고도 불리는 오슬로 협정Oslo II Accord을 막 체결하고 중동에 지속적인 평화가 무르익는 계기로 작용하길 바라는 민감한 시기particularly raw moment에 예루살렘에 주목하는 것은 시기상조라고 premature focus on Jerusalem 클린턴 행정부는 판단했고, 오슬로 협정의 중재자 역할을 했던 클린턴은 이 법이 중동 평화협상에 장애가 될 수 있다며could hinder the peace process 법안의 포기 권한waiver authority을 행사했습니다.

《워싱턴포스트The Washington Post》의 설명에 따르면, 공화당 상원 원내대표Senate majority leader 밥 돌 의원Kansas senator Bob Dole (R)이 법안을 제출하면서, 예루살렘의 새 대사관 착공groundbreaking on a new embassy in Jerusalem을 1996년 시작하도록 했지만, 클린턴과 가까운 의원들 Clinton allies on the Hill의 우려를 고려해 추가조항을 첨가했다고added a provision 합니다. 미국의 안보이익national security interests of the United States을 위해 필요한 경우 대통령이 대사관 이전을 6개월간 유예할 수 있게to postpone implementation of the move for six months 한 것이죠. 이로써 의회는 예루살렘 문제 해결에 헌신적인 모습을 보이면서도 대통령에게는 법 시행을 강요하지 않아not forcing the president to act on 아랍세계를 자극하지 않을 '안전밸브pressure-release valve'를 제공했다고 《워싱턴 포스트》는 표현했습니다.

예루살렘 대사관법이 통과됐을 때 아랍세계의 반응을 전한 《뉴욕 타임스The New York Times》는, 무력 보복threat of retaliation을 경고하며 비난한 무장단체violent militant groups 뿐 아니라 미국의 우방까지도 중동평화 문제에 있어서는 미국이 공평한 입장을 취하지 않는다는not even-handed 유감스러운 신호로 받아들였다고 했습니다. 또 미국이 아랍을 친구라고 칭하지만 그들의 '진정한 친구는 이스라엘truer friend of Israel'이라고 한 한 이슬람교 지도자의 말도 전했습니다.

《TIME》은 예루살렘 대사관법이 중동보다는 미국 내 정치domestic American politics와 더 관련이 있다는 견해를 전하기도 했습니다. 밥 돌 의원이 다음해 대선1996 presidential race을 염두에 두고 법안을 제출했고, 법안을 지지함으로써 유대인 단체로부터 자금을 동원하는데to fundraise with Jewish groups 도움이 될 거라는 생각이었다는 거죠. 《TIME》이 나중에 보도한 바에 따르면, 대선에 뛰어들기 전까지 밥 돌 의원은 이 법안을 반대했다고 합니다.

"I am delivering"

트럼프가 성명에서 언급했듯이 빌 클린턴, 조지 W. 부시George W. Bush 등 역대 대통령도 미 대사관의 예루살렘 이전을 대선공약으로 내세웠지만, 6개월마다 대사관 이전을 유예했습니다. 트럼프는 성명 발표 후 자신의 트위터에 전직 대통령들도 예루살렘을 이스라엘의 수도로 여기고 있고, 대사관을 옮기겠다고 말한 증거 동영상을 올리고는, 다른 대통령들이 지키지 않은 공약을 자신은 지켰다며 자찬했죠. 이런 으스대는 태도는 성명서의 'they lacked courage'라고 한 부분에도 비칩니다. 평화협상을 위해 20년 넘게 예루살렘을 이스라엘 수도로 인정하는 것을 미뤄왔지만 아무런 변화가 없었다며, 계속 미룬다고 다른 결과가 나오지 않을 거라고 게 트럼프의 논리입니다.

이·팔 문제에 있어 미국 정부는 어느 정도 이스라엘에 기우는pro-Israel 입장을 취해왔습니다. 카터Jimmy Carter 대통령 이후 어떤 대통령도 유대인 정착촌에 대해 'illegal(불법의)'이라는 말을 쓰지 않았고, 대신 "obstacle to peace(평화에 장애가 되는 것)" 등의 표현을 썼습니다. 《BBC》는 카터 행정부 때인 1980년부터 미국이 illegal이라는 말을 삼가고 'illegitimate(비합법의)'이라는 표현을 써 왔다고 했습니다. 그래도 팔레스타인을 함께 고려하는 노력을 해야 했기에, 양쪽 모두에게 특별한 의미great significance가 있는 예루살렘이라는 아주 상징적이면서도symbolic 실질적인 문제real issue에 대해, 초강대국이 일방적으로 이스라엘 편을 들지는 않았습니다. 그래서 예루살렘 대사관법이 제정된 후 22년간 시행되지 못했죠.

트럼프가 백악관에 입성하면서 이스라엘과 팔레스타인 분쟁이 새로운 국면을 맞을 것으로 예상한 《BBC》가 이·팔 평화협상의 최대 걸림돌인 이스라엘 정착촌 문제에 대해 간단히 설명했습니다. 이 기사에 따르면, 서안지구와 동예루살렘의 유대인 정착촌으로 인해 독립국가 건설이 불가능하고 삶에 엄청난 제약을 받는 팔레스타인은, 평화협상 재개의 전제조건 precondition for resuming peace talks으로 모든 정착촌 관련 활동의 중단to freeze all settlement activity을 요구하지만, 이스라엘은 팔레스타인이 협상을 기피할 구실 pretext to avoid direct talks로 정착촌 문제를 이용하고 있다고 주장합니다.

오바마 행정부는 이스라엘 정착촌이 두 국가 해법과 양립하지 않는다며 incompatible with a two-state solution 비난의 강도를 높였음에도 (오바마와 베냐민 네타냐후는 껄끄러운 사이였죠) 정착촌은 증가했습니다. 그래도 주요 우방의 반감을 사지 않으려는not to antagonise its key

TIME

《TIME》은 뉴욕에서 발행되는 미국 시사주간지weekly news magazine로 1923년, 미국 잡지 출판계의 거물 헨리 루스 Henry Luce에 의해 창간됐습니다. 헨리 루스는 《TIME》 외에도 《라이프Life》, 《포춘Fortune》, 《스포츠 일러스트레이티드 Sports Illustrated》 등의 잡지를 창간하거나 발전시킨 인물입니다. 시사주간지로 전세계에서 가장 많이 팔린다는 《TIME》은 한때 타임워너Time Warner 미디어 그룹에 속했지만, 현재 실리콘밸리 기업가 마크 베니오프Marc Benioff와 그의 아내가 소유하고 있습니다.

《TIME》은 한 해 동안 가장 큰 영향을 끼친 '올해의 인물Person of the Year'을 선정하는 것으로 유명합니다. 선과 악을 불문하고for good or ill 뽑기 때문에 아돌프 히틀러Adolf Hitler나 이오시프 스탈린Joseph Stalin이 뽑힌 적도 있습니다. 2017년에는 #MeToo 운동으로 성폭력 피해를 고발한 이들이 '침묵을 깬 사람들Silence Breakers'이라는 이름으로 선정됐고, 2018년에는 진실을 위해 싸우다 죽음을 당하거나 투옥된 언론인들이 '수호자들 The Guardians'이라는 이름으로 선정됐습니다.

▶ website: time.com

ally 이스라엘이 일부 계획을 보류하기도 했다고 하죠. 하지만 친이스라엘 성향을 여과 없이 드러내 온 트럼프가 대통령이 되면서, 트럼프 행정부는 이·팔 문제에 대한 첫 공식 입장 발표부터 이스라엘 정착촌에 대해 관대한 태도much more tolerant attitude를 내비쳤습니다. 현존하는 정착촌을 평화협상의 장애요인으로 여기지 않는다며"we don't believe

231

그라피티 아티스트 뱅크시graffiti artist Banksy의 그림이 그려진 서안지구 분리장벽Israeli West Bank barrier

(사진 출처: Szater / 2005.7.)

the existence of settlements is an impediment to peace" 국제사회 및 기존 행정부와 의견이 같지 않음을 공식적으로 밝혔고, 또 정착촌 건설 열혈 지지자staunch settlement supporter를 이스라엘 주재 미국 대사US ambassador to Israel로 임명했습니다.

중동평화보다 자신의 공약 이행이 우선이고 역사적으로 주목 받을 호기로운 행동big bold historic moves에 더 관심이 많다고 트럼프를 진단한 《BBC》는, 예루살렘을 이스라엘의 수도로 공식 인정하고 대사관 이전까지 지시한 트럼프로 인해 미국이 중동 평화협상 중재자mediator in the Middle East로서 신뢰를 잃었다고 전했습니다. 중동 전문가Middle East analyst 아론 데이비드 밀러Aaron David Miller의 말을 인용했는데, 그는 지난 25년간 미국의 중재로 이어진 평화 프로세스가 평화라는 결과에 이르지는 못했지만 그렇다고 전면전all-out war이라는 결과를 가져 오지도 않았다며, 산발적인 충돌에도 일정한 기본원칙certain fundamentals은 지켜졌다고 했습니다. 중립적이지는 않더라도 어느 정도 신뢰받는credible, if not neutral 중재자로서 미국이 구축해온 이런 평화협상의 틀peace process framework이 서서히 와해되는 순간을 현재 목도하고 있다고 그는 말했죠.

"US will be taking names"

국제사회의 시각과 상충하는 트럼프의 선언에 대해 유엔은 총회UN General Assembly를 열어 예루살렘 지위에 관한 미국의 어떤 결정도 무효라며 반드시 철회해야 한다는 결의안을 채택합니다. 구속력이 없는 결의안non-binding resolution이긴 하지만 한국을 포함해 128개국이 찬성했고, 9개국이 반대, 35개국이 기권했습니다. 표결 전 트럼프는 결의안에 찬성하는 나라에 대해 재정지원financial aid을 중단하겠다며 협박했습니다. 유엔주재 미국 대사 니키 헤일리US ambassador to the UN Nikki Haley는 찬성하는 나라의 리스트를 만들겠다고taking names 했고, 결의안이 채택되자 "The United States will remember this day"라고 말했습니다. 이후 미국은 다음 해 유엔 분담금budget obligations for 2018-19 중 2억 8,500만 달러를 깎겠다고 발표합니다. (미국은 유엔 연간 운영예산annual operating budget의 22%를 부담합니다. 어느 나라보다 많은 액수를 부담하지만 유엔을 가장 많이 활용하는 나라이기도 하다는군요.)

트럼프는 팔레스타인이 더 이상 평화협상에 임하려 하지 않는다며 팔레스타인 원조palestinian aid funding도 중단하겠다고 합니다. 유엔 팔레스타인 난민구호기구(UNRWA)United Nations Relief and Works Agency for Palestine Refugees in the Near East 원조를 중단하겠다고 위협한 건데, UNRWA는 요르단, 레바논, 시리아 등지에 흩어진 팔레스타인 난민을 위해 교육, 보건, 사회복지 등을 지원하는 기구로, 미국이 가장 많은 원조를 하고 있다고 합니다. 트럼프는 이런 지원을 해도 어떤 감사나 존경을 미국에 표하지 않는다며no appreciation or respect 팔레스타인이 협상 테이블로 돌아오지 않으면 추가적인 재정지원을 하지 않거나 지원을 아예 끊겠다고 위협했습니다. 하지만 팔레스타인은 트럼프가 예루살렘을 이스라엘의 수도로 인정함으로써 미국이 중립적인 중재자neutral broker가 될 수 없음을 보여줬다며, 미국이 주도하는 중동 평화안은 받아들이지 않겠다는 입장이죠. 결국 트럼프 행정부는 UNRWA에 대한 자금지원을 전면중단하고to cut all funding for UNRWA 팔레스타인에 대한 다른 지원도 끊겠다고 했습니다. 이런 원조를 앞세운 압박pressure campaign on the Palestinians은 트럼프 행정부의 중동평화 해법을 관장하고 있는overseeing Israeli-Palestinian peace efforts 백악관 선임고문White House senior adviser 쿠슈너가 주도했다고 합니다.

the deadliest day of violence since the 2014 Gaza war

2018년 5월 14일, 이스라엘 건국 70주년 기념일70th anniversary of the creation of the modern State of Israel을 맞아 미국은 텔아비브에 있는 이스라엘 주재 미 대사관을 예루살렘으로 이전합니다relocated the US Embassy to Jerusalem.

예루살렘 미국 영사관 빌딩existing US consular building in Jerusalem에 임시 대사관interim embassy을 연 개관식에는 이스라엘 대통령과 총리를 비롯해 이스라엘 주재 미국 대사 데이비드 프리드먼David Friedman, 이방카 부부, 존 설리번 국무부 부장관Deputy Secretary of State John Sullivan, 종교 지도자들, 공화당 의원들, 그리고 트럼프와 공화당의 거액 후원자GOP's most powerful political donor인 유대인 카지노 재벌casino magnate 셸던 애덜슨Sheldon Adelson이 참석했습니다. 트럼프와 펜스Mike Pence를 지지하는 강한 친이스라엘 성향의fervently pro-Israel 보수 복음주의 기독교도들conservative and evangelical Christians이 반긴 이 개관식은 트럼프가 들어선 뒤 보기 드물어진 공화당의 결집Republican unity rare for the Trump era을 보여준 행사였다고 합니다.

트럼프 대통령은 동영상 축하메시지를 보냈고, 이방카 트럼프Ivanka Trump는 대사관 문장(紋章)이 든 현판을 공개했으며unveiled the seal of the embassy, 재러드 쿠슈너는 백악관의 중동평화 계획에 관해 연설했습니다. 자신의 구상에 따르면, 이스라엘과 팔레스타인 양쪽 모두 잃는 것보다 얻는 게 더 많고, 또 모두가 평화롭게 살 수 있다고"all people can live in peace" 쿠슈너가 연설하는 사이, 가자지구 국경Gaza border에서는 팔레스타인 시위대를 향해 이스라엘군Israeli military이 쏜 실탄에live fire / sniper fire 맞아, 아이들을 포함해 52명이 사망하고, 2,400명이 부상당했습니다. 2014년 가자 전쟁2014 Israel-Gaza conflict 이후 가장 많은 사상자가 난 날이라고 합니다.

바로 며칠 전 미국의 이란 핵협상 탈퇴US withdrawal from the Joint Comprehensive Plan of Action로 이스라엘과 이란의 갈등이 고조되고 있는 상황에서 대사관 이전까지 겹쳐, 분안한 중동지역volatile region에서 소방관fireman 역할을 해야 할 미국이 불을 놓는to spark unrest 방화범arsonist 역할을 하고 있다고 한 전문가가 말한 것처럼, 트럼프로 인해 미국이 중동문제 중재자로서 확실히 신뢰를 잃은effectively discredited 상황에서, 쿠슈너는 그 동안 준비해온 중동평화 계획을 공개하려 하고 있었습니다.

적절한 기회를 엿보며 계속 미뤄온 협상 내용peace deal between Israel and Palestinians 공개를 앞두고 쿠슈너는 팔레스타인이 만족스러워 할'very acceptable' to Palestinians 거라고 자신했지만, 중동전문가들은 팔레스타인이 받아들이지 않을 가능성이 크다고dead on arrival 말했습니다.

예루살렘을 이스라엘의 수도로 공식 인정하며 대사관까지 옮겼고, 팔레스타인에 대한 원조도 중단했으며, 팔레스타인해방기구(PLO) 워싱턴 사무실까지 폐쇄하는shutting down Palestinian office in Washington DC 등 노골적인 이스라엘 편들기를 하고 있는 트럼프 행정부가 팔레스타인에게 가치 있는 제안을 할 여지가 크지 않기 때문입니다. 또 팔레스타인에 강경 일변도의 태도를 취하는 베냐민 네타냐후 이스라엘 총리의 생각을 반영한 계획일 거라고도 예상했죠.

평화안을 준비하며 팔레스타인 쪽의 의견은 거의 듣지 않았다는 쿠슈너를 향해,《브루킹스연구소Brookings Institution》중동정책 전문가 칼레드 엘진디Khaled Elgindy는 한 쪽이 포함되지 않은 평화 프로세스는 존재할 수 없는 게 당연하다고 말합니다. 대사관 이전과 개관식 날의 유혈사태 이후 팔레스타인이 어떻게 대화에 임할 수 있을지 의문이라며, 이스라엘에게는 당근, 팔레스타인에게는 채찍으로 대하며, 이·팔 분쟁에 대해 근본적인 이해 부족fundamental lack of understanding을 드러낸 트럼프 행정부에게는 불안한 중동지역 문제를 해결한 실질적인 해법이 없다고no real answers 했습니다. 또 미국이 상실한 중재자 위치를 대신할 나라가 딱히 없는 현실이어서 이스라엘과 팔레스타인 문제의 불확실성은 장기간 계속될 거라고도 했죠.

미국 여론조사기관 갤럽Gallup Poll은 해마다 연말이 되면 미국인이 가장 존경하는 사람Most Admired Man and Woman을 뽑습니다. 전세계에 살아있는 사람man and woman living anywhere in the world today 중 가장 존경하는 인물을 12월 초에 조사해 12월 말에 발표합니다. 1946년에 시작돼 70년 넘게 이어진 조사에서 남자는 대부분 현직 대통령이 1위를 차지했다고incumbent president is the usual winner 합니다. 그런데 2017년에 이어 2018년에도 버락 오바마Barack Obama 대통령이 1위를 차지하면서, 트럼프는 2번 연속, 1위를 하지 못한 a small number of sitting presidents 안에 들었습니다.

갤럽에 따르면 대개 job approval ratings(국정수행지지율)가 낮은subpar 대통령이 1위를 하지 못한다는데, 이 비율은 임기 동안 미국 대통령에 대한 국민의 지지도를 측정한to gauge public support for the President 것으로 갤럽을 설립한 조지 갤럽George Gallup이 1930년대에 도입했다고 합니다.

해리 트루먼Harry Truman, 린든 존슨Lyndon Johnson, 리처드 닉슨Richard Nixon, 제럴드 포드Gerald Ford, 지미 카터, 조지 W. 부시가 재임 중 1위에 오르지 못한 경험이 있는 대통령입니다. 트루먼과 포드 대통령을 제외하고 모두 국정수행지지율이 50%보다 훨씬 아래로 떨어졌을 때 1위를 하지 못했다고 합니다. 현직 대통령으로 1위에 오르지 못한 13번째를 기록한marking the 13th time that a sitting president didn't top the list 트럼프도 이 경우에 속합니다.

2018년에는 미국인이 가장 존경하는 인물로 오바마 대통령 부부가 나란히 1위에 올랐습니다. 오바마는 대통령 당선인이었을 때one year as president-elect와 대통령 임기 8년, 대통령 자리에서 물러난 후 2년two as former president, 이렇게 11년 연속for the 11th consecutive year 가장 존경받는 인물 1위에 뽑혔습니다. 드와이트 아이젠하워Dwight Eisenhower 대통령이 가진 12번의 최고기록에 한 번 모자란다고 하는군요. 미셸 오바마former first lady Michelle Obama는 이번에 처음으로 1위 자리에 올랐는데, 이로써 22번 1위에 오른 힐러리 클린턴Hillary Clinton의 17년 연속 기록이 깨졌다고 합니다. 정치생활을 모두 접고 물러난fully retreated to private life 힐러리 클린턴의 자리에 베스트셀러 자서전best-selling autobiography 《Becoming》을 출간하고 전미 투어major tour of large US arenas에 오른 미셸 오바마가 들어섰다고 갤럽은 전했습니다.

2018년 가장 존경받는 여성 5위에 오른 엘리자베스 2세 영국 여왕Queen Elizabeth은 지금까지 50번째 10위 안에 들었고, 2위에 오른 오프라 윈프리Oprah Winfrey는 31번째 10위 안에 자리했다고 합니다.

이 밖에 톱 텐에 든 인물로 여자는 루스 베이더 긴즈버그 대법관Supreme Court Justice Ruth Bader Ginsburg, 토크쇼 진행자 엘런 드제너러스talk show host Ellen DeGeneres, 파키스탄 인권운동가 말랄라 유샤프자이Pakistani human rights activist Malala Yousafzai, 민주당 낸시 펠로시 하원의장House Democratic leader Nancy Pelosi 등이 있고, 남자는 프란치스코 교황Pope Francis, 버니 샌더스 상원의원Vermont Sen. Bernie Sanders, 테슬라 최고경영자 일론 머스크Tesla CEO Elon Musk 등의 이름이 눈에 띕니다.

미국인이 가장 존경하는 남성 10위 안에 자주 등장했던 존 매케인 상

2016년 11월 10일, 대통령 선거가 끝나고 이틀 뒤, 백악관 대통령 집무실Oval Office에서 트럼프 당선인을 만나고 있는 오바마 대통령 　　　　　(사진 출처: Official White House Photo by Pete Souza)

원의원Sen. John McCain과 빌리 그레이엄 목사Rev. Billy Graham는 2018년 타계하면서 순위에서 더 이상 이름을 볼 수 없게 됐습니다. 빌리 그레이엄 목사의 경우 남녀를 통틀어 최고 기록인 61번 10위 안에 들었다고 하는군요. 한 번도 1위를 하진 못했지만 2위 자리까지 8번 올랐다고 합니다.

　2018년 오바마와 6% 격차를 보이며 2위에 머문 트럼프는, 아직까지는 포드 대통령과 함께 재임 중 단 한 번도 1위에 오르지 못한 대통령입니다. 하지만 국정수행지지율이 괜찮은 수준으로 오르거나decent job approval ratings 민주당 인물 중 괜찮은 후보가 없으면lack of a credible Democratic figure 1위에 오를 수도 있다고 갤럽은 분석했습니다. 뭐든지 1등이고 싶어하고, 오바마라면 무조건 이기고 싶어하는 트럼프가 남은 임기 중 미국인이 가장 존경하는 인물 1위 자리에 오를 수 있을지 궁금할 따름입니다.

이번에 다룬 내용과 관련된 읽을거리와 볼거리를 아래 추천합니다.

 You might want to read (or watch) this

CNN
<Trump makes historic visit to Western Wall>
By Jeremy Diamond (2017.5.22.)

Reuters
<In U.S. presidential first, Trump prays at Jerusalem's Western Wall>
By Luke Baker, Steve Holland (2017.5.22.)

The White House (www.whitehouse.gov)
<President Donald J. Trump's Proclamation on Jerusalem as the Capital of the State of Israel> (2017.12.6.)
<Statement by President Trump on Jerusalem> (2017.12.6.)

The Washington Post
<In 1995, Congress reached a compromise on the issue of Jerusalem. Trump is poised to end it.> By Philip Bump (2017.12.6.)

The New York Times
<Congress's Vote to Shift Embassy To Jerusalem Vexes the Arabs>
By Douglas Jehl (1995.10.31.)

TIME
<The 1995 Law Behind President Trump's Plan to Move the U.S. Embassy in Israel to Jerusalem> By Olivia B. Waxman (2017.12.5.)

BBC
<Israel and the Palestinians: Can settlement issue be solved?> (2017.2.16.)

Reuters
<The U.S. is opening an embassy in Jerusalem. Why is there a furor?>
By Stephen Farrell (2018.5.14.)

AP
<Republicans celebrate opening of US embassy in Jerusalem>
By Steve Peoples, Aron Heller (2018.5.15.)

BBC
<Gaza clashes: 52 Palestinians killed on deadliest day since 2014> (2018.5.14.)

BBC
<Jerusalem embassy: Why Trump's move was not about peace>
By Barbara Plett Usher (2018.5.15.)

POLITICO
<Kushner shares Jerusalem embassy spotlight>
By Annie Karni (2018.5.10.)

CNBC
<Jared Kushner hails the new US Embassy in Jerusalem as hopes stall for an Israeli-Palestinian peace deal> By Ashley Turner (2018.5.14.)

Vox
<The controversial US Jerusalem embassy opening, explained>
By Alexia Underwood (2018.5.16.)

HBO
<Axios> Season 2, Episode 1

Gallup
<Barack Obama, Hillary Clinton Retain Most Admired Titles>
By Jeffrey M. Jones (2017.12.27.)

Gallup
<Michelle Obama Ends Hillary Clinton's Run as Most Admired>
By Jeffrey M. Jones (2018.12.27.)

Quiz Fill in the blank

a s_____ judge indicted for allegedly helping an undocumented
immigrant evade ICE

미등록 이주자가 이민세관단속국(ICE) 요원을 피할 수 있게 도운 혐의로 기소된 현직 판사

sitting

NEWS

World | US Politics | Foreign Policy | Business | Culture | Environment | Immigration | Inequality | Brexit | Tech | More ▾

Trump's own *waffling*

미국에서는 프라이드 치킨을 얹어 시럽을 뿌려먹는 두툼한 와플 sweet hot fried chicken and waffles이 인기 먹거리 중 하나라고 합니다. 심 지어 National Fried Chicken and Waffle Day(8월 8일)까지 있다 고 하죠. 그런데 waffle이 '애매하고 장황한vague and wordy 말'을 뜻하 기도 합니다. 동사로는 '알맹이 없이without saying anything interesting or important 장황하게 말을 늘어놓다', '모호하게 말하다to speak in a vague manner', '결정을 못 내리고unable to decide 머뭇거리다to dither'는 뜻이 있습니다.

17세기 스코틀랜드와 잉글랜드 북부지방에서 '외치다to yelp, 소리 치다to bark'라는 뜻으로 쓰던 방언 waff에서 비롯된 말로, 비유적으 로 '바보 같은 소리를 하다to talk foolishly', '쓸데없는 말을 늘어놓다'라 는 뜻이 '얼버무리다, 모호하게 말하다to equivocate', '흔들리다, 자꾸 바뀌다to vacillate'는 뜻으로 이어졌다고 합니다.

언제나 빠져나갈 구실을 만드는 정치인들이 모호한 말을 하거나 애매한 태도를 취할 때, 또는 확실히 결단을 내리지 못하고 계속 결정을 바꾸며to keep changing decisions 오락가락할 때, 사람들은 못마땅하다는 투로 waffle이라는 단어를 사용하더군요. 정치인들의 횡설수설은 ramble, zigzag 등으로 표현되기도 하고, 애매한 태도를 취하다가 했던 말이 문제가 돼 철회하거나 입장을 바꿀 때 walk back, backtrack, back-pedal 등이 흔히 쓰이는 것을 볼 수 있습니다.

한 영국 언론이 영국에서 나고 자라지 않은 사람은 잘 모를 수 있는, 너무나 영국적인very British 단어와 구절 88개를 소개한 기사가 있는데 waffle도 여기에 속하더군요.

이해를 돕기 위해 waffle이 여러 의미로 쓰인 예를 모아봤습니다.

Waffle House Shooting: Tennessee Man Who Wrestled AR-15 Away From Gunman Hailed As Hero
〈와플하우스 충격사건: 범인과 몸싸움을 해 AR-15 소총을 빼앗은 테네시 주민, 영웅이 되다〉
(NBCNews.com / 2018.4.23.)

Nike co-founder Bill Bowerman used his wife's waffle iron to create a new sole for footwear.
나이키 공동창업자 빌 바우어만은 아내의 와플팬을 사용해 새로운 운동화 밑창을 만들었다.

'Stranger Things' caused an Eggo boom. Now sales are waffling
〈드라마 '기묘한 이야기'로 갑자기 인기를 끈 에고 와플 매출이 이제는 주춤〉 (CNNMoney / 2018.6.22.) ◀ 1980년대를 배경으로 한 드라마의 등장인물 중 염력을 가진 소녀 엘(EI)이 에고 냉동 와플을 무척 좋아해, 이 역사가 긴 와플이 드라마가 방영되는 동안 인기를 끌었지만 시즌이 끝나면서 매출이 떨어졌다는 내용의 기사

Theresa May accused the Labour leader Jeremy Corbyn of being "waffling and weak" on Brexit and security.
테레사 메이는 제러미 코빈 노동당 대표가 브렉시트와 안보에 대해 모호하고 나약한 태도를 취한다고 비난했다.

Trump **waffled** whether Bush lied to the nation to get the US into the Iraq war. "He could have lied. Maybe he did, maybe he didn't," he said.

부시 대통령이 미국을 이라크전에 끌어들이기 위해 국민에게 거짓말을 했는지에 대해 트럼프는 애매하게 대답했다. "거짓말을 했을 수도 있겠죠. 그랬을 수도, 안 그랬을 수도 있죠"라고 말했다.

#HELSINKI2018

2018년 7월, 도널드 트럼프Donald Trump 미국 대통령과 블라디미르 푸틴Vladimir Putin 러시아 대통령이 핀란드 헬싱키Helsinki, Finland에서 만나 정상회담summit meeting을 가졌습니다. 트럼프 정부 출범 이후 양국 정상의 공식회담은 처음이라고 합니다. 회담은 핀란드 헬싱키 대통령궁Presidential Palace에서 이루어졌는데, 헬싱키는 냉전Cold War 당시 서방the Western과 소비에트연방Soviet blocs 사이에 긴장완화를 위해to reduce tensions 회담이 개최되곤 한 곳이라고 합니다. "냉전은 과거의 일 The Cold War is a thing of the past"이라고 말하는 푸틴과 "공동의 이익shared interests을 위해 협력할 길ways to cooperate을 모색해야 한다"는 트럼프가 이곳에서 만나 모스크바와 워싱턴의 관계개선을 도모했습니다.

Who do you believe?

양국 관계개선을 위해for improving US-Russia relations 달성 가능한 의제achievable agenda를 내놓으며 순조롭게 진행되는 것 같았던 회담은 끝나기 몇 분 전, 공동 기자회견post-summit joint press conference에서

2018년 7월 16일 헬싱키에서 열린 미·러 정상회담에서 푸틴이 트럼프에게 2018년 FIFA 월드컵 공식 경기구official match ball(16강전부터 사용한 스페셜 경기구) 텔스타 매치타Telstar Mechta'를 선물하고 있다.

(사진 출처: Kremlin.ru)

《AP Associated Press》 통신 조너선 르미어Jonathan Lemire가 던진 마지막 질문에 트럼프가 답하면서 잊지 못할 순간을 만들어냅니다.

헬싱키 회담이 있기 며칠 전, 미국 법무부Justice Department는 러시아 정보요원Russian intelligence officers 12명을 선거개입interfering in the election 혐의로 기소합니다. 《AP》 기자는 트럼프에게 이와 관련된 2가지 결정적인 질문을 합니다. 러시아가 대선개입과 아무런 관련이 없다고 주장하는 푸틴과 러시아가 대선에 개입했다고 결론을 내린 미국의 모든 정보기관"Every US intelligence agency" 중 누구를 믿느냐고"who do you believe?" 묻죠. 또 지금 세계가 다 지켜보고 있는 가운데 푸틴 대통령을 향해 2016년에 벌어진 일을 규탄하고"would denounce what happened in 2016" 다시는 이런 일을 벌이지 못하게 경고하겠냐고"would you warn him to never do it again?" 묻습니다.

과연 트럼프는 어떻게 답했을까요? 2016년 러시아의 대선개입Russian meddling in the 2016 election과 관련된 질문이 나올 때마다 회피용으로 꺼내드는 카드인 민주당 서버Democratic National Committee's servers와 힐러리 클린턴의 사라진 이메일missing emails from Hillary Clinton's personal account에 대해 언급하며 대답을 시작한 트럼프는 다음과 같이 말합니다.

"... My people came to me, Dan Coats came to me and some others, they said they think it's Russia, uh ..., I have President Putin, uh ... he just said that it's not Russia. I will say this, I don't see any reason why it would be, but I really do wanna see the server. But I have confidence in both parties. ... I have great confidence in my intelligence people, but I'll tell you that President Putin was extremely strong and powerful in his denial today, ..."

대답 중에 나온 딘 코츠Dan Coats는 미국 국가정보국 국장Director of National Intelligence입니다. 트럼프는 선거에 개입한 나라가 러시아일 이유가 없다고, 즉 러시아가 선거에 개입했을 이유가 없다고 생각한다며 러시아의 개입을 부인하는 푸틴의 말에 더 역점을 두는 것처럼 말하고는 다시 두 쪽을 다 신뢰한다고 했습니다. 또 자신의 정보요원들을 대단히 신뢰하지만 푸틴대통령이 (러시아의 대선개입에 대해) 오늘 아주 강하게 부인했다는 말도 하죠.

이것도 저것도 아닌 애매모호한 답을 한 트럼프를 두고 여러 언론이 waffle이라는 단어를 썼습니다. 《워싱턴 포스트The Washington Post》의 한 논평은 트럼프의 대답을 "weird, waffling answer"라고 표현하며, 몇 분 동안 길게 이어진 기이한 대답이 마치 대통령으로서 그의 지위fabric of his presidency가 무너지는to rip at the seam 소리처럼 들렸다고 했습니다. 즉답을 피하기는 했지만, 한 나라의 대통령이 자국의 선거에 개입한 타국 지도자 옆에서 자기 나라 정보기관의 판단을 인정하지 않는rejecting the judgment of his own intelligence 꼴이 됐으니 말입니다. 물론 푸틴이 바로 옆에 서 있으니 대놓고 그의 말을 믿지 못하겠다고 할 수 없어서 예의상just being polite 그런 대답을 했다고 볼 수도 있지만, 러시아의 대선개입 의혹 수사를 "total witch hunt"라고 칭하며 기자회견을 끝낸 트럼프의 태도는 변명의 여지가 없다고 논평했습니다.

트럼프는 러시아 정부의 2016년 대선개입 시도를 조사하고 있는 로버트 뮬러 특검의 수사ongoing probe by Special Counsel Robert Mueller를 '마녀사냥'이라고 불러왔습니다. 여기에는 트럼프 대선캠프Donald Trump's presidential campaign가 러시아 정부와 관련이 있는지any possible links and/or coordination에 대한 수사도 포함됩니다. 어떠한 공모도 없었다며 "no collusion"이라고 항상 주장하는 트럼프는 헬싱키 회담이 있던 날 아침에도 미·러 관계가 악화된 이유 중 하나가 마녀사냥이라고 트위터에 썼습니다.

bipartisan outcry

트럼프의 모호한 대답을 두고 미국에서는 충격적이라는"shocking", "stunning" 반응과 함께 민주·공화 양당은 물론, 미 정보당국과 친트 럼프 매체인 《폭스뉴스Fox News》까지 모두 트럼프를 비난했습니다. 존 브레넌John Brennan 전 중앙정보국장former CIA Director은 트럼 프의 말이 반역이나 다름없고"nothing short of treasonous" 트럼프가 완전히 푸틴의 손 안에 있었다며"wholly in the pocket of Putin" 공화당 애국 자들Republican Patriots은 다 어디로 갔냐고 트위터에 썼습니다. 중앙 정보국 요원 출신former CIA officer 텍사스 공화당 하원의원Republican congressman from Texas 윌 허드Will Hurd는 트럼프의 말이 믿기지 않는다 며"unbelievable" 미국 대통령이 이런 식으로 적국에 놀아나는"being played by a foreign adversary" 모습을 볼 줄은 결코 몰랐다고 했습니다. 트럼프의 대답에 등장하는 댄 코츠는 그날 바로 트럼프 말에 반박하는 짧은 성 명서one-paragraph statement를 냅니다.

The role of the Intelligence Community is to provide the best information and fact-based assessments possible for the President and policymakers. We have been clear in our assessments of Russian meddling in the 2016 election and their ongoing, pervasive efforts to undermine our democracy, and we will continue to provide unvarnished and objective intelligence in support of our national security.

정보기관의 역할은 대통령과 정책입안자들에게 최상의 정보와 사 실에 기반한 평가를 제공하는 것이라며, 러시아가 2016년 대선에 개입했고, 그들이 미국의 민주주의를 약화시키기 위해 전방위적인 노력을 이어가고 있다는 미국 정보국의 평가는 명확하며, 앞으로도 국가안보를 위해 있는 그대로의 객관적인 정보를 계속해서 제공하겠다는 내용입니다. 여기에는 러시아가 앞으로 있을 중간선거에도 개입하려는 시도를 하고 있다는 의미가 담겨 있고, 또 실제로 그런 시도들이 발견되기도 했습니다.

하지만 트럼프는 러시아가 지금도 미국의 선거에 영향을 미치려고 하고 있느냐는 whether Russia is currently targeting US elections 기자의 질문에 "No"라고 답하면서 미국 정보기관과 또 한 번 엇박자를 냅니다. 나중에 백악관 대변인이 나서서 이 대답이 다른 질문에 대한 대답이었다며 수습하지만, 끊임없는 트럼프의 말 바꾸기 shifting statements에 한 공화당 상원의원은 walk-back에 walk-back을 거듭한다며 (한 문장에 walk-back을 4번이나 쓰죠) 어지럽다고 했습니다.

double negative

헬싱키 회담에서 한 말로 자신의 지지자들과 자신에게 비판적인 사람들 모두로부터 분노를 사자 drawing fire from allies and critics alike 트럼프는 단어 하나를 바로잡아 by correcting a single word 사태를 수습하려 합니다. 자신의 대답 중 선거에 개입한 나라가 러시아일 이유가 없다고 한 말 "I don't see any reason why it would be"에 대해 wouldn't이라고 했어야 하는데 would라고 말했다며, "The sentence should have been, 'I don't see any reason why it wouldn't be Russia.'"라고 말합니다. 그러니까 선거에 개입한 나라가 러시아가 아닐 이유가 없다는 뜻이죠. 일종의 이중부정 "sort of double negative"이며, 이 설명으로 아마 모든 게 명확해졌을 것이라고 말한 트럼프는 헬싱키 회담에서 벌어진 일을 단순 말실수로 치부하려 합니다. 하지만 would가 실수가 아니라는 것을 모르는 사람은 없을 것입니다. 《USA투데이USA Today》는 〈Would a 'wouldn't' change everything?('Wouldn't'이 모든 것을 바로잡을 수 있을까?)〉라는 제목의 기사에서, 과연 이 한 단어를 제대로 말했다고 해서 에어포스원Air Force One이 워싱턴으로 향하는 동안 양당으로부터 나오기 시작한 거센 반발sharp backlash을 피할 수 있었을지 의문이라고 했습니다.

트럼프의 꼼수는 순식간에 조롱거리가 됩니다. 트위터에서는 전직 대통령들이 이중부정을 어떤 식으로 사용할 수 있었을지 논하며 #would와 #wouldnt이 유행했고, 수많은 밈이 만들어졌으며meme-fest, 지미 팰런Jimmy Fallon, 스티븐 콜베어Stephen Colbert, 코넌 오브라이언Conan O'Brien 등 토크쇼 진행자들은 좋은 코미디거리를 얻어 아주 신이 났죠.

USA TODAY

《USA투데이》는 미국 일간지로 1982년 알 누하스Allen Harold Neuharth에 의해 창간됐습니다. 다양한 신문을 발행하는 가네트 그룹Gannett Company이 소유하고 있고, 버지니아에 본사를 두고 있습니다.

특정 지역을 기반으로 하는 《뉴욕타임스The New York Times》, 《워싱턴포스트The Washington Post》와 같은 일간지와 달리 미국 전역 어디서나 쉽게 찾아 볼 수 있는 종합지라고 합니다.

스스로 unique visual storytelling이라고 표현하는 것처럼, 혁신적인 디자인과 지면 구성, 간결한 기사, 컬러풀한 사진, 이해를 돕는 그래픽 등이 특징입니다.

정치적으로 중립을 지키며, 선거에서 어떤 후보도 지지하지 않는 것으로 유명한데, 2016년 대선에서 처음으로 공화당 대선후보 도널드 트럼프가 대통령직에 적절하지 않다는 칼럼을 실었다고 합니다.

온라인 기사는 무료로 볼 수 있지만 가끔 설문에 응해야 합니다.

▶ website: www.usatoday.com

Charlottesville rally

헬싱키 회담이 몰고 온 후폭풍에 버금가는 양당의 맹비난을 산 트럼프의 waffling이 이로부터 1년 전쯤에도 있었습니다. 《AP》는 2017년 샬러츠빌 백인우월주의자들에게 확실한 태도를 보이지 않아(waffling over condemning white supremacist demonstrators) 트럼프를 향해 쏟아진 비난이 헬싱키 회담 때에 필적한다고 했죠.

Unite the Right rally

2017년 8월 버지니아주 샬러츠빌Charlottesville, Virginia에서 백인우월주의 집회white supremacist and white nationalist rally 'Unite the Right'가 열렸습니다. 극우파far-right, 대안우파alt-right, 신나치주의자neo-Nazis, 신남부연합neo-Confederates, KKK단원Klansmen 등 여러 우파가 결집해 남부연합 기념물인 로버트 E. 리 장군 동상 철거removing a statue of Robert E. Lee에 항의하는 대규모 집회를 벌였습니다.

　이들의 집결 원인은 몇 년 전으로 거슬러 올라갑니다. 2015년, 21살의 백인우월주의자 딜런 루프Dylann Roof가 인종 전쟁을 일으키겠다며in the hope of igniting a race war 사우스캐롤라이나주 찰스턴Charleston, South Carolina에 있는 흑인교회Emanuel African Methodist Episcopal Church에 난입해 예배 중인 신자들에게 총을 쏴, 흑인 9명을 죽인 사건Charleston church massacre이 있었습니다. 이 사건이 계기가 돼, 백인우월주의를 미화하고 노예제slavery를 기반으로 세워진 정부를 기리는 기념물을 제거하는 운동Removal of Confederate monuments and memorials이 벌어졌고,

버지니아주 샬러츠빌에 있는 로버트 에드워드 리Robert Edward Lee 동상　　(사진 출처: Cville dog)

샬러츠빌 시정부가 과거 남부연합 상징물symbols of its confederate past을 제거하기로 결정하면서 로버트 E. 리 장군 동상을 철거하려 하자, 이에 항의해 우파연합이 집회를 연 것이죠. 남부연합 기념물 퇴출운동에 반대하는 사람 중 대표적인 인물이 트럼프 대통령입니다.

　스와스티카swastikas 등 나치 상징물Nazi symbols과 남부연합기 Confederate battle flags를 들고, 인종차별적이고 반유대주의적인 구호 racist and anti-Semitic slogans를 외치며 여성혐오적인 욕설misogynistic epithets을 내뱉던 시위자들은, 나치 경례Nini salutes를 하는가 하면 "Heil Trump"를 외치기도 했습니다. 이들 중에는 군복을 입고 반자동 소총semi-automatic rifles으로 무장한 이들도 있었는데, 버지니아 주지사 Virginia governor의 말에 따르면 도시 곳곳에 무기를 숨겨둔 시위자들이 주경찰state police이나 주방위군national guard보다 더 중무장하고 있어서, 만약 발포라도 되면 아수라장이 될 일촉즉발의 긴장감이 감돌았다고 합니다. 백인우월주의자들의 집회에 반대하는 시위자들counter-protestors도 거의 같은 수로 모여 있었기 때문이죠. 그러던 중 두 그룹 사이에 무력충돌이 일어났고, 이 와중에 승용차 한 대가 우파연합에 반대하는 시위자들을 향해 돌진해, 한 명이 죽고 19명이 부상당하는 일이 벌어졌습니다.

샬러츠빌에 사는 법률사무소 직원legal assistant으로 인권운동에 앞장섰던championed civil rights issues 헤더 헤이어Heather Heyer를 죽음에 이르게 한 범인은 20살의 오하이오주 출신 제임스 알렉스 필즈 주니어James Alex Fields Jr.로, 대안우파들에게서 주로 볼 수 있는 헤어스타일hairstyle synonymous with the alt-right을 하고 있었고, 신나치 그룹과 함께 찍은 사진이 발견됐으며, 고등학교 때는 나치즘에 심취해fascinated with

2017년 8월 12일 버지니아주 샬러츠빌 해방공원Emancipation Park에 들어가려고 기다리고 있는 Unite the Right 집회 참가자들. 나치기, 남부연합기 등을 들고 있다. (사진 출처: Anthony Crider)

Nazism 아돌프 히틀러Adolf Hitler를 우상으로 여겼다고 합니다.

"on many sides"

차량 돌진 테러 이후 트럼프는 뉴저지주 베드민스터에 있는 자신의 골프 클럽private golf club in Bedminster, New Jersey에서 다음과 같이 성명을 발표합니다.

"We condemn in the strongest possible terms this egregious display of hatred, bigotry and violence, on many sides. On many sides. It's been going on for a long time in our country. Not Donald Trump, not Barack Obama. This has been going on for a long, long time."

이 발언으로 트럼프는 민주당은 물론이고, 공화당 중진으로부터도 맹비난을 받게 되는데a storm of criticism by leading Republicans, 문제가 된 말은 "on many sides"입니다. 성명서를 발표하는 동영상을 보면 준비된 원고 사이사이에 자신의 말을 첨가해서 발표하는 것처럼 보입니다. 트럼프는 "on many sides"라는 말을 두 번 반복하며 백인우월주의자들과 이들에 반대해 맞불집회를 연 사람들을 똑같이 비난했습니다. 트럼프의 이런 양비론은 헬싱키 회담에서도 나타납니다. 미러 관계 악화에 있어 미국과 러시아가 둘 다 잘못했다며 "I hold both countries responsible", "I think we're all to blame"이라고 말하죠. 공화당 의원들이 특히 분개한 점도 이 부분입니다. 크림미아를 합병하고annexation of Crimea 타국의 선거에 개입하는 등 국제사회의 비난을 살 만한 행동을 한 러시아와 미국을 동등하게 봤다는 거죠. 평소 트럼프를 잘 비난하지 않던 폴 라이언 하원의장House Speaker Paul Ryan도 러시아는 미국의 우방이 아님을"Russia is not our ally" 대통령이 알아야 한다며 "미국과 러시아는 도덕적으로 조금도 동등하지 않다no moral equivalence"고 말했습니다.

샬러츠빌 사태를 두고 트럼프가 한 발언에 대해 콜로라도 공화당 상원의원 코리 가드너Sen. Cory Gardner, R-Colorado는 악은 악이라고 불러야 한다며"we must call evil by its name" 대통령을 향해 트위터를 띄웠습니다. 샬러츠빌에 모인 이들은 백인우월주의자들이고, 거기에서 벌어진 일은 미국인이 미국인을 향해 벌인 테러domestic terrorism라고 했죠.

《CNN》의 크리스 실리자Chris Cillizza 에디터editor-at-large는 트럼프의 발언에 대해 다음과 같이 논평합니다. 트럼프 대통령은 백인우월주의자들과 이들에 항의하는 시위자들을 똑같이 비난했는데, 인종차별적, 반유대주의적인 구호를 외치고, 한 민족이 다른 민족보다 우월하다고 믿고, 시각차가 있는 사람을 향해 주먹을 날리고, 혼란을 야기해 부상자를 남긴 건 두 그룹 모두가 아니라 둘 중 하나라고 말하죠. 편견과 증오로 가득찬 이들hate-filled bigots의 뒤틀린 신념체계warped belief system 중심에는 폭력이 자리하고 있다며, 이런 폭력적인 편협성violent intolerance은 모두가 저항해 사회에서 뿌리 뽑아야 할to stand against and eradicate 대상이지 트럼프가 의도하는 것처럼 정치적 또는 이념적 스펙트럼political/ideological spectrum 안에 포함시켜 생각할 대상이 아니라고 말합니다. 또 트럼프가 '이런 일이 오래 전부터 있어 왔다'고 한 말은 사실이지만, 이런 바람직하지 못한 일이 있을 때마다 미국은, 대통령의 주도 하에led by our presidents, 과격한 인종차별주의는 발붙일 곳이 없음을radical racism has no place in our world 분명히 말해 왔다고 했습니다.

"too little, too late"

백악관과 마이크 펜스 부통령Vice President Mike Pence이 나서 트럼프
의 발언을 무마해 보려 했지만, 백인우월주의자들을 향해 입장을 분
명히 밝히지 않는 트럼프를 향한 비난이 수그러들지 않자, 이틀 뒤 트
럼프가 다시 입을 엽니다.

"Racism is evil and those who cause violence in its name are
criminals and thugs, including the KKK, neo-Nazis, white
supremacists, and other hate groups that are repugnant to
everything we hold dear as Americans."

트럼프는 이렇게 준비된 성명서를 경직된 자세로 텔레프롬프터
teleprompter를 보며 조심스럽게 읽어 내려가죠. 대부분의 사람들이 이
런 트럼프의 발언이 너무 늦었다고long overdue 반응했고, 흑인 민권운
동가civil rights activist이자 방송진행자로 유명한 알 샤프턴Al Sharpton 목
사는 이틀 동안 아무 말도 하지 않은 트럼프의 침묵이 많은 것을 말해
준다며 "It was too little, too late"이라고 말했습니다.

"on both sides"

하지만 트럼프는 바로 다음날 자신의 본심을 다시 드러냅니다. 뉴욕
트럼프 타워New York City's Trump Tower에서 다른 주제로 기자회견을
하던 중, 샬러츠빌 사태와 관련해 기자들과 논쟁을 벌이던contentious
back and-forth with reporters 트럼프는 "I think there is blame on both
sides"라고 말합니다. 샬러츠빌에서 벌어진 폭력이 양쪽 모두의 잘못
이라며 백인우월주의자들과 이들에 항의하는 시위자들을 동일시to

equate합니다. 후자를 alt-left라고 칭한 트럼프는 남부연합 기념물 철거에 반대하는 자신의 입장도 분명히 말하죠.

이 기자회견을 전한 《CNN》은 백악관이 한 고비를 넘기는 것으로 여겼던 전날의 성명이 트럼프의 관점을 상당히 정화한 버전이었다며 'largely a sterilized version'이라고 표현했습니다.

트럼프는 한 개인으로서 줄곧 자신의 생각을 일관되게 말해온 것으로 보입니다. 하지만 그의 관점이 한 나라의 대통령의 시각이라고 하기에는 도덕적 결함이 너무 커서 계속 바로잡아야 했기에 waffling으로 보였겠지요.

Unite the Right 2

Unite the Right 집회 1주년을 맞아 Unite the Right 2 집회가 열렸습니다. 원래 샬러츠빌에서 하려고 했지만 거부 당해, 워싱턴DC 백악관 인근 라파예트광장Lafayette Square에 모였다고 합니다. 애초에 400명을 예상했던 시위대는 20명 정도밖에 나오지 않았고, 오히려 이들에 항의하는 시위자가 천 명 넘게 모여 수적으로 완전히 압도했다고heavily outnumbered a small group of white nationalists 합니다. 1년 전과 달리 무력충돌도 없었다고 하죠.

샬러츠빌 사태 1주년을 맞아 트럼프도 "모든 종류all types의 인종차별주의와 폭력적인 행동racism and acts of violence을 규탄한다"고 트위터에 썼습니다. 이에 대해 일부에서는 'all types of racism'이라는 말이 1년 전 그가 사용한 'on both sides'의 또 다른 표현에 불과하다며, 자신을 지지하는 백인우월주의자들의 심기를 건드리지 않기 위해 인종차별주의자와 인종차별에 반대하는 사람을 도덕적으로 동등하게 보는 서술방법을 트럼프가 계속해서 발전시키고 있다고 꼬집었습니다.

이번에 다룬 waffle이 나오거나 헬싱키 정상회담과 샬러츠빌 사태에 대해 읽을 수 있는 기사를 아래 추천합니다.

 You might want to read this

The Independent
<88 very British phrases that will confuse anybody who didn't grow up in the UK> By Bobbie Edsor (2018.1.2.)

The Washington Post
<'Who do you believe?' a reporter asked Trump. His answer was stunning.>
By David Ignatius (2018.7.16.)

CNN
<Trump sides with Putin over US intelligence>
By Jeremy Diamond (2018.7.16.)

AP
<Trump talks tougher, now says he warned Putin on meddling>
By Zeke Miller, Ken Thomas, Lisa Mascaro (2018.7.19.)

USA TODAY
<President Trump on Russia in his own words: Would a 'wouldn't' change everything?> By John Fritze (2018.7.17.)

CNN
<Donald Trump's incredibly unpresidential statement on Charlottesville>
By Chris Cillizza (2017.8.13.)

The Guardian
<Trump finally condemns Charlottesville racism, days after violence>
By David Smith, Oliver Laughland, Paul Owen, Mark Oliver (2017.8.14.)

CNN

<Trump says both sides to blame amid Charlottesville backlash>
By Dan Merica (2017.8.16.)

USA TODAY

<'Not in my town': Counterprotesters outnumber Unite the Right 2 white nationalists in DC>
By Christal Hayes, Caroline Simon, John Bacon (2018.8.13.)

Quiz Fill in the blank

Trump w_____ beside a stone-faced Putin when a reporter asked him whether he believes US intelligence officials or Putin.

무표정한 푸틴 옆에 선 트럼프에게 한 기자가 미국 정보당국자들과 푸틴 중 누구 말을 믿느냐고 묻자 그는 횡설수설했다.

waffled

NEWS

World | US Politics | Foreign Policy | Business | Culture | Environment | Immigration | Inequality | Brexit | Tech | More ▾

high-capacity *magazine* ban

'잡지'를 뜻하는 magazine은 총의 '탄창part of a gun that holds bullets'을 뜻하기도 합니다.

어원이 store, storehouse, to store up(저장하다) 등의 의미를 가진 말에서 비롯돼 원래 물건을 보관하는 장소place for storing goods인 '창고'를 뜻했던 magazine은, 이런 의미에서 무기나 폭약, 탄환 등이 보관된 '무기고'나 총알을 재어 두는 '탄창'을 가리킵니다.

다양한 글miscellaneous pieces을 모아 담은 정기간행물periodical publication '잡지'의 경우 storehouse of information(지식의 보고)이라는 의미에서 magazine으로 불리게 됐다고 합니다.

총에 공급할 탄알을 넣어두는 통인 magazine은 미국에서 특히 자주 일어나는 총기난사mass shooting 관련 기사를 읽다보면 만나게 됩니다.

이해를 돕기 위해 magazine이 들어간 예문을 모아봤습니다.

Time Magazine Names #MeToo 'Silence Breakers' As Person of the Year in 2017

〈시사주간지 《TIME》, 2017년 올해의 인물로 미투 운동의 '침묵을 깬 사람들'을 선정하다〉
(Reuters / 2017.12.6.)

The New Yorker magazine obtained ex-Playboy playmate's eight-page, handwritten account of alleged Trump affair.

잡지 《뉴요커》는 전직 플레이보이 모델이 트럼프와 불륜을 맺었다며 쓴 8쪽짜리 자필문서를 확보했다.

The Virginia Tech shooter carried two handguns with nineteen 10- and 15-round magazines, and nearly 400 rounds of ammunition in his backpack.

버지니아공대 총격사건 범인은 권총 두 자루와 여기에 사용하는 10발과 15발짜리 탄창 19개, 그리고 400발에 가까운 탄약을 배낭에 지니고 있었다.

Sandy Hook Elementary School Shooter was wearing an utility vest with pockets filled with 30-round magazines for his rifle.

샌디훅 초등학교 총격범은 유틸리티 베스트를 입고 있었는데, 조끼 주머니 곳곳에는 라이플 총 용 30발 탄창이 들어있었다.

The Las Vegas gunman was equipped with 24 firearms and numerous high-capacity magazines capable of holding up to 100 rounds apiece.

라스베이거스 총격범은 총기 24종과 100발까지 들어가는 대용량 탄창을 다수 구비하고 있었다.

2018년 2월 14일, 미국 플로리다주 파클랜드Parkland, Florida의 마조리 스톤맨 더글러스 고교Marjory Stoneman Douglas High School에서 총기난 사로 학생과 교직원 17명이 죽고 17명이 부상당하는 일이 벌어졌습니다. AR-15 반자동소총semiautomatic AR-15 assault rifle과 탄창을 다수countless magazines 소지한 총격범은 10분 동안 거의 150발을nearly 150 rounds during the 10-minute attack 쐈다고 합니다. 무기가 따라주지 않아 총격을 계속할 수 없게 되자 무기를 버리고 대피하는 학생들 사이에 섞여blending in with evacuating students 현장을 벗어난 용의자는, 월마트Walmart에 있는 서브웨이Subway에 들러 음료수를 사먹고 주위를 배회하다 경찰에 붙잡혔습니다.

범인은 이 학교에 다니다 퇴학당한expelled 19살의 니콜라스 크루즈Nikolas Jacob Cruz로 중학교 때부터 행동상의 문제behavioral issues가 있었고 다른 학생들을 위협하기도 했으며, 인종차별적인 발언과 총에 관한 언급을 자주 했다고 합니다. 경찰이 총격 현장에서 발견한 범인의 탄창gun magazines에는 스와스티카swastikas가 새겨져 있었습니다. 《CNN》이 보도한 바에 따르면, 사건이 나기 전 크루즈와 그의 가족에 대해 해당 보안관 사무실sheriff's office이 접수한 신고전화만 수십 건에 이른다고 합니다.

크루즈는 2017년 2월 총포상에서 AR-15 반자동소총을 합법적으로legally 구매합니다. 미국 대부분의 주states와 마찬가지로 플로리다에서도 18세 이상persons 18 or older은 연방정부가 허가한 판매상으로부

스프링필드 조병창 국립 역사 유적지Springfield Armory National Historic Site에 보관된 무기제조사 콜트Colt의 ArmaLite AR-15. 20발 들이 탄창20-round magazine이 장착되어 있다.

터from federally licensed dealers 라이플총rifle을 살 수 있다고 합니다. (미국은 맥주보다 라이플총을 살 수 있는 나이가 더 어리다고 합니다. 또 플로리다주는 권총handgun보다 AR-15을 사는 게 더 쉽다고 하는군요.) 신원조사background check에 통과해 총기를 구매한 크루즈는 자기가 다니던 학교에 가서 이 총을 난사합니다.

《로이터TV》는 2018년 들어 18번째 일어난 학교 총격사건school shooting이라고 보도했고, 5년 전 아이들 20명과 교직원 6명을 사망에 이르게 한 샌디훅 초등학교 총기난사Sandy Hook Elementary School shooting 이후 가장 끔찍한 사건이라고 전했습니다.

anything but gun control

미국 전역에서 총기폭력gun violence이 증가하고 있지만, 의회와 백악관에서는 그동안 총을 손에 넣기 더 쉽게 만들어왔다고 합니다. 흐느끼는 부모와 총격을 피해 달아나는 학생들의 모습이 이제는 그리 낯

설지 않은 미국에서 스톤맨 더글러스 고교 참사로 총기규제gun control 주장이 다시 제기됐지만, 정계에서는 이번에도 한목소리를 내지 못할 것이라는 예상이 지배적입니다. 민주당은 신원조회를 강화하고 AR-15 같은 강력한 총기판매를 제한하는 총기규제 법안을 주장하지만, 공화당에서는 정신건강mental health과 학교보안school security 등 총기규제만 쏙 빼놓은anything but gun control 조치를 언급하기 때문입니다. 크루즈의 문제가 많았던 과

거를 조명한 보도가 나오면서 공화당과 트럼프는 정신건강 측면을 강조했지만, 정신병력history of mental illness이 있는 사람의 총기구입을 어렵게 했던 오바마의 규제를 되돌려놓은 인물이 트럼프입니다. 트럼프는 교사들을 총으로 무장시켜to arm school teachers with guns 총기난사를 막겠다는 해결책을 제시하기도 했죠. 총을 든 악한을 막기 위해서는 선한 자가 총을 드는 수밖에 없다는 전미총기협회(NRA)National Rifle Association의 슬로건signature line, "The only way to stop a bad guy with a gun is a good guy with a gun."을 실현하기라도 하듯이 말이죠.

gun control movement

핵심을 건드리지 않는 대책을 내놓는 정치권을 보다 못해 스스로 총기규제운동gun control movement에 나선 이들이 있습니다. 바로 스톤맨 더글러스 고교 총기난사 생존 학생들survivors입니다.

총기난사가 일어나고 사흘 뒤 플로리다주 포트 로더데일 연방법원 Fort Lauderdale federal courthouse 앞에 수백 명의 시민이 모여 총기규제를 강화하는 입법을 촉구하는 시위gun control rally를 했습니다. 이 자리에서 연단에 선 학생 중 한 명인 마조리 스톤맨 더글러스 고교 졸업반senior 에마 곤살레스Emma Gonzalez는, 전미총기협회(NRA)로부터 기부금을 받고 있는 정치인들을 향해 부끄러운 줄 알라고 직설적으로 bluntly 말합니다. 정계가 어떻게 돌아가는지 잘 알고 있는 어른들은 대놓고 하지 못하는 말을, 죽음의 문턱에서 살아난 학생들이 당당하게 하죠. 아이들에게는 복종을 강요하면서 정작 문제점은 해결하지 않아 무대책으로 학생들을 죽게 한 어른과 권력자를 향한 분노가 곤살레스의 연설에 담겨 있었습니다. 친구들과 주말을 어떻게 보낼지 계획하는 것보다 총기를 사는 게 어떻게 더 쉬울 수 있는지 이해할 수 없다고 말한 곤살레스는, 허가증permit이나 총기면허gun license 없이 구매가 가능하고, 구매 뒤에도 등록할to register 필요가 없는 플로리다주의 허술한 총기법에 대해 언급합니다. 이어 미국과 확연히 대조되는 다른 나라의 총기법과 총기사건을 예로 든 뒤, 총기난사가 있을 때마다 정치인들이 보인 반응에 대한 학생들의 생각을 분명히 말합니다. 그의 말 중 주목할 부분을 소개합니다.

"If the President wants to come up to me and tell me to my face that it was a terrible tragedy and how it should never have happened and maintain telling us how nothing is going to be done about it, I'm going to happily ask him how much money he received from the National Rifle Association.

...

"To every politician who is taking donations from the NRA, shame on you.

...

"In February of 2017, one year ago, President Trump repealed an Obama-era regulation that would have made it easier to block the sale of firearms to people with certain mental illnesses.

...

연설 마지막엔 뻔한 얘기만 하는 정치인과 어른들을 향해 헛소리 (BS)bullshit는 그만두라고 성토하고, 시위자들을 향해 시민의 목소리로 정치를 바꾸자고 말하죠.

"Politicians who sit in their gilded House and Senate seats funded by the NRA telling us nothing could have been done to prevent this, we call BS. They say tougher guns laws do not decrease gun violence. We call BS. They say a good guy with a gun stops a bad guy with a gun. We call BS. They say guns are just tools like knives and are as dangerous as cars. We call BS. They say no laws could have prevented the hundreds of senseless tragedies that have occurred. We call BS. That us kids don't know what we're talking about, that we're too young to understand how the government works. We call BS.
If you agree, register to vote. Contact your local congresspeople. Give them a piece of your mind."

March for Our Lives

총기난사 생존자들이 일으킨 총기규제 강화 요구 움직임은 급기아 미국 최대 규모의 총기폭력 반대 시위the largest demonstration against gun violence로 이어집니다. 2018년 3월 24일, 'March for Our Lives(우리 생명을 위한 행진)'라는 대규모 시위가 워싱턴DC와 미국 전역 800개 도시에서 열립니다. 학생들 주도로student-led 더 엄격한 총기규제tighter gun control를 촉구한 이 시위에 모인 120만 명이 넘는 사람들은 입법자들lawmakers과 NRA, 그리고 총기 소유 및 휴대의 권리를 보장하는 수정헌법 2조를 지지하는 사람들Second Amendment advocates을 향해 한 목소리로 "Never again"을 외쳤습니다. 학교 총격사건으로 다시는 학생이 죽어서는 안 된다는 의미죠.

시위자들은 모든 총기구매에 있어 보편적 신원조회universal background checks 도입, 총기소유 연령federal age of gun ownership and possession (21세로) 상향 조정, 1994년에 발효됐던 '공격용 무기 판매 금지법Federal Assault Weapons Ban' 부활restoration, 대용량 탄창high-capacity magazines과 범프스탁bump fire stocks 판매 금지 등의 총기규제를 요구했습니다.

공격용 무기 판매 금지법은 공격용 무기assault weapons로 정의된 특정 반자동소총certain semi-automatic firearms과 대용량large capacity 탄창

COLUMBINE 13
V.A.TECH 32
SANDY HOOK 27
SAN BERNADINO 14
CHARLESTON 9
ORLANDO 49
SUTHERLAND 25
LAS VEGAS 58
PARKLAND 17

2018년 March for Our Lives 시위(워싱턴DC)에 참가한 학생이 역대 총기난사 사망자 수를 적은 손팻말을 들고 있다. (사진 출처: Zach Rudisin)

의 제조 및 판매를 금지하는 것으로, 1994년 빌 클린턴Bill Clinton 행정부 때 10년 한시법10-year ban으로 발효됐지만 2004년 공화당이 장악한 의회의 연장 거부로 효력이 중단됐습니다. 범프스탁은 반자동소총을 완전 자동소총처럼 만들어주는to simulate automatic fire 장치firearm accessories로, 총 자체를 자동소총으로 개조하는 게 아니므로 현 연방법상 합법적으로 사용할 수 있다고 합니다. 가장 많은 사상자를 낸 2017년 라스베이거스 총기난사2017 Las Vegas shooting 때 사용됐습니다.

deadliest mass shootings In US

총기난사가 특히 잦은 미국은 사건이 일어날 때마다 언론사에서 목록을 뽑곤 하는데, 스톤맨 더글러스 고교 사건 이후 《CNN》이 (총격자를 제외한) 사망자 수가 가장 많은 순으로 그동안 일어난 총기난사 사건의 목록list of the deadliest mass shootings을 정리했습니다.

이 목록에 따르면 2017년 네바다주Nevada 라스베이거스에서 스티븐 패독Stephen Paddock(64세)이 총기를 난사해 58명이 죽고 500명 가까이 부상당한 사건이 1위였고, 2016년 플로리다주 올랜도Orlando의 한 동성애자 나이트클럽gay nightclub에서 오마르 마틴Omar Saddiqui Mateen(29세)이 총격을 가해 49명을 살해한 사건Orlando nightclub shooting이 2위, 2007년 버지니아 공대Virginia Polytechnic Institute and State University에서 한국계 학생 조승희Seung-Hui Cho(23세)가 난사한 총에 32명이 죽은 사건Virginia Tech shooting이 3위, 2012년 코네티컷주 뉴타운Newtown, Connecticut에 있는 샌디훅 초등학교에 침입한 애덤 랜자Adam Lanza(20세)가 20명의 아이를 포함해 총 27명을 살해한 사건이 그 뒤를 이었습니다.

correlation between state gun laws and mass shootings

2017년 라스베이거스 총기난사가 있은 후 《CNN》은 흥미로운 조사 결과를 발표합니다. 《CNN》이 전문가들에게 의뢰한 조사에 따르면 탄창을 제한하는magazine restrictions 주에서 총기난사가 덜 일어난다고 하는군요.

탄창을 갈아 끼우기 전에 쏠 수 있는 최대 총탄 수를 제한하는 대용량 탄창 금지법은 high-capacity magazine ban 또는 large capacity ammunition magazine ban이라고 하는데, 몇 발이 들어가는 탄창을 대용량high-capacity으로 보는지는 주 마다 다르다고 합니다. 앞서 언급한 1994년 공격용 무기 판매 금지법에서는 10발 이상 들어가는capable of holding more than 10 rounds 탄창을 "large capacity ammunition feeding device"로 정의했습니다. 현재 미국 8개 주에서 대용량 탄창을 금하고 있는데, 10발에서 20발 사이를 대용량 탄창으로 간주하고 더 엄격하게 제한하는 주도 있다고 합니다.

《CNN》이 보도한 분석결과는 2012년부터 2016년까지 대용량 탄창을 금지하는 7개 주(California, Connecticut, Colorado, Maryland, Massachusetts, New Jersey, New York)에서의 총기난사 발생률을 조사한 것으로, 금지하지 않는 주보다 63% 더 낮게 나왔다고 합니다. 분석을 진행한 전문가들은 총기난사와 연관이 있을 수 있는 많은 사회인구학적 요인socio-demographic factors과 총기법을 검토했는데 그 중에서 대용량 탄창 금지법이 가장 높은 상관관계the strongest correlation를 보였다고 합니다.

2017년 라스베이거스 총기난사의 경우 100발까지 장전이 가능한 탄창이 사용됐습니다. 범인은 32층 호텔 창가에서 음악축제annual Route 91 Harvest country music festival에 모인 수만 명의 사람들crowd of concertgoers을 향해 1,100발이 넘는 총알을 퍼부었습니다. 《CNN》은 spray라는 단어를 써서 보도했습니다. 범프스탁을 사용해 반자동소총을 자동소총 속도로 쐈고, 대용량 탄창이 이를 도왔죠.

스톤맨 더글러스 고교 총격범 니콜라스 크루즈의 경우 탄창을 갈아 끼우다가 총이 걸리는jammed 바람에 무기를 버리고 학생들 사이에 숨어 도망쳤다고 플로리다 지역언론이 보도했습니다. 크루즈가 탄창을 교체하는데 어려움을 겪는 것처럼"fumbled" 보였다는 말도 있었죠. 총기 불량이든 사용자가 능숙하지 않아서든, 이 우연으로 피해자가 더 나오지 않을 수 있었다고 합니다. 체포 당시 크루즈가 완전히 장전된 탄창 5개five fully-loaded magazines를 소지했다는 보도가 있었기 때문이죠.

　대용량 탄창을 사용할 수 없게 되면 연발로uninterrupted 쏠 수 있는 횟수가 줄고, 탄창을 더 자주 교체해야 하므로 그 만큼 덜 쏘게 되고, 탄창 교체에서 오는 총기 고장이나 실수malfunction or mistake 가능성이 높아지므로, 경찰병력law enforcement이 총격범을 제지하거나 주변 사람들이 도망칠 수 있는 기회가 더 많아진다고 합니다.

　1994년 공격용 무기 판매 금지법이 소멸되면서 대용량 탄창을 사용하는 반자동소총high-capacity semi-automatics이 범죄에 이용된 비율도 33%에서 120%로 증가했고, 미국 전역에서 일어나는 총격사건도 이와 함께 증가했다고 합니다. 심각한 범죄일수록 무기의 살상력도 높아지는 경향이 있어 대용량 탄창이 쓰일 가능성이 더 크다고 합니다.

　지금까지 데이터를 토대로, 전문가들은 대용량 탄창 금지가 총기난사와 같은 폭력사건을 효과적으로 억제할 수 있다고 말합니다. 공격용 무기 금지banning assault weapons만큼 효과적일 거라고 예상합니다. 민주·공화 양당의 입장이 갈리는 공격용 무기 금지와는 달리, 대용량 탄창 금지는 공화당 내에서도 지지를 얻고 있다고 합니다. 대부분의 미국인도 대용량 탄창 금지를 지지한다고 하죠.

　법 제정도 문제지만 더 큰 문제는 이를 어떻게 집행하느냐how to enforce the ban에 있다고 합니다. 1994년 공격용 무기 판매 금지법이 제정됐을 때도 문제가 됐던, 소급 적용을 하지 않는 허점loopholes 때문입니다. 이 내용과 관련된 기사를 읽다보면 동사로 쓰인 grandfather를 만나게 되는데, '신규 법률이나 규칙 적용에서 면제하다to exempt from a new law or regulation'는 뜻입니다. 3억 5천만 정에 가까운 총기를 민간이 보유하고 있는 상황에서 기존의 대용량 탄창의 소유와 유통을 허가하는 조항grandfathering provisions이 있는 한 어떤 새로운 법을 제정하더라도 효과를 보기까지 아주 오랜 시간이 걸린다고 합니다. 그렇다 할지라도 최소한 더 확산되는 것을 막을 수 있으므로 대용량 탄창 금지가 제대로 된 방향이라고 전문가들은 말합니다.

a possible tipping point?

March for Our Lives 시위가 있던 날, 트럼프 대통령은 워싱턴DC에 모인 수십만 명의 시위대를 피해 다른 길로 우회하면서 골프를 치러 갔다고 합니다. 그의 트윗에는 학생들의 시위에 대한 어떤 언급도 없었죠. 트럼프가 향한 플로리다주 마라라고Mar-a-Lago 리조트 골프클럽Trump International Golf Club은 총기난사가 있었던 파크랜드와 겨우 50여 킬로미터 떨어진 곳입니다. 시위대 중 누군가는 "Our children are dying! Trump is golfing!"이라고 쓴 푯말을 들고 있었다고 하죠.

스톤맨 더글라스 고교 총기난사 이후 플로리다주에서는 몇 건의 총격 사건이 더 발생했습니다. 그 중 하나는 컬럼바인 고교 총기참사Columbine High School massacre 19주기를 맞은 날 발생했죠.

이런 안타까운 일이 계속됐지만, 총기난사 생존자들이 촉발한 총기규제 움직임으로 몇 가지 변화가 있었습니다. 《가디언The Guardian》은 총기폭력을 막기 위해 애쓴 학생들의 6가지 성공담을 전했는데, 여기에는 범프스탁 금지federal ban on bump stock, 플로리다주의 총기법 강화stricter gun laws in Florida 등이 포함됩니다. 하지만 이번이야 말로 총기규제 입법의 티핑 포인트가 아닐까하는possible tipping point for gun control legislation 기대는 멀어져갔고, 뉴질랜드에 최악의 총격테러가 발생했습니다.

the fastest response ever

2019년 3월 15일, 뉴질랜드 남섬에서 가장 큰 도시the largest city in the South Island of New Zealand, 크라이스트처치Christchurch에 있는 이슬람 사원 2곳에서 연속적으로 총격테러Christchurch mosque shootings가 벌어졌습니다. 금요예배Friday Prayer 중이던 사원에 난입한 테러리스트가 반자동소총과 산탄총two semi-automatic rifles and two shotguns 등을 난사해, 51명이 사망하고 49명이 부상했습니다. 극우 극단주의far-right extremism, 이슬람 증오Islamophobia, 백인우월주의white supremacy 등이 동기로 보이는 이 테러의 범인은 호주 국적의 브렌턴 태런트Brenton Harrison Tarrant(28세)로, 그는 자신의 범행을 페이스북에 생중계하기도live-streamed the first attack on Facebook Live 했습니다.

30년 전 13명이 죽은 총기난사가 가장 큰 사건이었던 뉴질랜드는 사상 최악의 총격테러를 겪었고, 저신다 아던 뉴질랜드 총리New Zealand Prime Minister Jacinda Ardern는 "one of New Zealand's darkest days"라고 표현했습니다.

사건 6일 만에 뉴질랜드 정부는 테러에 쓰인 종류를 포함해 대부분의 반자동화기most semi-automatic firearms와 대용량 탄창large ammunition magazines을 금지하는 포괄적인 총기규제 개정안the Arms (Prohibited Firearms, Magazines, and Parts) Amendment Bill을 도입합니다. 가장 빠른 대응the fastest response ever이라는 말을 들었죠. 그리고 의회는 이 법안을 거의 만장일치로voted 119 to 1 in favor of the ban 통과시킵니다. 크라이스트처치 총격테러 이후 26일 만의 일입니다.

《가디언》은 뉴질랜드의 이런 신속한 조치가 미국과 극명한 대조 stark contrast를 보인다고 했습니다. 보수 정치인들이 아주 온건한 총기 규제조차 막고 있어to block even moderate gun control, 잦은 총기난사 사건에도 25년 동안 실질적인 변화가 없었기 때문이죠.

다른 나라의 사례도 소개했는데, 영국의 경우, 1996년 스코틀랜드의 던블레인 초등학교에서 일어난 총기난사Dunblane school massacre로 학생 16명과 교사 1명이 사망하자, 정부는 7개월 만에 부분적인 권총 금지를 발표했다고announced a partial ban on handguns 합니다. 호주는 1996년 타즈매니아Tasmania 섬에 있는 영국 식민지시대 감옥인 포트 아서 유적지historic Port Arthur former prison colony에서 총기난사Port Arthur massacre로 관광객과 주민 35명이 사망하고 23명이 부상당하는 사건이 일어나자, 정부가 10일 만에 엄격한 총기규제 법안National Firearms Agreement을 발표했다고 합니다. 《CNN》의 보도에 따르면, 포트 아서 사건 이후 총기규제 강화로 호주에서는 총기 사망률이 50% 이상 감소했고, 또 정부에서 실시한 총기 환매gun buybacks와 화기 자진 신고voluntary surrenders of firearms 조치로 총기 자살률도 80% 가까이 떨어졌다고 합니다.

뉴질랜드 저신다 아던 총리는 《CNN》 크리스티안 아만푸어 Christiane Amanpour와의 인터뷰에서 미국이 그 많은 총기난사를 겪고도 왜 총기법을 개정하지 못하는지 솔직히 이해가 안 된다고"I don't understand the United States" 말했습니다.

사냥 문화가 발달한strong hunting culture 뉴질랜드는 총기 소지율이 높고 총기규제도 상당히 느슨한pretty permissive gun legislation 편이었지만, 총기 사망률은 비교적 낮았다고gun-inflicted fatalities remain relatively low 합니다. 통계에 따르면 2015년 뉴질랜드에서 총기 관련 살인gun-related homicides으로 10만 명 당 0.17명이 사망한 반면, 미국에서는 11명이 사망했습니다.

실용적인 목적을 위해 총이 필요하다고 해서practical purpose and use for guns 군사용 반자동 무기military-style semiautomatic weapons나 공격용 소총assault rifles이 필요한 것은 아니라고 말한 아던 총리는, 뉴질랜드인 대부분이 이 점에 동의할 뿐 아니라, 크라이스트처치 총격테러를 겪은 뒤에는 총기규제 필요성에 대해서도necessary to draw the line 공감한다고 말했습니다.

미국의 총기폭력 사건을 모두 기록하는 웹사이트 Gun Violence Archive는 총격범을 제외하고 4명 이상 죽거나 부상당한 사건을 mass shooting으로 정의합니다. 이 사이트에 따르면 현재 반년 정도 지난 2019년 한 해 동안, 총 170건이 넘는 총기난사가 미국에서 벌어졌습니다.

이번에 다룬 magazine이 나오거나 총기폭력과 관련된 읽을거리와 볼거리를 아래 추천합니다.

 You might want to read (or watch) this

Reuters TV
<Trump, Congress ease firearm rules as gun violence flares> (2018.2.15.)

CNN
<Deadliest Mass Shootings in Modern US History Fast Facts> (2018.5.23.)

CNN
<Here is 1 correlation between state gun laws and mass shootings>
By Sam Petulla (2017.10.5.)

HuffPost
<Banning High-Capacity Magazines Should Absolutely Be A Winnable Issue>
By Nick Wing (2018.3.14.)

The Guardian
<Six victories for the gun control movement since the Parkland massacre>
By Amanda Holpuch (2018.3.26.)

CNN
<Trump's mistake: Choosing golf club over America's children>
By Dean Obeidallah (2018.3.26.)

The Guardian
<New Zealand's swift change to gun laws highlights 25 years of US inaction>
By Lois Beckett (2019.3.21.)

TIME
<New Zealand Prime Minister Jacinda Ardern Does 'Not Understand' U.S. Resistance to Gun Control>
By Tara Law (2019.5.14.)

Quiz Fill in the blank

ban on m_____ capable of holding more than ten rounds of ammunition like those used in the Sandy Hook Elementary School shooting

샌디훅 초등학교 총격사건에서 사용된 것처럼 10발 이상 장전 가능한 탄창의 금지

magazines

NEWS

World | US Politics | Foreign Policy | Business | Culture | Environment | Immigration | **Inequality** | Brexit | Tech | More ▾

the *accident* of birth

'사고unfortunate event'라는 뜻의 accident는 예기치 못한unexpected, unforeseen, 또는 미리 계획하지 않은not planned in advance '우연(히 생긴 일)chance'을 뜻하기도 합니다. 대표적인 표현이 '우연히'라는 뜻의 by accident죠. 우연으로 보이지만 우연이 아니라 고의적이거나deliberately 논리적인 설명logical explanation이 가능한 경우 It is no accident that ...이라고 표현합니다. 역사의 흐름 속에서 우연히 생겨난 일은 an accident of history, 운명처럼 발생한 일은 an accident of fate, 스스로 태어나는 환경을 선택할 수 없는 '출생의 우연'은 an accident of birth라고 합니다.

이해를 돕기 위해 accident가 들어간 예문을 모아봤습니다.

Uber Self-Driving Test Car Involved in Accident Resulting in Pedestrian Death

〈우버가 테스트하던 자율 주행 자동차가 보행자를 사망에 이르게 한 사고를 내다〉 (TechCrunch / Darrell Etherington / 2018.3.19.)

Gun violence is the second leading cause of injury-related death in children, exceeded only by **car accidents**.

부상으로 아이들이 죽는 원인 중 두 번째가 총기폭력이다. 자동차 사고만이 총기폭력보다 사망자 수가 더 많다.

Whether by accident or design, President Trump is presiding over a booming economy. But overseeing a strong economy is quite different from accomplishing a turnaround.

우연이든 아니든, 트럼프 대통령은 경기 호황을 누리고 있다. 하지만 호경기를 타는 것과 경기호전을 이루어 내는 것은 상당한 차이가 있다.

It's not an accident that China is targeting goods produced in 'red' states, which are essential for Trump's re-election in 2020.

중국이 공화당이 우세인 주의 생산물을 노리는 것은 우연이 아니다. 2020년 트럼프가 재선에 성공하기 위해서는 이 곳의 지지가 필수적이기 때문이다.

the rise of populism that could easily be dismissed as **an accident of history**

역사적인 우연으로 쉽게 치부될 수 있는 포퓰리즘의 발흥

The Manchester Arena bombing was not a simple tragedy, **an accident of fate**. A terrorist had strapped a homemade bomb to himself and deliberately detonated to kill as many people as possible.

맨체스터 아레나 폭탄 테러는 단지 불운에 의한 비극이 아니다. 테러리스트가 사제 폭탄을 몸에 두르고 가능한 많은 사람을 죽이기 위해 고의적으로 터뜨린 것이다.

Inequality that begins in the womb

헝가리 태생 미국 경제사학자economic historian 존 콤로스John Komlos
는 미국 공영방송《PBS》사이트에 경제 관련 칼럼을 쓰고 있습니다.
2015년에 쓴 칼럼〈In America, inequality begins in the womb〉에서
그는 미국의 불평등이 엄마의 자궁에서 시작된다고 했습니다. 태아는
자신이 태어날 가정을 선택하지 못하는 만큼 출생의 우연이 인생을
좌우한다 해도 과언이 아닐 것입니다. 하지만 출생 전 엄마의 자궁 안
에 있을 때의 상태도 일생을 결정짓는 결과를 가져오므로, 소득격차
에 따른 불평등의 영향이 이미 출생 전부터 시작된다고 말하는 존 콤
로스는, 불평등이 심한 사회와 그렇지 않은 사회가 새로운 사회 구성
원을 맞이하기 위해 어떤 노력을 하는지 대조해서 설명했습니다. 그
가 말하고자 하는 요점은 다음과 같습니다.

the accident of birth

콤로스는 노벨 경제학상 수상자Nobel Prize winning economist 제임스 헤
크먼James Heckman의 말을 인용하며 글을 시작합니다. 헤크먼은 자신
의 저서《Giving Kids a Fair Chance(아이들에게 공평한 기회를)》에
서 오늘날의 미국은 the accident of birth, 즉 어디에서 어떻게 태
어나느냐가 가장 큰 불평등의 근원the greatest source of inequality이라
며, 불우한 환경에서 태어난 아이들children born into disadvantage은 학
교에 들어갈 무렵부터 이미 학교를 중퇴하거나, 십대에 임신을 하
거나, 범죄에 연루되거나, 아니면 평생을 저소득층으로 살아갈 위기

에 놓여 있다고 말합니다. 이런 현실은 불우한 환경에서 태어난 이들은 물론이고 미국 사회에도 좋지 않다고"bad" 말하는 헤크먼에게 콤로스는 이 말로는 부족하다며understatement, 흑인 어린이와 청년African American children and youth 38%가 빈곤하게 사는 현실은 재앙과도 같다고"disastrous" 말하죠.

헤크먼은 열악한 환경에 처한 아이들의 교육에 조기에 개입함으로써early childhood interventions 인지능력cognitive abilities은 물론이고 자신감confidence과 인내심perseverance 등 성공적인 삶을 위한 자질을 향상시킬 수 있는 사회·교육적 정책의 재편이 필요하다고 말합니다. 하지만 콤로스는 이보다 더 나아가 엄마의 자궁 안에서부터 이미 부당한 불평등injustice of inequality이 악영향corrosive effects을 미치기 시작하므로 이 시기부터 문제점을 바로 잡아야 한다고 말합니다.

zip codes of birth

수정부터 출산까지 37~38주간 태아가 보호받으며 자라는 자궁은 비록 크기는 작지만 태아의 일생에 아주 큰 영향을 미치는 기관이죠. 출산 예정일보다 일찍 태어나거나 몸무게가 5.5파운드(약 2.5킬로그램)에 미치지 못하는 신생아는 소득을 비롯해 거의 모든 면에서 평생 불리한 처지에 놓이게 된다고 콤로스는 말합니다. 독소나 전염병toxins or infections에 노출되기라도 하면 회복 불가능한 손상irreparable damage을 입을 수도 있다고 말하죠. 그러면서 주소zip codes로 대변되는 부를 이야기하며 그곳에서 태어나는 아이들의 현실을 비교합니다.

뉴욕 5번가5th Avenue와 6번가Avenue of the Americas를 교차하는 웨스트 51~52번가 사이에는between W. 51st and 52nd Streets 연평균소득

1933년 뉴욕 록펠러센터. 당시 RCA
Building으로 불린 30 Rockefeller Plaza
가 중심에 위치해 있다.

(사진 출처: Samuel Herman Gottscho /
restored by Michel Vuijlsteke /
the United States Library of Congress's
Prints and Photographs division)

average annual income이 290만 달러(약 33억 원)인 사람들이 살고 있다고 합니다. (지금은 더 높은 액수겠죠.) 이 곳에 점지된 태아는 어떠한 독소나 전염병에도 노출되지 않고, 미량영양소micronutrients까지 부족함 없이 최상의 영양을 공급받으며, 일류 의사의 보살핌 아래 최적의 환경에서 최적의 몸무게optimal weight로 태어나겠죠. 연평균소득이 70만 달러(약 8억 원)에 조금 못 미치는 록펠러센터Rockefeller Center 인근에 사는 사람들도 아마 상황은 비슷할 거라고 콤로스는 말합니다. 하지만 태아의 GPS가 잘못되기라도 해서, 월소득이 아니라 연소득이 9천 달러(약 1천 만 원)도 채 안 되는 가정이 절반인 사우스 브롱크스South Bronx의 저소득층 주택단지housing projects에 내려앉기라도 하면, 성장 환경은 그야말로 천지 차이일 거라고 말합니다.

'슬럼slum'이라고 불리는 저소득 우범지대low-income crime-ridden environment에 만연한 비인간적 결핍inhumane deprivation은 임산부와 태아를 스트레스, 불안, 영양부족에 이르게 하고, 의료보험health insurance이 없는 임산부는 출산까지 거의 또는 아예 병원을 찾지 않는다고 합니다. 미량영양소와 비타민B 부족, 감염 등은 각종 합병증complications을 일으켜 선천적 결함birth defects, 사산stillbirths, 조산pre-term delivery, 저체중아low birthweight 등의 결과를 가져오고, 높은 영아사망률high infant mortality과도 연결된다고 합니다. 또 빈곤과 필연적으로 결부된 정서적 스트레스emotional stress는 상황을 더 악화시켜, 임산부가 접하는 술, 담배, 마약과 태아가 싸워야 하는 상황이 된다고 합니다. 한마디로 빈민가에서는 건강하게 태어나는 것 자체가 큰 도전인 셈이죠.

stark data

빈부격차와 불평등이 임신과 출산, 아기에게 미치는 영향은 통계수치로 검증됩니다. 미국에서 소득양극화가 대표적으로 나타나는 흑인과 백인 사이를 비교해 보면, 조기분만률rate of preterm births은 20% 대 12%, 저체중아 출산율은 16% 대 8%라고 합니다. 16%는 스웨덴이나 핀란드보다 4배나 높은 수치라고 하는군요. 5.5파운드에 미치지 못하는 아기로 정의되는 저체중아는 영아사망의 주원인이기도 해서, 흑인 영아사망률이 백인 영아사망률보다 보다 2.2배 높다고 합니다.

선진국 중에서in the developed world 소득불평등이 가장 심한the most unequal income distribution 미국은 신생아 건강newborn health도 최하위권이라고 합니다. 사산율은 세계 17위로, 1인당 국민소득gross national income per capita이 미국의 절반에도 못 미치는 크로아티아Croatia와 같고, 핀란드보다 50% 높다고 합니다. 영아사망률은 34위로 쿠바Cuba 바로 아래 순위이고, 스칸디나비아 국가들Scandinavian countries보다 2배 높다고 합니다. 흑인 영아사망률은 1,000명 중 12명 꼴이어서 러시아Russia, 세르비아Serbia, 태국Thailand, 스리랑카Sri Lanka보다 더 높다는군요. 콤로스도 언급했지만,《워싱턴포스트The Washington Post》는 27개 부자나라 중에서 미국 영아사망률이 가장 높다는 2014년 질병대책센터Centers for Disease Control의 보고서 내용을 전하며 "a national embarrassment"라고 표현했습니다. 미국은 임산부사망률maternal mortality도 높다고 합니다. 1,800명 중 1명 꼴로 임산부가 사망하는데, 이는 루마니아Romania, 터키Turkey, 우크라이나Ukraine보다 높고, 의료보험이 보장되는 서유럽Western Europe의 6~7배에 달한다고 합니다.

benign neglect

세계적으로 가장 부자나라에 속하는 미국이 출산과 관련된 이런 광범위한 취약함을 방관benign neglect하는 것은 국가적 망신을 넘어 값비싼 대가가 뒤따른다고 콤로스는 말합니다. 산모가 건강하게 아이를 출산할 수 있게 하는 비용보다 사산, 조산, 선천적 장애 등으로 출산 후 치르게 되는 비용이 훨씬 더 많다며, 조산아의 경우를 예로 듭니다. 2010년, 100명 중 12명이 조산아였는데, 이는 1981년보다 30% 증가한 수치라고 합니다. 생후 첫 해 조산아 한 명에게 드는 의료비medical costs는 약 3만 2천 달러로 정상아보다 10배가 더 들고, 조산아에게 드는 총 의료비는 연간 260억 달러에 이른다고 합니다. 태아가 자라는 자궁 환경uterine environment을 등한시하면 이런 엄청난 재정적 손실을 낳게 된다는 거죠.

열악한 환경으로 범죄율이 높아지면, 이에 따라 사회가 추가적으로 부담해야 하는 비용 또한 이를 미연에 방지하는 비용보다 훨씬 더 크다고 합니다. 선진국 중 수감률이 가장 높은the highest incarceration rate 미국은 범죄자 수감에 연간 1조 달러를 쓴다고 합니다. 살인 한 건당 드는 사회적 비용이 900만 달러인데, 연간 1만 2천 건의 살인이 발생해, 여기에만 1천 억 달러를 소비한다고 합니다.

콤로스는 전형적인 빈민가, 마약에 중독된 엄마에게서 태어나 살인을 저지르고 사형수가 된 한 흑인 범죄자를 예로 들며, 불우한 환경에 눈을 감은 사회가 살인자 뿐 아니라 그에 의해 살해된 이들까지 비참한 운명의 희생자로 만들었다고 말합니다. 이 살인자가 서유럽에서 태어났더라면 더 나은 삶을 살았을 것이라고 말한 콤로스는, 엄마가 어디 사는지에 따라 운명이 결정되는 것은 공정하다고"just" 할 수 없다며, 정의가 운에 기초해서는 안 된다는 정치철학자political philosopher 존 롤스John Rawls의 가르침을 언급합니다.

maternal protection

국가의 미래가 새로 사회 구성원이 되는 태아에게 달려있는 만큼 그들의 운명은 그들이 살아갈 사회와 이해관계가 깊다고major stake 말한 콤로스는, 임신에 수반되는 책임을 재정적으로 또 도의적으로both financial and moral 사회가 짊어지는 유럽의 사례를 나열합니다. 모성보호maternal protection를 법으로 정해 엄격하게 시행하고 있는 나라들 이야기죠.

선진국 중 출산휴가maternity leave가 가장 짧다는 미국은 84일인 반면, 스웨덴은 240일, 노르웨이는 315일이라고 합니다. 독일에서는 임신 직후부터 산후 4개월까지 임신한 여성을 해고할 수 없고, 유해물질 toxic substances이 있는 환경에서 일하지 못하게 하며, 초과근무overtime 도 금한다고 합니다. 가장 중요한 의료와 관련해, 임산부들은 무료로 정기 검진을 받을free of charge on a regular basis 권리와 의무가 있고right and obligation to visit a doctor, 독일 산모들의 경우 만일의 경우를 대비해 모든 진료정보가 기록된 수첩maternity passport을 항상 지니고 다녀야 합니다.

아기가 태어나면 수입에 관계없이 매달 보조금subsidy을 받고, 산후 부모가 일을 잠시 쉬길 원할 경우에도 보조금을 받는다고 합니다. 이런 비용은 세금으로 충당하지만 이에 따른 보상은 건강하고 사회에 도움이 되는 구성원을 맞이하며 사회가 거두게 된다고 합니다.

quarter million dollar playhouse

불우한 환경에서 태어난 사회 구성원을 못 본 척 하는 것은 누구에게도 도움이 되지 않으며, 사후대처는 비효율적이고inefficient 인적·물적으로 엄청난 자원 낭비immense waste of human and financial resources라고 말하는 콤로스는, 25만 달러(약 2억 9천만 원) 플레이하우스playhouse를 언급합니다. 아이들이 들어가 놀 수 있는 장난감 집을 말하는데, 어린 자녀에게 이 정도로 비싼 장난감을 기꺼이 사 주는 부모가 공존하는 사회라면 모든 임산부가 태아를 제대로 돌볼 수 있는 재원을 마련하는 데 부족함이 없을 거라며, 엄마 뱃속에서 시작되는 빈곤과 불평등의 악순환vicious cycle of poverty and inequality을 끊자는 말로 글을 맺습니다.

2012년 HBO에서 방영한 애런 소킨Aaron Sorkin의 정치 드라마시리즈 〈The Newsroom〉의 첫 에피소드에서 주인공인 뉴스 앵커 윌 맥어보이Will McAvoy는, 미국이 왜 세계에서 가장 위대한 나라the greatest country in the world인지 묻는 대학생에게 미국이 차지한 온갖 불명예스러운 순위를 증거로 대며 '가장 위대하다'는 말에 반박합니다. 그의 대답에는 영아사망률과 재소자 수number of incarcerated citizens per capita도 포함되죠.

이 글이 발표된 2015년 이후 미국의 사정은 그리 나아지지 않은 것 같습니다. 글에서 언급한 각종 바람직하지 못한 부문에서 미국은 여전히 선진국 중 최고 자리를 지키고 있습니다. 또 콤로스의 바람과는 달리 미국 정부의 정책은 불평등을 심화시키는 방향으로 가고 있습니다. 부자 편향적인 트럼프의 세제개편으로 세금을 가장 많이 내던 이들이 가장 큰 혜택을 본 반면, 소득 하위 20%most people in the bottom 20% income-wise에게는 세금경감 혜택이 거의 돌아가지 않았다고 하죠.

2018년 10월, 의회 전문매체 《The Hill》에 미국의 불평등에 관해 논평한 모리스 펄Morris Pearl은, 빈부격차를 넓히는 데 헌신적인 정치인들politicians devoted to widening the gap이 미국 정부를 이끌고 있다고 말했습니다. 자산운용사 경영자 출신으로 부자 증세 캠페인을 펴고 있는 백만장자 모리스 펄은, 미국의 사회, 경제, 정치적 기반social,

PBS

"Be More"
Public Broadcasting Service의 머리글자를 딴 《PBS》는 미국의 공영방송public broadcaster으로 미국 전역 350개 제휴방송국에 TV프로그램을 보급합니다. 1969년 설립됐고, 광고 수익 없이 제휴방송국의 회비와 후원금, 지원금 등으로 운영되는 비영리기구입니다. 공익적이고 건전한 프로그램, 특히 교육프로그램으로 유명한데, 〈Sesame Street〉, 〈The Magic School Bus〉 등은 우리에게도 익숙한 이름이죠.

매일 저녁 방송되는 뉴스 프로그램 〈PBS NewsHour〉는 PBS의 간판 프로그램으로, 저녁 시간대에 한 시간 동안 뉴스를 방송한 최초의 프로그램이라고 합니다. 시사문제를 심층보도하는 것으로 알려져 있고, 시청자의 신뢰도도 높은 편이라고 합니다.

▶ website: www.pbs.org

economic, and political fabric을 위협하는 불평등을 트럼프 행정부가 어떻게 심화시켰는지 세제개편을 통해 설명했습니다. 가난한 이들과 노동자 가족의 세제부담tax burden on poor and working class families을 줄여주고, 부자들이 마땅히 내야 할 돈을 요구하기보다는 백만장자, 억만장자, 기업의 세금을 대규모 삭감하고massive cuts to millionaires, billionaires, and corporations 나머지 국민에게는 아주 빈약한 혜택만 돌아가게 설계된 감세법안을, 의회는 중산층 감세middle class tax cut라는 명목으로 통과시켰지만, 감세액의 80% 이상이 상위 1%에게 돌아간다고 하죠. 또 저소득층 가정을 위한 고등교육affordable higher education, 직업훈련, 의료보험 등과 같은 사회안전망을 부양하기보다는to boost social safety nets 이를 축소·삭감하면서, 트럼프와 워싱턴 정계 공화당 의원들이 미국의 소득불평등을 더 악화시키고 있다고 했습니다.

존 콤로스의 글은 웹진《Evonomics》에도 실렸습니다.《Evonomics》는 경제에 관한 사고의 변화changes in economic thinking가 세상을 더 나은 방향으로 발전시킨다는to change the world for the better 신념으로, 경제학의 패러다임에 변화를 가져올 글들을 소개하고 있다고 합니다.

George Clooney Cries Four Times a Day

2017년 쌍둥이 남매의 아빠가 된 배우이자 영화감독 조지 클루니George Clooney는 자신이 감독한 영화 〈서버비콘Suburbicon〉을 들고 참석한 토론토 영화제Toronto Film Festival에서《데일리메일Daily Mail》과 인터뷰를 했습니다. 《데일리메일》은 결혼 전 약혼녀인 레바논 출신 영국 인권변호사human rights lawyer 아말 알라무딘Amal Alamuddin에 대해 무책임한 낭설을 만들어 전한다며concocting a false and irresponsible story 클루니가 공개적으로 비난했던 영국 타블로이드이기도 하죠.

쌍둥이 사진을 보여주며 아이들이 잘 울지 않는다고 자랑스럽게 말한 클루니는, 오히려 자신이 더 많이 운다고 인터뷰에서 말했습니다. 쌍둥이가 선사하는 즐거움과 피곤함으로 하루에 4번 눈물짓는다는 군요.

타인에 대한 책임감great sense of responsibility to other people을 충분히 인지하고 살아온 자신이지만, 부모가 되니 자녀들이 본받을 만한 삶을 살아야겠다는 또 다른 종류의 책임감을 느낀다고 말한 클루니는,

백악관 대통령 집무실 밖에서 오바마 대통령과 수단Sudan 상황에 대해 대화를 나누고 있는 조지 클루니 (2010.10.12.)　　　　(사진 출처: Pete Souza, White House photographer)

아이들이 출생의 우연으로(by accident of birth) 다른 아이들이 가지지 못한 것을 누리게 됐음을 깨달을 수 있게 하겠다고 말하죠. 만약 쌍둥이가 시리아에서 태어났더라면 "their lives would have been completely different"라는 가정도 덧붙입니다. 그러면서 아이들이 자신들보다 처지가 좋지 않은 사람들에게 공감할 수 있게to have empathy for people 아내와 함께 노력할 것이라고 말했습니다.

영화인으로 성공하기 위해 오랫동안 노력했고, 성공한 뒤에는 각종 사회활동과 자선활동에 적극적인 클루니는, 이라크 전쟁을 반대했고, 수단과 시리아 등에서 내전으로 벌어지는 잔악행위를 고발하고 있으며, 성소수자와 난민의 인권을 위해 앞장서고, 총기규제에 목소리를 높이고 있습니다. 이런 클루니의 자녀로 태어난 행운은 단지 물질적인 풍족함에만 그치지 않을 것입니다.

이번에 다룬 존 콤로스의 글과 조지 클루니의 인터뷰, 그리고 관련 내용의 읽을거리와 볼거리를 아래 추천합니다.

 You might want to read (or watch) this

PBS
<In America, inequality begins in the womb>
By John Komlos (2015.5.20.)

Evonomics
<You Can't Justify Inequality That Begins in the Womb>
By John Komlos

The Washington Post
<Our infant mortality rate is a national embarrassment>
By Christopher Ingraham (2014.9.29.)

HBO
<The Newsroom> Season 1, Episode 1

CNN
<Here's who's winning under Trump's tax law>
By Zachary B. Wolf (2019.4.13.)

The Hill
<Blame Republican policy for American income inequality>
By Morris Pearl (2018.10.16.)

The Daily Mail
<I'd given up on being a dad... but now I've got twins and they make me cry four times a day, says an exhausted (and VERY honest) George Clooney>
By Gabrielle Donnelly (2017.9.15.)

The Guardian
<George Clooney attacks Daily Mail over 'irresponsible' story on his fiancée>
By Roy Greenslade (2014.7.9.)

・

Quiz Fill in the blank

the ways to reduce tensions on the Korean peninsula and avoid
possible war by a_____ or design
한반도 긴장을 완화하고 우연, 또는 의도적으로 발생할 수 있는 전쟁을 모면할 방법

accident

NEWS

World | US Politics | Foreign Policy | Business | Culture | Environment | Immigration | Inequality | Brexit | Tech | More ▾

tears in the social *fabric*

'천, 직물cloth or woven material'을 뜻하는 fabric은 사회나 조직, 시스템 등이 잘 기능하게 하는 '기본적인 구조basic structure or framework'를 뜻하기도 합니다. 건물의 '기본 구조'나 '뼈대'를 의미하기도 하고, 물리적인 성분의 '짜임, 구조'를 뜻하기도 합니다.

어원을 찾아보면 '건설 행위act of construction'나 '무언가를 만드는 과정process of making something' 또는 '잘 만들어진 것something skilfully produced'을 뜻하는 중세 프랑스어와 라틴어에서 비롯됐다고 하고, 그래서 '제작하다' 또는 '날조하다, 조작하다'는 뜻의 동사 fabricate과 근원이 같습니다.

'사회의 기본적인 구조'를 뜻할 때 the fabric of society 또는 social fabric이라고 표현하는데, fabric이 '천'이라는 의미도 있어서 이와 관련된 어휘가 표현에 수반되기도 합니다. 가령 사회기반을 구성한다고 할 때 '옷감을 짜다'는 의미의 동사 weave, 사회구조를 무너뜨린다고 할 때 천을 '찢다'는 의미의 동사 tear, 허물어진 기본구조를 다시 세운다고 할 때 천을 깁거나 덧댄다는 의미의 동사 stitch, patch 등을 쓰더군요.

이해를 돕기 위해 fabric이 들어간 예문을 모아봤습니다.

Refugee Designers Weave Fabric Magic on Chicago Catwalk

〈난민 디자이너들, 마법 같은 옷감으로 시카고 패션쇼를 물들이다〉 (UNHCR / Lorey
Campese / 2018.4.13.) ◀ 여성 난민들이 디자인한 천으로 시카고 패션디자이너들이 옷을 만
들어 선보인 패션쇼 소식을 전한 유엔난민기구the UN Refugee Agency 사이트의 기사 제목

Researchers have developed a new smart fabric that can
generate electricity from movement and store it in the fabric's
fibers.

연구원들이 새로운 스마트 직물을 개발했는데, 이 천은 움직임으로 전기를 만들고 이렇게 만
든 전기를 섬유 안에 저장할 수 있다.

The Dreamers are deeply woven into the fabric of the United
States.

드리머(불법체류청년)들은 미국을 구성하는 바탕 깊숙이 자리하고 있다.

the ways to restitch the fraying social fabric

허물어지는 사회구조를 재건할 방법

In his book "The Price of Inequality," Joseph Stiglitz argued
that income inequality threatened not only economic growth but
also the very fabric of democracy.

조셉 스티글리츠는 자신의 책 〈불평등의 대가〉에서 소득불평등이 경제성장뿐 아니라 민주
주의의 기반 자체까지 위협한다고 주장했다.

신용평가기관credit rating agency 무디스Moody's Investors Service는 2018
년 10월, 부와 소득불평등 심화rising wealth and income inequality가 미국
경제를 어둡게 할 거라는 보고서를 내놓았습니다. 소득불평등이 나
라의 재무탄력성financial flexibility과 신용도creditworthiness에 어떤 영향
을 주는지 고찰한 이 보고서는 심화되는 빈부격차가 경제성장을 저
해하고weaker economic growth 정부기관을 무력화해ineffective government
institutions 국가의 채무이행능력ability to repay debts을 약화시킬 수 있다
고 했습니다.

　자본주의 사회가 번성하기 위해서는 소득불평등이 필수적이라며
소득격차income gaps가 경쟁, 혁신, 근면을 장려한다고 주장하는 이들
도 있지만, 심각한 소득불평등이 미치는 폐해에 대해서 경제학자, 사
상가, 정치인은 물론, OECD, 국제통화기금IMF, 세계은행World Bank
등과 같은 국제기구도 강조해 왔고, 수많은 연구결과와 세계 곳곳에
서 나타나는 현상이 이를 증명하고 있습니다.

Reward work, not wealth

국제구호개발기구 옥스팜Oxfam은 2018년 1월 발표한 보고서
〈Reward work, not wealth(부가 아닌 노동에 보상하라)〉에서 전세계
상위 1%가 나머지 99%the rest of the world combined보다 더 많은 부를 가
진 현실을 재확인해 주었습니다.

　경제성장으로 2017년 창출된 부의 82%가 상위 1%에게 갔고, 이

294

틀마다every two days 한 명꼴로 억만장자(10억 달러 이상 자산가)new billionaire가 탄생했지만, 소득하위 절반the poorest half of humanity인 37억 명은 새롭게 창출된 부를 한 푼도 가져가지 못했다고 합니다.

전세계 2,043명의 억만장자 10명 중 9명이 남성이고, 2017년 한 해 동안 이들의 부는 7,620억 달러 증가했습니다. 2006년부터 2015년까지 일반 노동자의 임금은 평균 2% 상승한데 비해, 같은 기간 동안 억만장자들의 부는 13% 증가했다고 합니다.

옥스팜은 형편없는 임금을 받고 위험한 일을 하는 많은 사람들이 극소수에게 집중된 부를 위해 일하고 있다며, 전세계적으로 악화되고 있는 소득불평등이 사회를 좀먹고corrosive impact on social institutions 정치적 불안political unrest을 야기한다고 경고하면서, 더 인간적인 경제, 더 평등한 사회를 위해 정부, 국제기구, 기업이 할 수 있는 일을 권고했습니다.

income inequality tears at the fabric of society

프란치스코 교황Pope Francis은 불평등이 사회병폐의 근원이라며 "the roots of social ills"라고 말했고, 오바마Barack Obama 대통령은 2012년 연두교서State of the Union에서 소득불평등이 우리 시대를 규정하는 문제라며 "the defining issue of our time"이라고 칭했습니다.

이렇게 모두 그 심각성을 말하지만 해소되기보다 더 악화되기만 하는 소득불평등에 대해 《CNN》이 2013년, 입문서primer와 같은 간략한 해설 기사를 실은 적이 있습니다. 사회적으로 소득이 얼마나 고르게 분배되느냐로how evenly or unevenly income is distributed 소득불평등이 나타난다고 한 기사는 부가 소수에게 집중된 미국이 더 폭넓게 분배

된 스칸디나비아 국가들Scandinavian countries보다 불평등 수준이 높다고 말하죠.

'소득불평등income inequality'이라는 용어에 대해서 일부 경제학자들은 단지 소득만이 아니라 부의 증식에 큰 역할을 하는 자산assets까지 생각해야 하므로 '부의 불평등wealth inequality'이 더 적절하다고 하고, 더 포괄적인 용어인 '경제적 불평등economic inequality'을 선호하는 이들도 있다고 합니다. 하지만 특정 맥락 없이 불평등inequality이라고 하면 이런 개념을 포괄하는 칭호로 보입니다.

불평등은 대개 지니계수Gini coefficient / Gini index로 측정한다고 합니다. 세계은행의 정의에 따르면, 한 국가 내에서 개인이나 가계의 소득이나 소비지출income or consumption expenditure이 완전히 평등하게 분배·분포된 상태에서from a perfectly equal distribution 얼마나 벗어나 있는지the extent to deviate를 재는 계수 또는 지수라고 합니다. 모두 수입이 같은, 완전히 평등한 사회perfect equality는 지니계수가 0이고, 모든 수입과 소비가 한 사람에게 가는 완전히 불평등한 사회maximal inequality는 지니계수가 1(또는 비율 100%)에 가깝습니다.

《CNN》에 따르면, 지니계수로 본 미국은 북유럽국가들뿐 아니라 나이지리아, 우간다, 이란, 예맨, 베트남, 몽골, 러시아 등에게도 밀리는 불평등한 사회라고 합니다. 지니계수가 한 사회 안에서의within a given society 소득불평등을 측정하기 때문에 부자가 별로 없고 대부분의 사람들이 가난한 나라는 그만큼 더 평등하게 나올 수밖에 없기 때문이죠. 하지만 사회 전반의 부의 규모와 상관없이, 지나친 소득불평등은 사회의 근간을 좀먹는다며 "(to) tear at the fabric of society"라고 표현했습니다. 또 연구결과가 이를 뒷받침하고 있다며, 소득불평등이 해로운 이유를 전문가의 말을 빌어 설명했습니다.

경제학자 조셉 스티글리츠는 소득불평등이 경기회복을 막아선다고 holding back the recovery from the recession 했고, 영국의 역학자epidemiologist 케이트 피킷Kate Pickett은 비만obesity으로부터 폭력, 높은 수감률high incarceration rates에 이르기까지 온갖 종류의 문제가 불평등과 관련이 있다고 말했습니다. 독일 철학자 토마스 파기Thomas Pogge는 소득불평등으로 사회가 지나치게 경제적으로 분열돼economically divided 더 이상 서로를 동등하게 보지 않는, 일종의 계급차별주의a sort of classist가 성행할 수 있다고 했고, 전 미국 노동부 장관 로버트 라이시former US labor secretary Robert Reich는 소득불평등이 아메리칸드림American Dream으로 대변되는 계층이동을 막는다고to hamper economic mobility 했습니다. 계층이동 사다리 칸rungs of the ladder이 너무 벌어져 딛고 오를 수가 없다는 거죠.

이 기사보다 뒤에 나온 자료라서 여기에는 나오지 않지만, IMF International Monetary Fund도 불평등이 경제성장의 발목을 잡는다는 연구결과를 발표했습니다. 상위 20%의 수입이 1퍼센트포인트percentage-point 증가하면 GDP가 5년 넘게 0.1% 감소한다고 했죠. 소득불평등이 심화되면 저소득층low-income households이 교육에 투자하거나 필요한 기술을 습득할to acquire vital skills 가능성이 적어지고 건강도 돌보기 어려워져, 경제성장에 기여할 국민의 잠재력people's potential contributions to economic growth이 낭비되므로 국가생산성이 떨어진다는lowering the country's productivity 거죠.

inequality driven by politics and policy choices

그렇다면 소득불평등은 언제부터 심화된 걸까요? 앞서 언급한 《CNN》 기사는 미국의 소득불평등이 1970년대 말부터 심화됐다고 설명합니다. 고소득자 감세, 금융업finance industry의 성장, 노동자들의 일자리를 앗아간 기술발달 등을 이유로 추정하며, 현재 최상위 부자들이 1920년대 이래 최고 수입을 올리고 있다고 했죠.

앞에 나온 학자들 중 한 명인 케이트 피킷은 파트너인 리처드 윌킨슨Richard Wilkinson과 함께 사회구성원의 건강과 각종 사회문제health and social problems가 소득불평등과 어떤 관련이 있는지 연구해온 불평등 전문가입니다. 사회의 구조와 제도, 사회적 관계 등이 건강에 미치는 영향을 연구하는 사회역학social epidemiology의 선구자이기도 한 리처드 윌킨슨은 경제적 불평등이 사회에 어떻게 해로운지 강연한 TED Talk 〈How economic inequality harms societies〉로도 유명합니다.

서로의 이름을 나란히 올리며 기고하는 《가디언The Guardian》에서 두 사람은 불평등이 우리가 통제할 수 없는 힘forces beyond our control에 의해서가 아니라 정치와 정책적 판단politics and policy choices에 의해 좌우된다며, 《CNN》과 유사하게 1980년대에 들어서면서 불평등이 악화됐다고 말합니다. 1920년대 아주 높은 수준이었던 불평등이 이후 1970년대까지 완화되지만, 대처Margaret Thatcher와 레이건Ronald Reagan이 주도한 신자유주의neoliberal economics가 시작되면서 1980년경부터 불평등이 다시 1920년대 수준으로 돌아갔다고 하죠. 또 20세기 중반 불평등이 감소한 패턴을 보면, 노동운동labour movement의 성쇠를 반영한다고 합니다. 노동조합 가입률trade union membership이 높아 조합의

힘이 세지면 불평등이 감소했고, 반대의 경우 증가했다는 거죠.

inequality is divisive and socially corrosive

리처드 윌킨슨과 케이트 피킷이 함께 쓴 《The Spirit Level: Why More Equal Societies Almost Always Do Better(번역서: 평등이 답이 다)》는 2009년 출간 당시 영국의 보수당 대표와 노동당 대표 모두의 추천서였다고 합니다. (제목의 spirit level은 유리관 안의 기포로 면이 수평한지, 기울었는지 재는 수준기를 뜻합니다. 미국에서는 흔히 level이라고 합니다.) 소득분배가 평등한 사회일수록 사람들이 더 건강하고, 각종 사회문제도 적으며, 서로 화합도 잘한다는 내용을 수많은 근거 자료를 통해 자세히 분석한 책입니다.

책에 제시된 많은 그래프 중에 가장 대표적인 것은 부자나라들(세계은행 선정 50개국)의 소득불평등 수준과 건강 및 여러 사회문제의 관계를 보여주는 그래프입니다. 소득불평등이 심화되는 것과 정비례해서 건강과 사회문제가 악화되는 것을 볼 수 있습니다. 한 사회 안에서 빈부격차가 클수록 정신질환을 비롯한 각종 질병 발생률과 비만률이 높게 나타나고, 약물중독, 폭력, 살인, 수감률과 십대 출산율 등도 높지만, 청소년의 언어·수리 능력과 서로 간의 신뢰수준, 지역사회 참여율은 낮고, 계층이동도 적다고 합니다. 이런 현상은 50개국을 대상으로 조사했을 때와 미국 내 50개 주states를 대상으로 조사했을 때 모두 동일하게 나타났습니다. 부유한 50개국 중 소득불평등이 심해 사회문제 발생률이 높은 미국이지만, 미국 내 50개 주 중에서 소득불평등 수준이 낮은 주는 구성원의 건강상태가 상대적으로 더 좋고 사회문제 발생률도 더 적다는 거죠.

2018년 10월 30일, 한겨레신문사 주최로 서울에서 열린 제9회 아시아미래포럼에 참석해 발언하고 있는 리처드 윌킨슨(왼쪽) 영국 노팅엄대 명예교수와 케이트 피킷 요크대 교수

(사진: 한겨레신문 백소아 기자)

소득불평등과 밀접한 관련이 있는 각종 병폐는 단지 저소득층에게만 한정된 게 아니라고 합니다. 소득불평등이 심각한 나라에서는 소득이 꽤 높은 사람들도 비교적 건강하지 않고, 비만률도 높으며, 지역사회 참여율도 낮고, 자녀가 약물을 접하거나 십대에 임신할 가능성이 높다는 조사결과가 보여 주듯이, 불평등은 사회 전반(the whole social fabric)에 악영향을 미친다고 합니다. 같은 맥락에서 불평등 해소에 따른 혜택benefits of greater equality도 저소득층만이 아닌 사회 대다수vast majority of the population가 받게 된다고 하죠.

불평등 심화로 악화되는 각종 문제는 그 사회의 평균임금 수준levels of average incomes in a society과 그리 관련이 없다고 저자들은 말합니다.

경제성장을 계속한다고 해서 이런 문제들이 해결되지도, 사람들이 더 행복해지지도 않는데, 대부분의 문제가 상대적 박탈relative deprivation 과 관련해 심화되기 때문입니다. 사회에서 자신의 위치social status와 상대적 소득relative income이 핵심이라고 말하는 윌킨슨과 피킷은 다음과 같이 설명합니다.

건강에 해가 되는 스트레스와 불안감anxiety, 우울증depression은 물질적으로 풍요로운 사회에 살고 있음에도 현대인들에게서 계속 심화되고 있고, 사회적 평가의 위협social evaluative threat에서 가장 많은 스트레스를 받는 인간이 지키려고 하는 사회적 자아social self는 자신의 가치에 대한 타인의 시선others' perception of one's worth을 기반으로 한다고 합니다.

등급ranking system처럼 기능하는 사회적 지위에 민감한sensitive to social status 인간은, 서로를 같은 인간으로서 동등하게 받아들이는accepting each other as equals 평등한 환경이 아닌 계층 차가 큰 불평등한 사회에서 사회적 지위에 대한 경쟁status competition이 고조되고, 이로 인한 불안감status anxiety이 증폭된다고 합니다. 심각한 불평등이 사회적 차이social differences와 관련된 모든 문제를 만들어 내고, 분열을 초래하는 계층적 편견divisive class prejudices이 이런 문제들과 수반되면서, 사회적 관계를 약화시키고, 신뢰를 무너뜨리고, 폭력을 증가시켜, 범죄율을 높이는 역할을 한다고 합니다.

같은 종same species은 필요로 하는 것이 같고same needs 자원은 한정돼finite resources 라이벌이 될 수밖에 없지만, 인간에게는 정반대의 가능성unrivalled potential to benefit from co-operation도 존재한다며, 치열하게 경쟁하는 관계로 살아갈지, 아니면 서로 돕고 협력하는 사회적 관계를 만들어갈지는 우리에게 달렸다고 저자들은 말합니다.

따라서 실질적인 삶의 질을 개선하기 위해서는 사회적 환경social environment과 사회적 관계social relations에 관심을 가져야 하며, 불평등 해소가 사회심리적 행복감psychosocial well-being 향상과 관련이 있음을 정치인들이 깨달아야 한다고 저자들은 말합니다.

one-third of one percent of what the CEO gets

윌킨슨과 피킷은 불평등을 줄일 방안에 대해서도 여러 가지를 언급합니다. 중요한 것 몇 가지만 짚어보면, 우선 이 위태로운 상황에 대해 대중이 인식해야widespread public understanding 하고, 평등한 사회를 지향하는 정책egalitarian policies을 불러올 대중운동mass movement이 필요하며, 세금과 보조금taxes and benefits을 통한 재분배redistribution 강화도 중요하지만 무엇보다도 재분배 전 임금상승이 시급하다고 말합니다. 특히 종업원주식소유제도(ESOPs)Employee Stock Ownership Plans 등과 같이 직원이 회사의 주인이 되는 시스템employee share-ownership systems을 강조합니다. 유인과 보상incentive을 위한 형식적인 제도tokenism가 아니라, 소유와 경영참여가 결합된ownership and participative management are combined 민주적인 직원소유제도democratic employee-ownership를 말합니다. 경제생활의 권력집중concentrations of power 문제를 해결하고, 고용의 구조를 변화시킬key to transforming the structure of employment 이 시스템의 실질적인 이점substantial gains에 대해서는 많은 연구가 검증하고 있다고 합니다. 참여participation, 헌신commitment, 지배control, 이익배분 profit-sharing 등이 극대화될 수 있어, 생산성 향상increased productivity과 같은 경제적인 이점뿐 아니라 자유와 민주주의의 확대로by extending liberty and democracy 평등을 증진하는 장점advantage of increasing equality도 있다고 하죠.

이 모든 불평등해소 방안은, 정권의 변화에도 흔들리지 않게, 평등이 사회구조 깊숙이 뿌리내릴(more deeply rooted in the fabric of our societies) 방법을 찾는 것으로, 리처드 윌킨슨과 케이트 피킷은 평등한 사회로의 근본적인 변화fundamental transformation of our society가 필요하다고 말합니다.

《The Spirit Level》 출간 5주년을 기념해 《가디언》에 글을 기고한 두 사람은 영국의 일부 지방정부와 기업에서 생활임금living wage을 지급하기 시작한 것은 작은 성과지만, 여전히 심각한 소득불평등을 어찌하지 못하는 영국 정부를 비판하면서, 노동자에게 같은 회사 CEO가 받는 임금의 0.3%를 주는 것은 스스로를 그만큼 가치 없게 인식하도록 하는 것이나 다름없다고 말했습니다.

이번에 다룬 소득불평등과 관련된 읽을거리를 아래 추천합니다.

 You might want to read this

CBS News
<Inequality is worsening and could hit US credit rating: Moody's>
By Aimee Picchi (2018.10.8.)

Oxfam
<Reward work, not wealth> (2018.1.)

CNN
<What is income inequality, anyway?> By John D. Sutter (2013.10.29.)

The Guardian

<Prepare for the worst: this inequality rift will tear our society apart>

By Richard Wilkinson and Kate Pickett (2017.2.3.)

Richard Wilkinson and Kate Pickett

《The Spirit Level: Why More Equal Societies Almost Always Do Better》 (2009.3.)

The Guardian

<The Spirit Level authors: why society is more unequal than ever>

By Richard Wilkinson and Kate Pickett (2014.3.9.)

Quiz Fill in the blank

The country's badly frayed socio-economic f_____ needs to be restitched, not just patched.

심하게 무너진 이 나라의 사회·경제적 구조는 땜질이 아닌 재건이 필요하다.

fabric

NEWS

World | US Politics | Foreign Policy | Business | Culture | Environment | Immigration | Inequality | Brexit | Tech | More ▾

increasingly *polarized* world

북극North Pole과 남극South Pole처럼 양쪽으로 정반대의 끝either of two opposite ends을 pole이라고 합니다. '북극의, 남극의relating to the North or South Pole'를 뜻하는 polar는 '극과 극의, 정반대되는complete opposite' 이라는 뜻도 있습니다. 이 경우 opposite이 종종 뒤따릅니다. 동사 polarize는 '양극화되다', '양극화를 초래하다to cause to divide into two opposing groups', '분열시키다'는 뜻입니다. 지도자가 나서서 편가르기 를 하는 미국이 아니더라도 난민, 인종, 종교, 경제적 이익 등으로 견해가 극단으로 갈려 전세계가 갈등하는 요즘 자주 보게 되는 말입 니다.

　이해를 돕기 위해 polar, polarize 등이 쓰인 예를 모아봤습니다.

rapidly disappearing ice in the Polar regions
극지방에서 급속히 사라지고 있는 빙하

The end of Cold War witnessed a transition from bipolar world to a unipolar one.

냉전종식으로 세계는 양극체제에서 단극체제로 바뀌었다.

India, Russia Strive for 'Multipolar' World in Trump's 'America First' Era

〈인도와 러시아, 트럼프의 '미국우선주의' 시대에 다극화를 추구하다〉 (Deutsche Welle / Kuldeep Kumar / 2018.5.25.)

President Trump Faces Polar Opposite in Meeting With Pope Francis

〈트럼프 대통령, 자신과 정반대인 프란치스코 교황을 만나다〉 (TIME / Elizabeth Dias / 2017.5.23.) ◀ 트럼프가 대통령이 된 후 첫 해외 순방으로 유럽을 방문하면서 바티칸에 들러 이민과 기후변화 등 주요 의제에 있어 의견이 정반대인 프란치스코 교황을 만났을 때를 전한 기사

Poll: Kavanaugh Fallout Continues to Polarize Voters Ahead of Midterms

〈여론조사, 캐버노 (연방대법관 인준 과정) 후유증으로 중간선거를 앞두고 유권자들이 계속 양극화되는 것으로 나타나다〉 (NBCNews.com / Carrie Dann / 2018.10.22.) ◀ 트럼프가 지명한 연방대법관 후보 브렛 캐버노의 인준 과정에서 그의 성폭행 의혹이 드러나면서 인준을 둘러싸고 깊어진 양당의 골이 중간선거까지 이어지고 있다는 내용의 기사

Jair Bolsonaro, Brazil's right-wing populist candidate sometimes likened to Donald Trump, won the presidency in that country's most polarizing election in decades.

도널드 트럼프에 비유되기도 하는 브라질의 우파 포퓰리스트 후보 자이르 보우소나루가 수십 년 만에 가장 양분된 브라질 대선에서 대통령에 당선됐다.

"Similarly, changes in US tax policies are expected to exacerbate income polarization, which could affect the political climate for policy choices in the future," said IMF.

"마찬가지로 미국 조세정책의 변화는 소득양극화를 악화시킬 것으로 예상되며, 이는 장래 정책적 판단을 위한 정치 풍토에 영향을 미칠 수 있다"고 국제통화기금(IMF)이 발표했다.

Political polarization between Democrats and Republicans has
increased dramatically in the last 40 years.
민주당지지자들과 공화당지지자들 사이의 정치적 양극화는 지난 40년간 급속히 심화됐다.

divisive issues in an era of **hyper-partisan polarization**
정당 양극화가 극단으로 치달은 시대에 불화를 일으키는 이슈들

Protecting American democracy

민주당 대통령 후보Democratic presidential nominee로 2016년 트럼프와 선
거전을 치른 힐러리 클린턴은 당시 경험을 집필한《What Happened》
를 2017년 9월 출간하고, 그로부터 1년 뒤 중간선거를 앞둔 시점에 페
이퍼백paperback edition으로 재출간합니다. 여기에는 집권 2년이 다 돼
가는 트럼프 대통령을 평가한 후기afterword가 새로 첨가됐고, 이 후기
를 요약한 글이 미국 시사지《애틀랜틱The Atlantic》에 실렸습니다. 대
선을 치르면서 누구보다 트럼프를 잘 파악하게 돼서인지, 힐러리는
공직자로서 트럼프의 부적절한 언행과 트럼프 행정부의 정책적 결함
이 불러온 혼란, 더 나아가 그가 대통령이 된 배경과 미국의 민주주의
를 회복하기 위해 필요한 일을 일목요연하게 정리, 분석했습니다.

American democracy is in crisis

대선 패배 후 승복연설concession speech에서 자신의 지지자들에게 열린
마음으로 트럼프에게 미국을 이끌 기회를 주자고 말했던 클린턴은,

그때 자신이 느꼈던 미래에 대한 두려움이 과도한overblown 것이길 바랐다고 합니다. 하지만 결국 그렇지 않았다는 말로 힐러리는 글을 시작합니다.

일일이 따라가기 힘들 정도인 트럼프와 측근Trump and his cronies의 말도 안 되는 행태는 국민을 혼란스럽게 해 정작 중요한 것을 놓치게 하고 있다며, 시민으로서 가장 중요한 임무는 민주주의를 지키는 것protecting American democracy이고, 그렇기 때문에 위기에 처한in crisis 미국의 민주주의를 위해 맞서 싸워야 한다고 말하죠.

five main fronts

클린턴은 트럼프에 의해 미국의 민주주의가 공격받는 지점을 5가지로 정리합니다.

첫째, 트럼프가 법치주의rule of law를 위협한다고 말합니다. 아무리 강력한 지도자라도 법 위에 있을 수 없고no one is above the law, 모든 시민은 법에 따라under the law 평등하게 보호 받는다며, 법의 지배를 받길 subject to the law 거부하거나 법 집행에 정치적으로 개입하거나 방해하는to politicize or obstruct law enforcement 사람은 폭군tyrant일 뿐이라며, 트럼프가 《뉴욕타임스The New York Times》와의 인터뷰에서 자기에게는 법무부Justice Department를 마음대로 할 수 있는 절대적인 권한이 있다고"I have an absolute right to do …" 한 말을 인용합니다. 또 제프 세션스 법무장관Attorney General Jeff Sessions이 법과 상관없이regardless of the law 대통령인 자신을 보호해줘야 한다고 한 발언, FBI 국장이었던 제임스 코미James Comey에게 헌법이 아닌 대통령 자신에게 충성을 강요한 일, 로버트 뮬러 특검Special Counsel Robert Mueller에게 대통령으로서 러시아

게이트 수사에 관여할 수 있다는 서안을 보낸 사실도 트럼프가 법 위에 군림하려한 사례로 들죠.

두 번째로 선거의 적법성legitimacy of the elections이 의심스럽다고 말합니다. 러시아의 계속되는 선거개입Russia's ongoing interference, 이를 전혀 바로잡으려 하지 않는 트럼프, 선거구를 자기 당에 유리하게 획정하는drawing the lines for voting districts 게리맨더링gerrymandering으로 투표를 방해하는 공화당의 집요한 노력 등으로 1인1표one person, one vote라는 신성한 원칙이 더 멀어지고 있다고 말합니다.

세 번째로 트럼프가 사실truth, 그리고 언론과 벌이는 전쟁을 말합니다. 《워싱턴포스트The Washington Post》 사실확인팀fact-checkers에 따르면 2018년 9월 초, 트럼프가 120분 동안 125차례 잘못된 또는 오해의 소지가 있는 발언false or misleading statements을 해 개인최고기록personal record을 세웠고, 대통령이 된 뒤 지금까지 5천 건, 최근에는 하루 평균 32건의 사실과 거리가 먼 주장false or misleading claims을 하고 있다고 합니다. (《워싱턴포스트》는 트럼프가 대통령 취임 700일을 맞는 2018년 12월 20일을 넘기면서 총 7,546차례 잘못된 또는 오해의 소지가 있는 주장을 했다고 집계했습니다.)

트럼프가 언론과 벌이는 전쟁에 대해서 힐러리는 다음과 같이 조언합니다. 공직자public official에게 언론의 공격은 수반될 수밖에 없다며 이를 받아들이는 법을 배우면서to learn to take it 자신의 주장이 정당함을 입증하려고 노력해야지, 자신의 권력을 남용하거니to abuse power 자유언론free press 전체를 폄하하며 싸워서는 안 된다고 말하죠.

하지만 트럼프는 언론과의 전쟁에 숨은 의도를 밝힌 바 있고 힐러리는 이를 언급합니다. 선거운동 당시 《CBS》 프로그램 〈60분

The *Atlantic*

《애틀랜틱》은 1857년 매사추세츠주 보스턴에서 《The Atlantic Monthly》라는 이름으로 창간된 문학·문화 논평 잡지로, 창립자들 이름에서 랄프 왈도 에머슨Ralph Waldo Emerson, 헨리 워즈워스 롱펠로우Henry Wadsworth Longfellow, 해리엇 비처 스토Harriet Beecher Stowe 등도 찾아볼 수 있습니다. 재정적 어려움과 소유주 변화를 겪으면서 20세기 말, 시사종합지 성격을 띠게 됐고, 2003년부터 1년에 10회만 발행하며 표지에서 Monthly라는 말을 뺐다고 합니다. 웹사이트 TheAtlantic.com은 2008년부터 paywall을 허물어 기존의 글까지 모두 무료로 볼 수 있게 했습니다. 2017년, 스티브 잡스의 아내 로린 파월 잡스Laurene Powell Jobs가 자신이 설립한 사회단체 Emerson Collective를 통해 과반 지분을 인수했습니다.

▶ website: www.theatlantic.com

60 Minutes〉의 레슬리 스탈Lesley Stahl이 왜 그렇게 언론을 공격하냐고 묻자 트럼프는 언론의 신빙성을 없애고 위신을 떨어뜨리기 위해서라고"to discredit you all and demean you all" 말하죠. 그래야 언론이 자신에 대해 부정적인 소식을 전해도 아무도 믿지 않을 것이라며"no one will believe you" 말이죠.

네 번째로 트럼프의 어마어마한 부패breathtaking corruption를 지적합니다. 대통령이 소득신고와 세금납부 내역 공개를 거부한 것은to refuse to release tax returns 지난 40년간 처음 있는 일이라며, 트럼프가 전직 대통령들처럼 자산을 백지신탁하지도, 개인 사업을 매각하지도 않았다고 말하죠. (백지신탁blind trust은 공직자가 재임 기간 동안 공직과 관계없는 대리인trustees에게 재산을 맡기고 절대 간섭할 수 없게no right to intervene 하여, 공직자의 이해충돌을 방지하고to avoid conflict of interest 국정을 수행하는 데 공정성을 기하기 위한 제도라고 합니다.) 이로써 전례 없는 이해충돌이 발생하고 있다며, 각종 로비스트, 외국 정부, 공화당 단체 등이 트럼프의 회사와 거래하면서 그의 호주머니에 돈을 꽂아주고 있어, 트럼프가 대통령직을 이용해 부당 이득을 취하고 있다고profiting off the business of the presidency 말합니다. 그러면서 공무원은 대중을 위해 일해야to serve the public 한다는 사실을 이해하지 못하는 듯, 트럼프가 자신의 사익과 정치적 이해관계보다 공익을 우선시하는 시늉조차 내지 않는다고no pretense of prioritizing the public good 말하죠.

마지막으로 민주주의를 가능하게 하는 국민화합national unity을 트럼프가 약화시키고 있다고 말합니다. 자유로운 토론과 격렬한 이의제기가 있어 소란스럽기 마련인rowdy by nature 민주주의는 반대 의견이 금지된dissent is forbidden 독재사회authoritarian societies와 구별된다며, 의견 차이에도 불구하고 모두를 결속하는 애정deep bonds of affection과, 다양한 사람들이 뒤섞여 부분의 합보다 더 강한stronger than the sum of our parts 통합된 전체unified whole가 된다는 믿음을 공유하고 있어 민주주의가 가능하다고 말하죠.

하지만 트럼프는 자신이 모든 미국인을 위한 대통령이 아니라는 점을 은연중에, 때로는 대놓고 보여준다고 힐러리는 말합니다. 아이티와 아프리카 이민자들Haitian and African immigrants을 두고 "shithole countries"에서 왔다고 한 발언, 허리케인 피해를 입은 푸에리토리코Puerto Rico에 대한 무시에 가까운 안이한 대응, 조직적인 인종차별에 항의하는 미식축구 선수들NFL players protesting against systemic racism을 맹렬히 공격하면서도 샬러츠빌 백인 민족주의자들white nationalists in Charlottesville은 옹호한 사례를 들며, 그의 인종차별주의적 언행에 일부 미국인에 대한 관심과 존경심이 얼마나 부족한지 분명히 드러나 있다고 말하죠. 모두가 평등한 게 아니며, 모두가 양도할 수 없는 권리inalienable rights를 타고난 게 아니고, 모두가 미국에 속하는 게 아니라고 트럼프가 말하고 있는 것이라며, 무슬림 입국금지 행정명령Muslim travel ban, 성전환자transgender Americans의 미군 복무 금지, 법집행기관

의 빈번한 인권유린 등이 세대를 이어 지켜온 시민의 평등권civil rights
을 트럼프가 약화시킨 증거라고 말하죠.

Trump is a symptom

하지만 민주주의에 대한 공격이 트럼프로부터 시작된 것은 아니며,
그는 원인보다 증후symptom에 가깝다고 말하는 힐러리는, 전국민으로
조직된 정치적 통일체인 국가body politic를 인체human body에 비유합니
다. 헌법에 따른 견제와 균형constitutional checks and balances, 민주적 규
범과 제도democratic norms and institutions, 사정에 밝은 시민well-informed
citizenry이 모두 면역체계immune system가 되어 독재authoritarianism라
는 질병으로부터 국가를 보호하지만, 미국은 일부 우익 부호들right-

1993년 9월, 의회 청문회에서 자신의 의료보험 개혁법안을 발표하는 힐러리 클린턴

(사진 출처: Maureen Keating)

wing billionaires의 수년에 걸친 노력으로 이 방어력이 떨어졌다고 합니다. 트럼프에게 거액을 기부하고, 보수 우익 정치운동에 주요 자금을 대는 컴퓨터 과학자이자 헤지펀드 매니저인 로버트 머서Robert Mercer와 딸 레베카 머서Rebekah Mercer, 공화당의 큰손 후원자로 보수진영에서 영향력이 크며 티파티 운동Tea Party movement의 실질적인 돈줄이었던 에너지기업 코크 인더스트리즈Koch Industries의 소유주 찰스 코크Charles Koch와 데이비드 코크David Koch 형제가 대표적이죠. 힐러리는 이들이 엄청난 자금과 영향력으로 미국 정치시스템을 공략해 우익 아젠다right-wing agenda를 주입하고, 거짓이 진실로 둔갑한where lies masquerade as truth 대안적인 현실을 구축하고 있다고building an alternative reality 말하죠.

hyperpolarization extends beyond politics

이런 상황에서 정당 양극화는 정치를 너머beyond politics 문화 전반에서nearly every part of the culture 극명하게 나타나고 있다며 힐러리는 hyperpolarization이라는 단어를 사용했습니다. 과도하거나 지나침을 나타내는 hyper-를 polarization 앞에 붙여 양극화가 과도하게 심화된 상태를 표현한 말로, 요즘 미국의 상태가 polarization만으로 표현하기에는 부족하다고 느낀 것 같습니다. (원래 생물학에서 생체막 내외의 전위차membrane potential가 정상적인 차이보다 더 커진 것을 말하는 hyperpolarization은 분극상태polarization가 지나치게 심한 '과분극'을 뜻한다고 합니다. 이런 전문적인 의미가 아니더라도 양극화가 극단으로 심화된 경우를 뜻할 때 일상적으로 사용하는 것을 종종 볼 수 있습니다.)

313

자녀가 상대당 지지자와 결혼하면 불쾌할 것이라고 답한 공화당원
과 민주당원이 1960년에는 각각 5%와 4%였지만, 2010년에는 49%와
33%로 늘어난 조사결과를 예로 든 힐러리는, 이렇게 심화된 당파적
반감으로, 공화당원들이 한때 소중하게 여겼던 가치나 정책과 상반되
는antithetical to many of the values and policies, 또 대통령직에 부적합한unfit
for office 사람을 계속 대통령으로 지지하는 이유가 설명된다고 말합니
다. 정치를 제로섬 게임zero-sum game으로 인식하고, 상대당원을 반역
자나 범죄자, 적법하지 않은 이로 보게 되면 타협의 정치give-and-take of
politics는 혈투극blood sport이 되고 만다고 말하죠.

"we are all in this together"

민주주의가 위태롭게 된 원인과 증상을 조목조목 설명한 힐러리는 미
국이 건강을 되찾을to heal the body politic 방법을 열거합니다.

우선 바로 앞으로 다가온 2018년 중간선거에서 꼭 투표하라고 독려
하죠. 임금을 인상하고, 의료비를 낮추고, 정의를 위해 싸우겠다는 훌
륭한 후보가 많다며 이들이 선거에서 승리하면 위대한 일을 해 낼 것
이라고 말합니다.

어느 정도 시간이 흐른 뒤에는 대청소serious housecleaning도 필요할
거라고 말합니다. 워터게이트Watergate 사건 이후 리처드 닉슨의 권력
남용Richard Nixon's abuses of power에 대해 의회가 대대적인 개혁법안을
whole slew of reforms 통과시켜 응수했듯이, 트럼프 이후에도 이와 비슷
한 절차가 필요하다고 말하죠. 트럼프가 보여준 부패를 금지할 방안
도 그 중 하나겠지만, 개혁의 중심에는 선거가 자리해야 한다고 말합
니다. 미국의 선거를 안전하게 지키고 개선할 방법이 다방면에서 논

의되고 있다며, 미 상원정보위원회Senate Intelligence Committee의 투표 보안을 위한 초당적 권고안bipartisan recommendations, 재소자들의 투표 권, 사전 투표early voting와 우편투표voting by mail, 자동적·보편적으로 이루어지는 선거인 등록voter registration 등을 언급하고, 마지막으로 선 거인단 제도를 폐지할to abolish the Electoral College 때가 됐다고 덧붙입 니다.

하지만 아무리 좋은 법과 규칙도 허물어진 사회구조를 다시 세우고 to restitch our fraying social fabric 시민정신을 다시 밝힐to rekindle civic spirit 방법을 찾지 못하면 소용이 없다며, 지역사회에서 서로 돕고 교류하 는 내셔널서비스프로그램national-service programs을 확대하고, 시민의 권리와 의무를 가르치는 공민학civics education을 학교에서 다시 가르쳐 야 한다고 말하죠.

체계적인 경제개혁systemic economic reforms도 필요하다고 말합니다. 자본주의는 근본적으로 민주주의와 양립할 수 없다는 비평가들의 말 에 자신은 동의하지 않지만, 규제받지 않고 약자를 약탈하는 자본주 의unregulated, predatory capitalism는 민주주의와 함께 갈 수 없다며, 엄청 난 경제적 불평등과 기업의 독점력은 반민주적이고antidemocratic 미국 적인 생활방식을 좀먹기 때문에, 불평등을 해소하고 기업을 견제하며 노동자에게 발언권을 주는to give a strong voice to working families 개혁이 필요하다고 말하죠.

하지만 미국 민주주의의 궁극적인 치유는 시민 개개인에게 달렸다 고 말합니다. 인종, 계층, 정치적 견해의 차이를 뛰어넘어 서로에게 닿으려고 노력하며trying to reach across divides '내'가 아닌 '우리'를 생각할 때 민주주의가 작동한다는 거죠.

마지막으로 힐러리는 긴 인간의 역사 속에 존재한지 얼마 되지 않는 민주주의는 결코 당연하게 여겨서는 안 되는not ever take for granted, 항상 지키고 유지하기 위해 싸워야 하는to fight for 것이라고 말하죠.

이번에 다룬 힐러리 클린턴의 글과 관련 읽을거리를 아래 추천합니다.

 You might want to read this

The Atlantic
<American Democracy Is in Crisis>
By Hillary Rodham Clinton (2018.9.16.)

Hillary Rodham Clinton
《What Happened》 (2018.9.)

The New York Times
<Time for GOP to Threaten to Fire Trump>
By Thomas L. Friedman (2018.12.24.)

Quiz Fill in the blank

Tax cuts for higher income groups will exacerbate income p_____ and inequality.
고소득 집단을 위한 감세는 소득양극화와 불평등을 악화시킬 것이다.

polarization

NEWS

World | US Politics | Foreign Policy | Business | Culture | Environment | Immigration | Inequality | Brexit | Tech | More ▾

our *Balkanized* society

유럽 남부, 지중해 동부에 위치해 아드리아해Adriatic Sea와 에게해 Aegean Sea, 흑해Black Sea 등으로 둘러싸인 발칸반도the Balkans / Balkan Peninsula는 역사적으로 다양한 민족이 이동, 정착했고, 끊임없이 외부세력의 지배를 받았습니다. 반도 대부분이 오스만 제국Ottoman Empire의 지배를 받다가 19세기 초부터 20세기 초에 걸쳐 작은 나라들로 쪼개지는데division of the Balkan peninsula, 여기에서 연유한 말이 Balkanization입니다. 어떤 지역이나 국가가 대개는 적대적으로 hostile 나뉘는 지정학적 분열geopolitical fragmentation을 뜻하기 때문에 부정적인 의미를 함축한 말로 19세기 초에 만들어졌지만, 1차 세계대전 이후 오스트리아–헝가리 제국Austria-Hungary / Austro-Hungarian Empire과 오스만 제국의 붕괴로 많은 신생국이 생겨나면서 일반적으로 쓰이게 됐다고 합니다.

이런 배경으로 Balkanize(영국식 철자 Balkanise)는 어떤 지역을 서로 친하지 않거나 적대시하는 작은 부분으로 '나누다to divide, 가르다to split, 분할하다to break up'는 의미로, 지역뿐 아니라 조직, 그룹 등

317

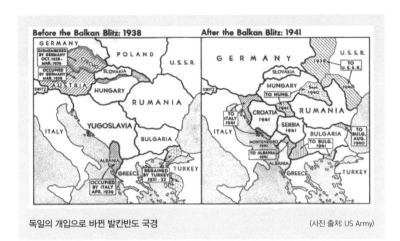

독일의 개입으로 바뀐 발칸반도 국경 (사진 출처: US Army)

을 파벌로 분열하거나 쪼갠다고 할 때도, 또 어떤 부분을 더 작게 구분한다to compartmentalize고 할 때도 이 단어를 사용합니다. 주로 B를 대문자로 쓰지만, 소문자로 쓰기도 하더군요.

전세계적으로 화합보다는 분열이 가시화되고 있는 요즘, 이와 관련된 단어를 기사에서 자주 볼 수 있습니다. 전혀 다른 두 무리로 나뉘어 양극화하는 하는 것은 polarize, 여러 개로 갈리는 것은 Balkanize를 쓰더군요. 유사한 의미로 fragment, tear apart 등도 쓰입니다. 어떤 글에서는 극단적으로 세분화했다는 의미로 atomize를 썼더군요.

이해를 돕기 위해 Balkanize, Balkanization 등이 들어간 예문을 모아봤습니다.

They didn't want the nation to be **Balkanized** by external powers.

그들은 외세에 의해 국가가 분열되는 것을 원치 않았다.

the ideological walls that balkanise our public debates

우리의 토론을 균열시키는 이데올로기 장벽

Further Balkanizing the Balkans is a recipe for disaster

〈발칸반도를 더 분리하는 것은 재앙을 부르는 지름길이다〉(The Washington Post / Carl Bildt / 2018.8.9.) ◀ 세르비아와 코소보 대통령이 영토 교환을 통해 국경을 변경하려는 움직임을 보이자 다른 지역도 국경에 관한 논쟁이 촉발돼 발칸반도가 위험에 빠질 수 있다는 논평

the Balkanisation of Ethiopia along ethnic lines

인종에 따른 에티오피아의 분리

Brexit may spawn a full-blown UK Balkanization

〈브렉시트, 영국을 완전히 분열시킬 수 있다〉(The Hill / Janusz Bugajski / 2019.3.11.)

as we continue to polarize and divide on the way toward balkanization

우리가 계속해서 양분되고 여러 갈래로 나뉘어 가면서

The Balkanization of the workforce makes unionization more difficult than ever.

노동자들이 서로 갈리어 조직화가 어느 때 보다 어렵다.

Balkanized Internet

Social media should promote diverse views

영국 《BBC》 Radio 4의 〈Today〉는 이른 아침 뉴스와 시사를 다루는

프로그램news and current affairs programme입니다. 1957년부터 방송된 장수long-running 프로그램으로 Radio 4에서 가장 인기라고 하는데, 매년 크리스마스에서 새해로 이어지는 한 주 동안의 방송분은 유명인을 에디터로 초청해to recruit high profile guest editors 제작한다고 합니다. 객원에디터가 한 회 프로그램의 절반 정도에 해당하는 특별에디션special edition을 맡는다고 합니다. 2003년 시작된 이 크리스마스 스페셜에서 객원에디터들은 자신의 관심사를 중심으로 프로그램을 제작합니다. 역대 객원에디터들을 살펴보면 영국의 유명 정치인과 캔터베리 대주교Archbishop of Canterbury를 포함해 물리학자 스티븐 호킹Stephen Hawking, 기업가 리처드 브랜슨 경Sir Richard Charles Nicholas Branson, 록밴드 U2의 리드 보컬 보노Bono, 작가 제이디 스미스Zadie Smith 등이 있습니다.

2017년에는 해리 왕자Prince Harry도 참여했습니다. 영국 왕실 왕위 승계서열 5위the fifth in line to the throne인 해리 왕자는 청소년 범죄youth crime, 정신건강mental health, 군대armed forces, 기후변화climate change 등을 중심으로 자신의 에디션을 제작하며, 버락 오바마 전 대통령former President Barack Obama과 아버지 찰스 왕세자Charles, Prince of Wales를 인터뷰했습니다. 오바마는 인터뷰에서 대통령으로서의 재임 기간을 돌아보고, 소셜미디어의 부정적인 면이 갖는 위험성과 리더들의 책임감, 기후변화 등에 관해 이야기했습니다. 찰스 왕세자는 계속해서 관심을 가져온 환경문제에 대해 이야기했죠.

10년간 군복무를 한 해리 왕자는 2014년 상이군인들의 올림픽이라 할 수 있는 인빅터스 게임Invictus Games을 만듭니다. 2017년에는 캐나다 토론토Toronto에서 개최됐는데, 행사가 열린 9월, 이곳에서 오바마

2014년 런던에서 열린 제1회 인빅터스 게임에서 휠체어럭비wheelchair rugby 경기를 하는 상이군
인들
(사진 출처: Joshua Sheppard)

전 대통령을 만나 미리 인터뷰를 진행했다고 합니다.

인터뷰에서 오바마는 소셜미디어social media platforms를 통한 소통방
식이 사회를 분열시킬splintering society 위험성도 있다고 우려했습니다.
전혀 다른 현실 속에 살고있는 사람들이 인터넷을 통해 "자신의 편견
을 더욱 강화하는 정보information that reinforces their current biases에만 휩
싸일 수 있다"는 거죠. 그래서 중요한 점은, "다양한 목소리multiplicity
of voices, 다양한 관점diversity of views이 허용되도록 기술을 활용하는 것
how do we harness this technology"이고, 이 기술로 "우리 사회가 분열에 이
르는 게 아니라(not lead to a Balkanization of our society) 서로이
공통점을 찾을 수 있어야finding common ground 한다"고 말하죠. 그는 전
에도 소셜미디어 플랫폼이 복잡한 의사결정이 따르는 문제에 대해 사
람들로 하여금 성급한 판단snap judgments을 내리게 할 수 있다고 말한

적이 있습니다. 오바마는 이런 문제에 대한 해결책으로 직접 만나서 대화하라고moving online communities offline 조언합니다. 직접 만나서 대화하다보면 온라인상에서와 달리 많은 문제가 그리 단순하지만은 않다는 것을 알게 되고, 또 익명성이 보장되는 인터넷에서처럼 불쾌하고 잔인하게 말할 수는 없을 거라고 말하죠.

진지한 내용의 인터뷰는 해리 왕자의 속사포 같은 재미난 질문rapid-fire-question round으로 마무리됩니다. 어떤 속옷을 입는지 묻는 "boxers or briefs?", 자신의 약혼녀가 나온 드라마를 좋아하는지 아니면 다른 법정드라마를 좋아하는지 묻는 "〈Suits〉 or 〈The Good Wife〉?", 농구선수 중 누굴 더 좋아하는지 묻는 "LeBron James or Michael Jordan?" 등이 오바마에게 쏟아지죠. (대답이 궁금하면 뒷부분에 소개한 유튜브를 검색해 보십시오.)

객원에디터들이 준비한 부분이 끝나면 〈Today〉 정규 진행자들이 제작 소감을 묻는 인터뷰를 하는데, 이때 해리 왕자는 5월에 있을 결혼식에 대한 질문을 받습니다. 오바마 전 대통령을 초청할 것인지 묻는 질문에 그는 아직 하객 리스트가 정해지지 않았다며 대답을 피해가는데, 영국 타블로이드 《The Sun》에 의하면 영국 정부관계자들이 트럼프의 심기를 건드릴 수 있다며 오바마를 초청하지 말아달라고 요청했다는군요.

Global Village or Cyberbalkans?

처음 인터넷이 생겨났을 때 사이버공간에서의 교류를 통해 서로를 더잘 이해하게 되고, 이것이 관용과 아량으로 이어져 지구는 그야말로 국경이 사라진, 하나의 촘촘한 네트워크로 연결된 거대한 공동체가 될 거라고 예상했다고 합니다. 인터넷이 사람들을 더 가깝게 하고 세계평화에 이바지할 것이라고 말이죠. 1994년 앨빈 토플러Alvin Toffler를 포함한 일단의 디지털 애호가들은 〈사이버공간과 아메리칸 드림 — 지식시대의 마그나 카르타Cyberspace and the American Dream: A Magna Carta for the Knowledge Age〉라는 선언문에서 사이버공간이 미래의 다양한 커뮤니티diverse communities of tomorrow를 하나로 엮는 중요한 역할을 할 거라며, 지리적으로 묶인 이웃이 아닌 관심사를 공유하는 온라인 이웃electronic neighborhoods을 만들어낼 것이라고 예언했습니다. 하지만 이런 통합적인 미래보다는 인터넷이 사회를 분열하고 소통을 단절시킬 수 있다고(to fragment society and balkanize interactions) 예언한 이도 있습니다.

매사추세츠공대 슬론 경영대학원MIT Sloan School of Management 에릭 브리뇰프슨Eric Bryjolfsson 교수와 보스턴대학Boston University 마셜 반 앨스타인Maschall Van Alstyne 교수는 1996년에 발표한 논문 〈온라인 커뮤니티 — 글로벌 공동체인가 사이버공간의 분열인가?Electronic Communities: Global Village or Cyberbalkans?〉에서 인터넷으로 연결된 네트워크가 폭발적으로 확대되면서, 지구상의 지리적인 거리는 줄어들고 다양한 배경의 사람들과 정보교환이 용이해졌지만, 이런 전세계적인 정보 인프라global information infrastructure가 지리적인 한계에서 벗어나 자유롭게 소통하는 글로벌 공동체global village를 만들어낼지, 아니면 개인이 신호하는 정보를 공유하는 무리들로 사이버공간을 분열할지balkanization of preferences 의문을 제기합니다. 가상공간에서의 분리separation in virtual space를 cyberbalkanization이라고 칭하며, 검색엔진search engines과 자동필터automatic filters 등과 같은 정보기술로 사용자가 자신에게 맞는 정보information sources customized to their individual interests를 찾게 되면서 특별한 관심사를 공유하는 무리로 사이버공간이 갈라질 수 있다고 말합니다. 정보기술의 변화가 정보를 고르고, 찾고, 거르고, 접근하는 능력에 영향을 미치고, 개인의 지식체계와 관심을 갖고 참여하는 커뮤니티에도 영향을 미쳐, 궁극적으로는 우리가 임의로 형성하는 공동체communities we voluntarily form의 다양성과 통합diversity and integration에도 영향을 미친다고 말합니다.

특정 지식을 선호하고 뜻을 같이 하는 사람들이 협력해to collaborate 생산적인 결과를 가져올 수도 있지만, 지나치게 특수화over-specialization될 경우 사이버공간의 분열이 사회전반에 해를 미칠 수도 있다고 저자들은 말합니다. 자신이 선호하는 것에 맞지 않는 정보를 거를 수 있게 된to screen out material 사용자는 가상공간에 파벌virtual cliques을 형성하고 반대 의견opposing points of view을 차단해 자신의 편견을 강화할 수도 있다고 말하죠. 인터넷을 통해 자신과 마음이 맞고like-minded 가치관이 비슷한similar values 사람들하고만 교류하려고 하면서, 가치관이 다른 사람들의 판단을 신뢰하지 않게 될 수 있다고 말합니다.

이렇게 사이버공간이 임의적으로 분열되고 경험과 가치관을 서로 공유할 수 없게 되면서, 민주적인 사회구조가 피해를 입을 수 있다고 저자들은 말합니다. 여기에 더해 이런 분열의 결과로 나타나는 정보의 부익부빈익빈이 사이버상에서 더 심화될 수 있어, 정보의 계층화stratification로 인한 평등의 문제concern for equality도 제기될 수 있다고 말합니다. 따라서 교류가 다양하게 이루어지고 평등하게 정보에 접근할 수 있는 사회가 되기 위해서는 개인의 관심사와 공동체의 일원으로서 공유하는 관심사가 적절히 균형을 이룰 수 있는 수준의

balkanization을 고려해야 한다고 말하죠.

논문의 저자들이 우려한 점은 현실로 나타나고 있고 앞서 오바마가 한 말과도 연결됩니다. 오바마 행정부 시절 백악관 예산관리실 산하 정보규제국(OIRA)Office of Information and Regulatory Affairs 국장을 맡았던 헌법학자 캐스 선스타인Cass Sunstein은 자신의 저서 《리퍼블릭닷컴Republic.com》에서 인터넷과 민주주의의 관계를 비판적으로 재고합니다. 정보통신기술로 사용자가 정보를 여과해 개인에게 맞춘 협소한 소통환경을 조성할 수 있게 되면서, 온라인상에서의 정치적인 담론은 의견이 일치하는politically like-minded 사람들끼리 모여 분열하는 경향이 있다고 말합니다. 자신의 생각과 맞서는 견해competing views에 노출될 가능성이 적어지면 스스로의 관점을 더욱 강화해 결국 집단 양극화group polarization로 치닫게 된다며, 이렇게 되면 이견을 가진 사람들과 건설적인 토론critical argumentative discussion을 하고 서로의 공통점을 찾을 기회가 현저히 줄어들 수밖에 없다고 말하죠.

towards a Balkanized Internet

앞서 관심사가 같고 뜻이 맞는 사람들이 정보를 공유하며 집단을 형성해 교류와 소통의 관점에서 사이버공간이 분리되는 현상을 살펴봤는데, 인터넷은 네트워크를 여러 방식으로 차단, 제한, 분리해 데이터 접근을 막음으로써 분열되기도 합니다. 이런 현상을 Internet Balkanization 또는 스플린터넷(splinternet)이라고 히 더라요.

전세계적으로global 서로 연결돼interconnected 하나로 통합된unified 인터넷이라는 사이버공간cyberspace은 누구에게 허락을 구할 필요없이, 누구나 자유롭게free 언제 어디서나ubiquitous 접속할 수 있는 개방되고

open 민주적이며democratic 평등한egalitarian 공간입니다. 인류에게 축복과도 같은 인터넷으로 정부나 몇몇 대기업이 정보나 여론, 상업을 지배하는 것은 그야말로 과거의 일처럼 보였습니다. 하지만 이 통합된 네트워크가 벽으로 분리돼walled off 데이터 접근이 제한되고restricting data access 있습니다.

2010년, 영국 주간지 《이코노미스트The Economist》는 인터넷이 강력한 세력에 의해 분열될to be balkanised 위기에 처했다며 〈A virtual counter-revolution(가상세계의 반혁명)〉이라는 제목의 글로 인터넷의 미래를 예견했습니다. Internet이 internets로 세분화되었다고 말하기는 아직 이르지만 인터넷이 지리적이고 상업적인 경계를 따라 쪼개질 가능성을 말합니다. (기사는 인터넷이 나뉘는 것을 balkanise, tear apart, fragment, splinter, unravel, pull apart, crack, carve up, fall apart 등 다양한 말을 써서 표현했습니다.) 경제학의 '네트워크 효과network effects'로 설명할 수 있듯이 계속 연결돼 성장할수록 이점도 많아져 모든 면에서 효율성을 높여주는 개방된 인터넷을 분열시키는 강력한 요인으로 기사는 3가지를 언급합니다. 갈수록 인터넷에 관한 주권sovereignty을 확보하려고 하는 정부governments, 자신들만의 규칙으로 디지털 영역을 건설해가고 있는 거대 IT 기업big IT companies, 그리고 인터넷 트래픽internet traffic에 차별을 두어 인터넷에 빠른 길과 느린 길을 만들려고 하는 네트워크서비스 제공업체network owners입니다.

erecting borders in cyberspace

우선 정부는 지리적인 국경선을 사이버공간으로 가져옵니다. 중국은 '만리방화벽Great Firewall'으로 인터넷을 검열Internet censorship합니다.

해외 특정 웹사이트 접근을 막고, 해외로 이어지는 인터넷 트래픽 속도를 저하시키며, 구글 검색Google search이나 페이스북Facebook과 같은 외국기업의 인터넷 툴이나 모바일앱은 거의 사용할 수 없게 했고, 외국기업이 중국에서 영업을 하려면 중국 내 규정을 따라야 합니다. 아랍의 봄Arab Spring 시위 당시 소셜미디어가 큰 역할을 하자 이집트 정부는 주요 인터넷서비스 제공업체(ISPs)internet service providers를 시켜 거의 모든 인터넷 접근을 차단했습니다. 이란도 인터넷 검열이 심각한 수준이고, 러시아와 터키, 아랍에미리트연합(UAE)United Arab Emirates, 태국 등도 인터넷을 감시하고 under surveillance 있으며, 한국은 북한 매체의 보도내용을 거르고 검열하고to filter and censor, 북한은 일반인의 인터넷 사용을 아예 금한다고 할 수 있습니다. 그런가 하면 노르웨이에서는 온라인으로 5만 권에 달하는 책을 무료로 읽을 수 있는

The Economist

영국 경제주간지 《이코노미스트》는 1843년, 스코틀랜드 사업가이자 경제학자, 은행가인 제임스 윌슨James Wilson이 창간했습니다. 관세로 곡물 수입을 규제한 보호무역정책인 곡물법Corn Laws 폐지 운동을 위해 창간된 《이코노미스트》는 곡물법이 폐지된 이후에도 자유무역, 국제주의, 시장에 대한 정부 간섭 최소화 등 문화·경제적 자유주의를 고수하며 출간을 계속했고, 스스로 '아담 스미스Adam Smith와 데이비드 흄David Hume의 스코틀랜드 자유주의Caledonian liberalism의 산물'이라고 칭한다고 합니다.

독립된 절차에 따라 편집인을 선임하며 외부로부터 간섭과 영향을 받지 않는 편집의 독립성editorial independence을 지켜왔고, 개인이나 기구가 주식을 과반 이상 점유할 수 없게 했다고 합니다. 현재 런던에 본사를 둔 다국적 미디어기업 '이코노미스트그룹The Economist Group'에 속합니다.

《이코노미스트》 기사에는 작성자의 이름이 보이지 않습니다. '누가 썼느냐보다 무엇을 썼느냐가 더 중요하다what is written is more important than who writes it'는 신념에서라는데, 편집인들은 집단의 목소리와 성격collective voice and personality이 개별 기자의 신원보다 더 중요하고, 공동의 노력collaborative effort을 반영하기 때문에 익명성이 필요하다고 말합니다.

▶ website: www.economist.com

데, 이 서비스는 내국인만 이용할 수 있다고 합니다. 《BBC》의 iplayer도 국경을 경계로 인터넷이 나뉜 예에 속합니다. 《BBC》가 인터넷 방송을 위해 개발한 미디어 플레이어인 iPlayer를 통해 제공되는 디지털

327

콘텐츠는 (특히 동영상의 경우) 영국을 벗어나면 이용하기 힘들다고 합니다.

이렇게 정치, 사회, 안보 등을 이유로 정부가 인터넷을 막고 정보접근을 제한하면서 월드 와이드 웹World Wide Web은 national internets로 쪼개지고 있습니다. 구글의 두 인물 에릭 슈미츠Eric Schmidt와 자레드 코헨Jared Cohen은 공저 《The New Digital Age》에서 국가가 디지털 영역에 주권을 확립하는establishing sovereignty over their digital domains 웹의 분열Balkanization of the Web을 경고했습니다. 물리적인 세계에서 출입국 때 비자가 필요하듯 디지털 영역에서도 이에 상응하는 것이 필요하게 될 거라고 예견했는데, 이것이 현실화되고 있습니다.

privacy vs. security

이런 국가 중심의 인터넷을 주장하는 목소리가 크게 대두된 사건이 있습니다. 2013년, 미 국가안보국(NSA)National Security Agency이 광범위한 인터넷 감시와 전화감청extensive internet and phone surveillance을 실시하고 있다는 정부기밀classified government information을 에드워드 스노든Edward Snowden이 언론에 유출했죠. 스노든은 전직 중앙정보국(CIA)Central Intelligence Agency 직원인 컴퓨터기술자computer professional로, NSA와 계약을 맺고NSA contractor 컴퓨터 보안업무를 보다가 비밀 정보수집 프로그램에 대해 알게 됩니다. 스노든이 폭로한 NSA의 무차별적인 도감청과 정보수집에 관한 기사를 읽다보면 감시surveillance나 간첩행위espionage와 관련된 표현을 다양하게 볼 수 있습니다. 엿듣다는 뜻의 eavesdrop, bug, tap, intercept, 감시하거나 염탐한다는 뜻의 monitor, track, spy on, snoop on, 정보수집과 관련된 collect,

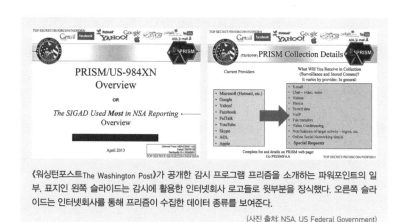

《워싱턴포스트The Washington Post》가 공개한 감시 프로그램 프리즘을 소개하는 파워포인트의 일부. 표지인 왼쪽 슬라이드는 감시에 활용한 인터넷회사 로고들로 윗부분을 장식했다. 오른쪽 슬라이드는 인터넷회사를 통해 프리즘이 수집한 데이터 종류를 보여준다.

(사진 출처: NSA, US Federal Government)

extract 등 첩보와 관련된 말은 모두 나오는 듯합니다.

스노든에 의해 알려진 엄청난 양의 기밀자료를 《BBC》가 정리한 바에 따르면, 우선 NSA는 미국 내 수백만 건의 전화통화 기록을 수집했습니다. 테러와 무관한 일반시민US citizens의 휴대전화를 감청하고 이메일, 인터넷 트래픽 등을 감시했습니다. 또 구글, 페이스북, 마이크로소프트Microsoft 등 인터넷기업 9곳의 서버를 모니터했습니다. 이는 '프리즘PRISM'이라는 비밀 프로그램으로 가능했는데, 지메일Gmail, 페이스북, 아웃룩Outlook 등 주요 인터넷서비스를 사용하는 사람의 개인정보private electronic data를 수집하기 위해 NSA가 사용한 감시시스템surveillance system입니다. 미국은 이렇게 수집한 데이터의 일부를 영국 정부British government와 공유했고, 영국 정보기관 GCHQGovernment Communications Headquarters는 광케이블fiber-optic cables을 도청해 엄청난 양의 데이터를 미국과 공유했다고 합니다.

NSA는 홍콩과 중국의 네트워크도 해킹했고, 유럽연합 사무실

European Union offices을 도청하고 그들의 컴퓨터시스템을 해킹했으며, 한국을 비롯한 38개 주미 대사관embassies과 유엔 대표부UN missions를 감시했습니다. 또 국제사면위원회Amnesty International, 휴먼라이트워치Human Rights Watch 등 국제인권기구들human rights organizations도 사찰했습니다. 남미Latin America 대륙도 전방위 감시를 받아왔다고 합니다.

미국은 앙겔라 메르켈Angela Merkel 독일 총리를 비롯해 세계정상 35명의 전화도 감청했습니다. 당시 브라질 대통령 지우마 호세프Dilma Rousseff는 미국이 자신의 이메일을 감시하고, 브라질 정부 내 통신정보를 수집하고, 브라질 국영석유회사를 감시했다는 보도가 나간 뒤, 유엔 총회 연설에서 다음과 같이 미국을 강도 높게 비난합니다.

... In the absence of the right to privacy, there can be no true freedom of expression and opinion, and therefore no effective democracy. In the absence of the respect for sovereignty, there is no basis for the relationship among Nations. ...

The problem, however, goes beyond a bilateral relationship. It affects the international community itself and demands a response from it. Information and telecommunication technologies cannot be the new battlefield between States. Time is ripe to create the conditions to prevent cyberspace from being used as a weapon of war, through espionage, sabotage, and attacks against systems and infrastructure of other countries.
The United Nations must play a leading role in the effort to regulate the conduct of States with regard to these technologies. ...

프라이버시가 보장되지 않으면 진정한 표현의 자유는 있을 수 없고, 따라서 민주주의도 실현될 수 없다고 말하며, 타국의 주권을 존중하지 않으면 국가 간에 참된 관계가 조성될 수 없다고 말했습니다. 이어 미국의 무차별적인 사찰 행위는 국제사회에 큰 충격을 주었고, 사이버공간이 IT 기술을 동원한 국가 간의 전쟁터가 되지 않도록 유엔이 주도적인 역할을 해야 한다고 했습니다. 이를 두고 외신은 호세프 대통령이 모든 나라를 향해 미국의 인터넷 헤게모니US Internet hegemony에서 벗어나 자국의 인터넷 주권Internet sovereignty을 찾으라고 촉구했다고 전했습니다. 하지만 이미 러시아와 중국은 많은 부분 미국이 지배해 온 전통적인 거버넌스 구조traditional governance structures의 인터넷에서 벗어나 그 지배 권한을 유엔이 가져야 한다고 주장해 왔습니다. 디지털 영역과 국민에 대한 지배를 더 용이하게 하려는 의도가 담긴 주장이지만, 미국이 여기에 힘을 보태는 형국이 된 셈이죠.

1970년대 미 국방부US Department of Defense에서 대량의 데이터large volumes of data를 쉽고 빠르게 주고받기 위한 기술을 개발하기 시작하면서 발전한 인터넷은 지금의 상태로 성장하기까지 미국이 주도적인 역할chief Internet steward을 했습니다. 세계 인터넷의 중심에 미국이 있다고 해도 과언이 아니죠. 표현의 자유freedom of expression가 헌법에 명시된First Amendment 미국은 자유롭고 개방된 인터넷의 옹호자champion of a free and open Internet로서 인터넷을 유지해 왔고, 인터넷 접근과 정보를 제한하는 정권을 비판해왔습니다. 하지만 NSA의 행위가 발각되면서 개방된 인터넷의 원칙을 공유하던 우방은 등을 돌리고, 인터넷을 제한해 온 국가가 힘을 얻게 됐습니다.

스노든은 "미국 정부가 개인의 프라이버시를 침해하고, 자유로운 인터넷과 인간의 기본적인 자유를 파괴하는 것을 그냥 두고 볼 수 없었다"고 말했습니다. 이런 스노든을 두고 "정부가 국민의 프라이버시를 존중해야겠지만, 테러 공격으로부터 국민을 지키는 것도 정부의 일"이라며 그를 비난하는 목소리도 높습니다. 이 사건이 일어난 당시 오바마 행정부는 자국민을 감시한 게 아니라 테러 관련 정보를 조사한 것이라며 대테러전을 빌미로 불법사찰을 정당화했습니다. 이런 주장은 9·11 테러 이후 미국 정부가 계속해서 내놓은 변명입니다. 하지만 앞에서도 언급했듯이 NSA는 테러와 전혀 무관한 민간인이나 국제인권단체들도 사찰했죠.

net neutrality

앞서 《이코노미스트》 기사에서 Internet Balkanization 요인 중 하나로 네트워크서비스 제공업체를 들었습니다. 인터넷서비스 제공업체(ISP), 브로드밴드 회사broadband providers, 케이블 회사cable companies, 통신업체telecom providers 등 망사업자를 말합니다. 트럼프 행정부가 들어선 이후 이와 관련해 논란이 일고 있습니다. 바로 망중립성 원칙network neutrality principles 때문입니다.

망중립성은 한 마디로 모든 인터넷 트래픽은 동등하게 취급되어야 한다all internet traffic should be treated equally는 원칙입니다. 인터넷서비스 제공업체가 인터넷상의 모든 데이터를 동일하게 처리하도록to treat all data on the Internet the same, 즉 사용자나 콘텐츠, 웹사이트, 플랫폼, 응용 프로그램, 통신 방식 등에 따라 차등을 두거나 다르게 과금하지 않도록not to discriminate or charge differently 정부가 규제하는 것입니다. 망중립성 원칙을 계속 주장해 온 오바마 대통령은 2014년, 미국 전역의 통신을 규제하는 독립기관인 연방통신위원회(FCC)Federal

Communications Commission가 망중립성을 보장할 강력한 규칙rules to protect net neutrality을 채택하도록 촉구합니다. 백악관 기록물 사이트에 동영상으로 남아있는 그의 말이 망중립성을 쉽게 설명하고 있어 여기 소개합니다.

"Ever since the internet was created, it's been organized around basic principles of openness, fairness, and freedom. There are no gatekeepers deciding which sites you get to access. There are no toll roads on the information superhighway. This set of principles, the idea of net neutrality, has unleashed the power of the Internet, and given innovators the chance to thrive. Abandoning these principles would threaten to end the Internet we know it.

That's why I'm laying out a plan to keep the Internet free and open. And that's why I'm urging the Federal Communications Commission to do everything they can to protect net neutrality for everyone. They should make it clear that whether you use a computer, phone or tablet, Internet providers have a legal obligation not to block or limit your access to a website. Cable companies can't decide which online stores you can shop at, or which streaming services you can use. And they can't let any company pay for priority over its competitors.

To put these protections in place, I'm asking the FCC to reclassify internet service under Title II of a law known as the Telecommunications Act. In plain English, I'm asking them to recognize that for most Americans, the internet has become an essential part of everyday communication and everyday life.

The FCC is an independent agency, and ultimately this decision is theirs alone. But the public has already commented nearly four million times, asking the FCC to make sure that consumers, not the cable company, gets to decide which sites they use. Americans are making their voices heard, and standing up for the principles that make the internet a powerful force for change. As long as I'm president, that's what I'll be fighting for, too."

인터넷이 처음 만들어진 이후 개방성, 공정성, 자유로움이라는 기본원칙을 유지해 왔다며, 사용자가 어떤 사이트에 접근할지 결정할 문지기도 없고, 정보의 고속도로에서 통행료를 받는 차선도 없다고 말하며, 이런 망중립성 개념이 인터넷으로 하여금 강력한 힘을 발휘하게 해 혁신을 불러왔지만, 만약 이 원칙이 무시되면 우리에게 익숙한 인터넷은 사라질 위험에 처할 것이라고 말합니다.

이런 이유로 모두를 위한, 자유롭고 열린 인터넷을 위해, FCC가 망중립성을 보장할 모든 조치를 취할 것을 촉구합니다. 컴퓨터, 휴대전화, 태블릿 등 어떤 기기를 사용하든 ISP가 웹사이트 접근을 막거나 제한할 수 없는 법적의무를 부여해야 한다며, 우리가 어디에서 온라인 쇼핑을 하고, 어느 사이트의 스트리밍 서비스를 이용할지 케이블 회사가 결정하게 해서는 안 된다고 말하죠. 또 특정 회사가 경쟁사보다 더 많은 돈을 지불하고 우선권을 얻어서도 안 된다고 했습니다. 이 동영상이 있는 사이트에서 이 내용을 글로 제시한 부분을 보면, 규제를 촉구하는 내용을 다음과 같이 4가지로 명시했습니다.

ISP는 (불법이 아닌) 웹사이트나 온라인서비스, 콘텐츠에 접근을 막아서는 안 되고(No blocking), 특정 콘텐츠의 전송속도를 의도적으로 늦추거나 빠르게 해서는 안 되며(No throttling), 인터넷 트래픽에 대한 투명성을 높여야 하며(increased transparency), 추가요금을 받고 접근과 속도에 대한 우선권을 주어서도 안 된다고(No paid prioritization) 했습니다.

동영상에서 오바마는 이런 망중립성 원칙을 보호하기 위해 FCC가 인터넷서비스를 통신법의 'Title II'로 재분류할 것을 요청한다고 했습니다. 1934년 제정된 통신법Communications Act of 1934은 전화와 같은 통신서비스를, 공공성을 인정해 common carrier(기간통신사업자)인 Title II로 분류했습니다. 여기에는 사업자가 서비스의 내용이나 요금을 공정하고 합리적으로 실행할 의무와 이에 따른 규제가 명시되어 있습니다. 그런데 1996년 통신법Telecommunications Act of 1996이 개정되면서 인터넷 접근Internet access을 정보서비스information service로 봐서 Title I으로 분류합니다. ISP가 기존의 Title II에 대한 규제에서 벗어나게 된 거죠. 오바마는 이런 복잡한 얘기 대신 인터넷이 평범한 미국인들의 일상생활에 없어서는 안 될 공공서비스public utility가 되어야 한다고 말했습니다. 이어 FCC는 독립기관이고 궁극적으로 위원회가 자체적으로 결정할 일이지만, 수많은 시민이 케이블 회사가 인터넷 사용을 좌지우지하지 않게 해 달라고 청원했고 망중립성 원칙을 지지하고 있다며, 자신이 대통령으로 있는 한 이를 지키기 위해 싸울 것이라고 말했죠.

이렇게 마련된(2015년) 망중립성을 원칙으로 하는 오바마 정부 시절 인터넷 규제Obama-era internet regulations는 (공화당 대선 예비후보였던 테드 크루즈Ted Cruz는 이를 두고 '인터넷의 오바마케어Obamacare for the internet'라고 칭하기도 했습니다) 트럼프가 지명한 아지트 파이

Ajit Pai를 위원장으로 하는 FCC가 2017년 12월 폐기하기로 표결했고 voted to repeal, 6개월의 유예기간을 거쳐 2018년 6월 공식 폐기됐습니다 officially expired. (아지트 파이는 주요 ISP 중 하나인 버라이즌Verizon 출신입니다.)

인터넷서비스는 다시 정보서비스로 분류돼, 인터넷서비스 제공업체들은 특정 사이트를 차단하거나, 인터넷 트래픽에 우선권을 부여하거나, 서비스에 따라 요금을 차등할 권한을 갖게 됐습니다. 이렇게 할 경우 이를 분명히 밝혀야 하는must disclose such practices 의무 외에 달리 규제를 받지 않습니다.

망중립성을 반대해 온 쪽에서는 오바마 시절 규칙이 지나치게 강압적이며too heavy-handed, 경쟁과 투자를 막고deterring competition, reduction in investment, 소비자에게 선택권이 있는 자유시장과 어울리지 않는다고 주장합니다. 하지만 거대 브로드밴드 회사 에이티앤티AT&T, 버라이즌, 컴캐스트Comcast가 미국 전역의 인터넷을 공급하고 있고, 서로 겹치는 부분이 거의 없어, 실질적으로 한 가정이 웬만한 속도의 인터넷을 사용하기 위해 선택할 수 있는 업체는 단 하나뿐이라고 합니다. 망중립성 폐기로 이미 경쟁할 필요가 없는 브로드밴드 시장은 더 독점적이 되었고, 이미 우세한 위치에 있는 콘텐츠 제공업체large and dominant content providers는 추가요금으로 소비자 접근성을 살 수 있어, 스타트업은 기울어진 운동장에서 경쟁하게 됐습니다. 인터넷 성장의 핵심인 공평한 경쟁의 장level playing field이 사라질 위기에 처했죠.

망중립성을 옹호하는 많은 시민은 인터넷을 계층화하고 민주주의를 훼손하는 FCC의 결정에 반발해 시위를 이어갔고, 몇몇 주states에서는 주지사가 나서 해당 주의 망중립성을 보장하겠다고state-wide protections of net neutrality 하는가 하면, 첨단기술 기업들tech companies과 시민단체advocacy groups, 그리고 수십 개 주는 FCC를 상대로 법적대응 legal challenges에 들어갔습니다.

WHOPPER neutrality

망중립성 원칙이 폐기될 위기에 처했을 때, 패스트푸드 체인 버거 킹Burger King이 시민들에게 망중립성을 알리기 위해 재미있는 캠페 인을 벌였습니다. 한 매장에서 와퍼를 서비스하는 시간에 따라 가 격을 차등해 판매하는 실험social experiment을 해 광고로 만들었죠. 'WHOPPER® Neutrality'라는 이름의 이 3분짜리 광고에서 원래 4달 러 99센트인 와퍼가 서비스 속도에 따라 12달러 99센트, 25달러 99센 트로 판매됩니다. 메뉴에는 slow mbps, fast mbps, hyperfast mbps 라는 말로 가격을 구분했는데, mbps는 making burgers per second의 머리글자를 딴 말로 버거를 만드는 속도를 의미하는 단위라고 하는군 요. 와퍼를 바로 먹으려면 25달러 99센트를 내야 했고 (매장 직원은 the highest priority(최우선 순위)라고 말하더군요) 이런 고액을 내기 싫으면 15~20분을 기다려야 했습니다. 패스트푸드 식당에 fast lane 과 slow lane이 생긴 거죠. 매장을 찾은 사람들은 혼란스러워하고 화 를 내는가 하면, 실제로 26달러에 가까운 돈을 내고 와퍼를 사 가는 사람이 나오자 기가 막혀 하기도 했습니다. 바뀐 시스템을 반기는 사 람은 아무도 없었습니다. 동영상 곳곳에 깨알 같은 의미도 숨어 있습 니다. 주문을 받는 직원 두 명의 이름표에는 '인터넷의 아버지father of the Internet'라 불리는 로버트 칸Robert E. Kahn과 빈트 써프Vint Cerf의 이 름이 적혀 있고, FCC 위원장 아지트 파이를 풍자한 장면도 있습니다.

버거킹을 대표하는 버거Burger
King's signature product인 와퍼
The Whopper sandwich

(사진출처: Siqbal)

광고 마지막에서는 망중립성을 살리기 위해 청원에 동참할 수 있는 방법도 알려주죠.

　이런 실험이 아니더라도 망중립성의 중요성을 알리고 쉽게 설명하려는 시도는 다양합니다. 《BBC》의 동영상 〈What is net neutrality and how could it affect you?〉도 그 중 하나로, 그림과 음성, 알기 쉬운 예를 통해 설명하고 있습니다. 관심이 있으신 분은 검색해 보시기 바랍니다.

real and costly consequences for segregating

FCC의 결정을 비판하는 사람들은 망중립성 원칙이 지켜지지 않으면 인터넷에 균열이 생길 것fracturing of the internet이라고 합니다. 그렇다면 Balkanization of the Internet이 우리에게 어떤 해를 끼칠까요? 네트워크에 가상의 국경을 세우고 임의적인 선을 따라 분리해 원래 한 덩어리이어야 할 인터넷이 연결되지 않은 섬들로 고립되는 이런 분열이 가져올 값비싼 대가를 서술한 글이 미국 상공회의소 재단US

Chamber of Commerce Foundation 사이트에 실려 있습니다. 이 글은 경쟁에 기반을 둔 자유시장 경제체제 관점에서 인터넷 분열이 가져올 결과를 세 가지로 정리합니다.

우선 데이터 접근 제한은 혁신을 막는다restricting data restricts innovation고 말합니다. 오늘날 기하급수적으로 증가하는 데이터exponentially growing volume of data에는 세계를 변화시킬 아이디어와 통찰력, 기술발전을 가져올 가능성이 담겨 있다며, 모든 분야에서 우리 삶을 개선할 혁신의 비옥한 기반fertile ground for innovation으로 빅데이터big data를 이야기합니다. 방대한 양의 데이터를 기반으로 하는 산업은 빠르고 쉬운 접근fast, easy access to data이 결정적인데 개별화되고 복잡하게 분리된 인터넷complex Balkanized Internet은 이를 불가능하게 하므로 미래의 무한한 기회와 혁신을 방해한다고 말하죠.

두 번째로 불평등inequality을 말합니다. 모든 사람이 공평하게 정보에 접근할 수 없게 되어, 기술적으로, 또 법적으로 서로 상충하는 네트워크를 순항할 수 있는 수단과 능력을 가진 이와 그렇지 못한 이classes of haves and have nots로 갈릴 것이라고 말합니다. 후자에 속하는 스타트업이나 소규모 기업은 자산이 될 데이터에 접근할 수 없어 성공의 기회를 잃게 되겠죠.

마지막으로 국가에 한정된 네트워크nationalized networks는 권력남용abuse of power으로 이어질 수밖에 없다고 말합니다. 인터넷은 과학기술이 모든 이에게 자신의 생각을 말할 수 있는 기회를 준, 표현이 자유를 조성한 대표적인 예라고 말하며, 개방적이고 자유로운 정치 시스템은 정치적인 의사표현에 제한이 없어야 한다고 말합니다. 하지만 억압적인 정권repressive regimes은 인터넷에 국경을 세워 정부에 비판적인 정보에 접근할 수 없게 하고, 반대 의견을 침묵시키며, 수직적인 지배구조를 통해 국민의 의사소통을 제어해, 궁극적으로 개인의 자유를 약화시키고to diminish individual liberty 독재를 강화한다고 말합니다.

　오늘날 놀라운 속도로 만들어지고 있는 방대한 양의 데이터에 자유롭게 접근할 수 없게 막는 것은 스스로 발목을 잡는 것과 다름없고, 기회가 주어지지 않는 미래는 누구에게도 도움이 되지 않는다며 제목 그대로 〈Say No to the Balkanization of the Internet〉이라고 외치는 글입니다.

a symbolic victory

2019년 4월, 민주당이 주축이 된 하원House of Representatives은 망중립성을 복구하는to restore net neutrality protections 법안Save the Internet Act 을 통과시킵니다. 하지만 공화당이 주도하는 상원Republican-controlled Senate을 통과하고 트럼프 대통령의 승인을 받아야to be approved by President Trump 하죠. 그래서 《CNN》은 이 법안의 하원 통과가 망중립성을 원하는 모든 이들에게 상징적인 승리symbolic victory로 그칠 수 있다고 했습니다. 법안을 추진한 마이크 도일 민주당 하원의원Mike Doyle (D-PA)은 86%의 미국인이 자유롭고 개방된 인터넷을 원한다며 #NetNeutrality가 당파적인 문제가 아니라고not a partisan issue 트윗에 썼지만, 백악관은 이 법안을 강하게 반대한다고"strongly opposes" 밝혀 트럼프의 거부권veto을 예고했고, 미치 매코널 공화당 상원 원내대표 Senate Republican leader Mitch McConnell는 법안이 도착하자마자 거부 될 거라고"dead on arrival in the Senate" 했습니다.

이번에 다룬 Balkanization이 나오거나 망중립성과 관련된 읽을거리와 볼거리를 아래 추천합니다.

 You might want to read (or watch) this

Reuters
<Obama urges 'leaders' not to split society with online biases> (2017.12.27.)

CNN
<Obama warns over divisive social media use in Prince Harry interview>
By Laura Smith-Spark (2017.12.27.)

YouTube
<Prince Harry interviews Barack Obama> (2017.12.27.)

Esther Dyson, George Gilder, George Keyworth, Alvin Toffler
<Cyberspace and the American Dream: A Magna Carta for the Knowledge Age>
(1994.8.22.)

Maschall Van Alstyne, Eric Bryjolfsson
<Electronic Communities: Global Village or Cyberbalkans?> (1997.3.)

Cass Sunstein
《Republic.com》 (2001)

The Economist
<A virtual counter-revolution> (2010.9.2.)

Eric Schmidt, Jared Cohen
《The New Digital Age》 (2013)

CNN
<Is Internet in danger of becoming 'splinternet'?> By Michael Hayden (2014.2.14.)

BBC
<Edward Snowden: Leaks that exposed US spy programme> (2014.1.17.)

Dilma Rousseff
<Remarks by Dilma Rousseff at the 68th UN General Assembly> (2013.9.24.)

TIME
<The Future of the Internet: Balkanization and Borders>
By Sascha Meinrath (2013.10.11.)

Obama White House Archives
<The President's message on net neutrality> (2014.11.)

BBC
<What is net neutrality and how could it affect you?>
By Sara Al Wajih, Marianna Brady, Rachel Stewart (2017.12.14.)

YouTube
<Burger King | Whopper Neutrality >

U.S. Chamber of Commerce Foundation
<Say No to the Balkanization of the Internet>
By Rich Cooper (2015.3.30.)

CNN Business
<House votes to restore net neutrality rules>
By Seth Fiegerman (2019.4.10.)

Quiz Fill in the blank

Yugoslavia was B_____ into seven independent republics in the 1990s.

유고슬라비아는 1990년대에 7개 독립국가로 분리됐다.

Balkanized

NEWS

World | US Politics | Foreign Policy | Business | Culture | Environment | Immigration | Inequality | Brexit | Tech | More ▾

an *audience*
with His Holiness

　'청중, 관중'의 뜻이 있는 audience는 '알현'이라는 뜻도 있습니다. 지체 높은 분을 뵐 때 쓰는 말이죠. 이렇게 audience가 '중요한 사람과의 공식적인 만남formal meeting with an important person'을 뜻할 때, 이 중요한 사람은 대개 교황이나 왕족 등으로 한정됩니다. 예방하는 대상으로 흔히 등장하는 the Pope과 the Queen은 경칭을 써서 His Holiness Pope Francis(프란치스코 교황 성하), Her Majesty The Queen(여왕 폐하) 등으로 표현하기도 합니다.

　이해를 돕기 위해 audience가 여러 의미로 쓰인 예를 모아봤습니다.

Michelle Obama's Surprise Grammys Appearance Stuns Audience

〈미셸 오바마, 그래미상 시상식에 깜짝 등장해 관객을 놀라게 하다〉 (New York Times / Maya Salam / 2019.2.10.)

necessary changes to enable the book to appeal to a wide audience

폭넓은 독자에게 다가기 위해 책에 필요한 변화

343

Warner Music Pursues Young, Digital Audience With Purchase of Uproxx

〈워너 뮤직, 업락스 인수로 젊은 디지털 고객을 겨냥하다〉(The Wall Street Journal / Anne Steele, Benjamin Mullin / 2018.8.2.) ◀ 워너뮤직그룹이 음악을 넘어서는 확장된 콘텐츠개발과 젊은 디지털 고객유치를 위해, 연예 및 대중문화 미디어사이트 업락스를 인수했다는 내용의 기사

Pope Francis kissed a bandaged, sick child in St. Peter's Square at the Vatican during his weekly audience.

프란치스코 교황이 바티칸 성베드로광장에서 열린 수요 일반알현에서 붕대를 감은 몸이 좋지 않은 아이에게 입을 맞췄다.

Angelina Jolie has been made an honorary dame by the Queen in a private audience at Buckingham Palace.

버킹엄 궁에서 여왕을 알현한 자리에서 안젤리나 졸리는 명예 데임(남성의 기사Sir에 상당하는 직함) 작위를 받았다.

"Her Majesty and His Royal Highness will have an Audience with His Holiness Pope Francis at the Vatican," the statement said.

"여왕 폐하와 (필립 에든버러) 공작 전하께서 프란치스코 교황 성하를 바티칸에서 예방할 것입니다"라고 성명서를 통해 밝혔다.

A papal visit to North Korea

교황pope/pontiff을 직접 뵙는 것을 papal audience(교황알현)라고 합니다. 바티칸에서는 매주 수요일마다 교황을 만날 수 있다고 하죠. 교황을 보며 강론small teachings and readings을 듣고 축복Apostolic Blessing 받을

수 있는 이 기회는 누구에게나 열려있어 general audience(일반알현)라고 합니다. 대개 성베드로광장St. Perter's Square에서 열리고 겨울에만 바오로 6세 홀Paul VI Audience Hall에서 열린다고 합니다. 일반알현 마지막에 프란치스코 교황은 모인 이들 사이로 다가가 악수하고, 아기들에게 입 맞추고, 이민자들을 안아주며 축복합니다.

바티칸을 찾은 각국 지도자처럼 교황을 개인적으로 예방하는 것은 private audience(개인알현)라고 합니다. 문재인 대통령도 2018년 10월, 유럽 순방 중에 바티칸 교황청을 찾아 프란치스코 교황을 예방했습니다. 이때 김정은 북한 국무위원장의 교황 방북 초청의사를 전하기도 했죠.

교황알현 전날, 성베드로 대성당St. Peter's Basilica에서 피에트로 파롤린Cardinal Pietro Parolin 국무원장Vatican secretary of state 주재로 진행된 '한반도 평화를 위한 특별미사"Mass for Peace" on the Korean Peninsula'에 참례해 기념연설을 한 문재인 대통령은 독실한 천주교 신자로 알려져 있습니다. 교황과의 면담자리에서도 자신이 '디모테오(영어로 Timothy)'라는 세례명을 가진 가톨릭 신자라고 밝혔다고 합니다.

교황청 공보실Holy See Press Office이 프란치스코 교황과 문 대통령의 만남 이후 발표한 공식성명communiqué에서 "Today, in the Vatican Apostolic Palace, the Holy Father Francis received in audience H.E. Mr. Moon Jae-in, President of the Republic of Korea, …"라고 했습니다. 교황 관저인 사도궁전Apostolic Palace에서 프란치스코 교황이 한국 대통령을 접견했다고 했는데, 교황 이름 앞에 the Holy Father(교황 성하)라는 존칭을 썼고, 문재인 대통령 이름 앞에 H.E. 즉, His Excellency(각하)라는 존칭을 썼습니다.

면담자리에서 문 대통령은 한반도의 평화와 화해, 번영을 위해 언제나 기도하고 주요 고비마다 지지의 메시지와 축복을 내려 주셔서 감사하다는 말을 전했고, 프란시스코 교황은 한반도 평화를 위한 한국정부의 노력을 적극 지원한다며 멈추지 말고 나아가고 두려워하지 말라는 말씀을 전했다고 합니다.

많은 제약에도 바티칸 개혁을 이끌고 있는 프란치스코 교황은 남북 단일팀이 구성된 평창동계올림픽, 4월 판문점 남북정상회담, 6월 북미 싱가포르 회담 등 한반도의 중요한 시기마다 일반알현이나 삼종기도 연설Angelus address 등을 통해 축복과 격려의 메시지를 보냈습니다. 2014년 한국을 방문했을 때는 사회적 약자와 세월호 유가족, 위안부 피해자에게 위로와 희망의 메시지를 전했죠. 면담 당시 문 대통령이 이를 감사히 여기자, 한국에서 집전한 미사에서 위안부 할머니들이 앞자리에 앉아 있었다며 기억을 되살렸다고 합니다.

한반도 평화에 각별한 관심을 보이는 프란시스코 교황의 방북 초청은 2018년 9월 평양에서 열린 남북정상회담September 2018 inter-Korean summit에서 문 대통령의 제안으로 대두됐다고 하죠. 김 위원장의 초청의사에 대해 교황은 "If North Korea invites me, I will certainly respond to it, and I can possibly go."라고 하며 한반도 평화의 길에 동참했다고 청와대 영어판 홈페이지가 전했고, 바티칸도 "The pope expressed his willingness"라고 언론에 밝혔습니다.

《AP》는 전에도 이와 유사한 초청이 있었다며 2000년 남북정상회담2000 inter-Korean summit 때를 언급했습니다. 김대중 대통령의 권유로 김정일 국방위원장이 교황 요한 바오로 2세Pope John Paul II를 초청했지만, 종교활동religious activities이 엄격히 통제된 북한에 대해 바티칸이

2015년 9월, 라울 카스트로Raúl
Castro 쿠바 국가평의회 의장을
만난 프란치스코 교황

(사진 출처: Calixto N. Llanes)

가톨릭 사제를 받아들여야만if Catholic priests were accepted 교황 방북이
가능하다고 해 성사되지 않았다고 합니다.

《가디언The Guardian》의 종교전문 기자는 북한의 공식초청과 바티칸
이 고려해야 할 조건 등이 아직 남아있지만, 교황이 의지를 밝힌 만큼
평양 방문이 성사된다면, 이미 예정된 2019년 일본 방문과 때를 같이
할 가능성이 높다고 점쳤습니다. 또 북한의 종교탄압 실태를 전하며
최초가 될 교황의 방북unprecedented papal visit to North Korea이 상당한 상
싱성을 낼 것이라고노 했쇼.

미국 국제기독선교단체이자 기독교 감시단체Christian watchdog 오픈
도어스Open Doors에 따르면 북한은 기독교인 박해persecution of Christians
가 가장 심한 나라로, 50개 기독교 박해국 중 16년째 1위라고 합니다.

북한에서 기독교인으로 발각되면 강제노동 수용소labour camps로 보내지거나 그 자리에서 처형되기도 하는데, 오픈도어스는 2천 5백만이 넘는 북한 인구 중 기독교인을 30만 명으로 추산하고, 이 중 5천에서 7천 5백 명 정도가 강제수용소로 보내졌다고 봅니다.

미 정부 산하 국제종교자유위원회US Commission on International Religious Freedom는 2018년 연례보고서에서, 종교와 신앙에 대해 정부가 가장 적대적이고 탄압적인the most hostile and repressive 태도를 취하는 북한에는 종교나 신앙의 자유freedom of religion or belief가 없다고 했습니다. 예배당houses of worship이 몇 곳 있지만 북한에도 종교가 존재한다고 보여주기 위한 선전용propaganda purposes일 뿐, 완전히 정부의 통제를 받고 있고, 종교 중에서도 특히 기독교Christianity와 같은 서양 종교를 위협으로 보는 북한 정권은 신자들religious believers을 체포, 고문, 감금, 처형하는 것으로 알려져 있다고 했습니다.

이렇게 폐쇄된 사회지만 2019년 초, 김정은이 "수령의 혁명 활동과 풍미를 신비화하면 진실을 가리우게 된다"고 말하며, 최고지도자를 신비화했던 기존 선동 방식에 변화를 시사하는 등 미묘한 변화의 움직임이 보여, 프란치스코 교황 방문이 어떤 변화를 불러올지, 또 한반도 평화기류에 어떤 영향을 미칠지 궁금해집니다.

이번에 다룬 audience가 나오거나 프란치스코 교황과 문재인 대통령의 만남, 북한의 종교에 대해 읽을 수 있는 기사를 아래 추천합니다.

Holy See Press Office
<Holy See Press Office Communiqué: Audience with the President of the Republic of Korea, 18.10.2018>

Crux
<South Korean leader in Rome, praises pope's peace message>
By Nicole Winfield (2018.10.17.)

AP
<At Vatican, South Korean leader says he's certain of peace>
By Nicole Winfield (2018.10.18.)

Cheong Wadae
<President Moon meets Pope Francis at Vatican>
By Xu Aiying, Hahm Hee-eun (2018.10.19.)

The Guardian
<Pope Francis willing to visit North Korea, Vatican official says>
By Harriet Sherwood (2018.10.19.)

The Royal Family (www.royal.uk)
<Announcement of The Queen and The Duke of Edinburgh's visit to Rome>
(2014.2.3.)

Quiz Fill in the blank

Queen Elizabeth II and Prince Philip received a gift for Prince George during their private, half-hour a_____ with Pope Francis.

엘리자베스 2세 여왕과 필립공은 30분 동안 프란치스코 교황을 예방한 자리에서 조지 왕자에게 주는 교황의 선물을 받았다.

audience

NEWS

World | US Politics | Foreign Policy | Business | Culture | Environment | Immigration | Inequality | **Brexit** | Tech | More ▾

the time for people
to have their *say*

'말하다to speak'는 뜻의 say는 '표현하다to express', '보여주다to show', '나타내다to indicate', '~라고 쓰여있다to give information', '전하다to report', '진술하다to state' '가정하다to suppose/assume' 등 많은 뜻을 담아내는 동사입니다. 이런 say가 명사로는 '의견 표시expression of opinion', 의견을 표하는 '발언'을 뜻하고, 더 나아가 의견을 말해 어떤 상황이나 결과에 영향을 줄 수 있는 권리right to influence action or decision by giving opinion인 '발언권'이나 '결정권'을 뜻하기도 합니다.

　이해를 돕기 위해 say가 여러 의미로 쓰인 예를 모아봤습니다.

During his congressional testimony, President Trump's former personal lawyer and fixer Michael Cohen **said** Trump had advance knowledge of WikiLeaks' plans to release emails that would damage Hillary Clinton's campaign.

트럼프 대통령의 개인변호사이자 해결사였던 마이클 코언은 의회에서 증언하면서, 힐러리 클린턴의 선거운동에 타격을 줄 이메일을 위키리크스가 폭로하려는 계획에 대해 트럼프가 미리 알고 있었다고 말했다.

You may not believe the Mueller report no matter what it says

〈뮬러 보고서에 뭐라고 쓰여 있든 당신은 그것을 믿지 않을 수 있다〉 (PBS NewsHour / Nsikan Akpan / 2019.3.29.) ◀ 뮬러 특검이 2년 가까이 러시아 스캔들을 수사한 결과를 담은 보고서가 공개되더라도 트럼프에게 혐의가 있는지 없는지에 대한 사람들의 개인적 판단에는 변화가 없을 가능성이 크다고 신경과학을 근거로 설명한 기사

Kevin Spacey And Harvey Weinstein Employment Agreements Say A Lot About Hollywood

〈케빈 스페이시와 하비 와인스타인의 고용계약서는 할리우드의 많은 면을 보여준다〉 (Forbes / Bryan Sullivan / 2017.11.15.)

Street artist Banksy has had his say on the Brexit vote with a mural showing a worker chipping away at a star on the EU flag.

거리예술가 뱅크시는 한 노동자가 유럽연합기의 별 하나를 쪼아 없애는 벽화로 브렉시트 투표에 대한 자신의 생각을 밝혔다.

legislation intended to give employees a greater say in improving the workplace safety

일터 안전 개선에 있어 노동자에게 더 많은 발언권을 부여하려는 입법 조치

By staying in the customs union but not in the EU, the UK has no say in any future trade deals Brussels signs.

영국이 관세동맹에는 남지만 EU를 떠나게 되면, 앞으로 EU가 맺을 무역협정에서 아무런 발언권이 없다.

MPs from all parties have urged Theresa May to give the public the final say over Brexit at the 'Put It To The People March' in London.

런던에서 열린 'Put It To The People March(국민에게 맡겨라)' 시위에 참여한 각 정당의 의원들이 브렉시트에 대한 최종 결정권을 국민에게 맡기라고 테레사 메이에게 촉구했다.

the UK leaving the EU

2016년 6월 23일, TV에서 《BBC》 앵커가 "Today, it is time for the voters to have their say"라고 말하며 중계방송을 하는 사이, 영국 국민은 다음과 같은 질문을 마주합니다.

"Should the United Kingdom remain a member of the European Union or leave the European Union?"

'함께'보다는 '따로'를 선택한 영국은 유럽의 경제적, 지정학적 균형에 역사적인 전환점이 될 브렉시트Brexit로 몇 년간 분열과 혼란을 겪고 있습니다. 브렉시트에 관한 기사를 읽다보면 필히 만나게 되는 단어 중 하나가 Eurosceptic입니다. Euro-와 sceptic(회의론자)의 합성어로 우리말로는 '유럽(통합)회의론자' 또는 'EU 회의론자'라고 하더군요. Skeptic이라는 철자를 쓰는 미국식 영어는 Euroskeptic이라고 철자합니다.

유럽통합European integration과 유럽연합(EU)European Union에 비판적인 시각을 Euroscepticism(유럽회의주의)이라고 합니다. EU의 일부 제도나 정책에 반대하며 개혁을 요구하는 soft Euroscepticism에서부터 유럽연합에 속하는 것을 아예 반대하는 hard Euroscepticism 또는 anti-European Unionism까지 폭넓게 칭한다고 합니다. 하지만 Eurosceptic이라고 하면 대개는 soft한 쪽을 보편적으로 칭하는 편이고, hard한 쪽은 anti-European, opponents of the EU라고 보다 구체적으로 칭합니다.

이에 반해 유럽통합과 EU 회원국으로서의 위치를 선호하는 정치적인 입장을 pro-Europeanism 또는 European Unionism이라고 합니다. 이 말도 유럽연합으로 형성된 하나의 초강대국single superstate인 '유럽합중국United States of Europe'을 추구하는 급진적 유럽 연방주의자radical European federalists까지 포괄하는 용어라고 합니다.

유럽통합이 국가의 주권을 약화시키고to undermine national sovereignty, EU가 지나치게 관료주의적이고too bureaucratic 소모적이며, 이민을 부추기고to encourage high levels of migration, 신자유주의 기구neoliberal organization로 긴축정책austerity에 책임이 있다는 등의 생각에서 비롯된 Euroscepticism은 좌우를 막론하고 정치 스펙트럼 전반에서 찾아볼 수 있으며 특히 포퓰리즘 정당populist parties에서 강하게 나타난다고 합니다.

Eurosceptic, anti-European의 반대말로 흔히 Europhile, pro-European이 사용됩니다. 용어에서 볼 수 있듯이, EU를 그냥 Europe으로 칭하기도 하고, EU 주요기관이 자리한 행정 중심지administrative center of the European Union인 벨기에Belgium의 'Brussels(브뤼셀)'를 EU를 대변하는 말로 쓰는 경우도 자주 볼 수 있습니다. Washington이 '미국 정부', Westminster가 '영국 의회와 정부'를 가리키듯이 말이죠. 'Bureaucrats of Brussels(EU 관료들)', 'antagonism to Brussels(EU에 대한 적대감)', 'anti-Brussels rhetoric(반EU적 수사)' 등을 예로 들 수 있습니다.

영국이 유럽연합을 떠나는the UK leaving the EU Brexit(Britain+exit)을 지지하는 사람을 Brexiteer라고 합니다. 테레사 메이 총리가 소프트 브렉시트soft Brexit로 방향을 틀자 이에 반발해 사퇴한 전 외무장관 former foreign secretary 보리스 존슨Boris Johnson이 보수당Conservative Party 내 대표적인 브렉시트 강경파prominent Brexiteer이고, 브렉시트를 강력히 주장하는 극우정당hard Eurosceptic, right-wing political party인 영국 독립당(UKIP)UK Independence Party 전 대표 나이젤 파라지Nigel Farage는 'arch-Brexiteer'로 불립니다.

European Union

유럽 28개국이 정치적, 경제적으로 연합한political and economic union of 28 member states EU는 1950년대에 설립된 '유럽석탄철강공동체'와 '유럽경제공동체'로부터 발전했습니다.

2차 세계대전World War II 이후 극단적인 민족주의로 황폐화하고 분열된 유럽에 평화를 불러올 방안으로 유럽통합이 모색됐고, 프랑스와 독일을 주축으로 한 6개국Belgium, (West) Germany, France, Italy, Luxembourg, the Netherlands이 전쟁도발의 핵심인 석탄과 철강산업two industries essential for waging war을 공동관리해, 전쟁이 실질적으로 일어날 수 없게 하면서 경제적인 이해관계의 결합을 통해 지역적 통합을 시도한 최초의 초국가적supranational 기구가 1951년 설립된 유럽석탄철강공동체(ECSC)European Coal and Steel Community입니다.

1957년 설립된 유럽경제공동체(EEC)European Economic Community는 유럽의 평화와 자유를 수호하며 더 긴밀히 연합할 기반을 구축하기 위해 만들어졌습니다. 회원국 간 경제적인 통합economic integration과 균형잡힌 성장balanced economic growth을 목적으로 공동시장common market, 관세동맹customs union 등을 추구했고, 이후 상품goods, 자본

capital, 서비스services, 노동력labor이 자유롭게 이동할 수 있는 내부 단일시장internal market / European single market을 만들어냅니다.

경제적으로 상호의존적이면economically interdependent 그만큼 분쟁을 피할 수 있다는 생각에 경제적 협력관계를 조성하며 시작된 유럽통합은 서서히 회원국을 늘려가며 통합과 개명을 거듭했고, 경제연합에서 정치연합으로 확대·진화하며, EC(유럽공동체)European Communities를 거쳐 현재의 EU로 발전했습니다.

독자적인 법령 체계European Union law와 입법, 사법, 행정부를 모두 갖추고 분야별 공동정책common policies을 확대해 가고 있는 EU는 하나의 국가 형태를 갖추면서도 회원국 정부간intergovernmental 의사결정을 하는 초국가적 기구입니다. 행정부 역할을 하는 EU집행위원회European Commission, 입법부 역할을 하는 유럽의회European Parliament, 회원국 각료들로 구성돼 EU의 주요 정책을 결정하는 유럽이사회Council of the European Union, 그리고 유럽사법재판소(European) Court of Justice와 유럽중앙은행European Central Bank 등의 기관으로 이루어져 있습니다.

Britain's relationship with Europe

전후 유럽통합 움직임에 대해 윈스턴 처칠Winston Churchill은 유럽인들이 평화롭고 안전하며 자유롭게 살 수 있는 일종의 유럽합중국을 세워야한다"We must build a kind of United States of Europe"고 연설했을 징도로 적극적인 지지를 보냈지만, 1951년 ECSC가 설립될 때 영국은 참여하지 않았고, 1957년 ECC 창설을 위한 로마조약Treaty of Rome 체결에도 참가 요청을 받았지만 거절했다고 합니다.

이후 영국 경제는 제자리걸음을 면치 못한 반면 프랑스와 독일은 동맹을 강화하며 경제 재건에 성공적인 모습을 보이자 영국은 EEC에 가입하려 합니다. 하지만 샤를 드골Charles de Gaulle 프랑스 대통령이 두 번이나 거부권을two vetoes 행사하죠. 드골이 물러난 뒤 영국은 1973년 EEC에 가입했고, 1975년 국민투표1975 UK European Communities membership referendum를 통해 회원국으로서의 위치를 재확인합니다. 당시 주요 3당이 모두 회원국으로서의 위치를 지지했고, 주요 언론도 같은 목소리를 냈기 때문에 67% 넘게 찬성했다고voting in favor 합니다.

그렇지만 영국 내 유럽통합에 대한 찬반논란은 계속됐고, 1980년대 들어 유럽통합이 정치연합의 성격을 강화하면서 유럽회의주의가 심화돼, 유럽에서의 영국의 위치에 대한 논란은 좌우를 막론하고 당내 갈등을 유발하는 첨예한 이슈가 됐다고 합니다.

마거릿 대처 수상Premier Thatcher
(사진 출처: Rob Bogaerts)

단일시장의 기초를 다진 유럽위원회 집행위원장 자크 들로르Jacques Delors는 더 강한 유럽연방more federal Europe과 단일통화single currency를 추구하지만, EEC의 역할이 자유무역과 경쟁을 보장하는 데에 한정되어야 한다고 생각한 마거릿 대처Margaret Thatcher 총리는, 유럽연합이 연방구조federal structure로 중앙집권적인 의사결정centralization of decision making을 강화하는 데에 반대했습니다.

대처는 1975년 국민투표 당시 영국이 ECC에 속하는 것을 지지했지만, 총리가 된 뒤 유럽공동체와 대립한 것으로 알려져 있습니다. 1984년에는 영국이 부담하는 분담금UK's contributions에 비해 (다른 나라보다 상대적으로 농지가 적어) 농업 보조금farm subsidies을 적게 받는 불균형을 바로잡기 위한 리베이트British rebate를 받아내기도 했습니다. 당시 "I want my money back!"이라고 외쳤다는 (실제로는 "We are simply asking to have our own money back"이라고 말했다고 합니다) 일화는 대처가 유럽과 각을 세운 사례 중 하나로 회자됩니다. "European super-state exercising a new dominance from Brussels(브뤼셀(유럽집행위원회)의 새로운 지배력을 행사하는 유럽연합 초강대국)"라는 표현을 쓰며 유럽연합의 과도한 권력excessive powers of Brussels을 거부한 대처 수상의 태도는 결국 내각 내 친유럽파pro-Europeans에 의해 퇴출되는 결과를 가져오는 데 일조합니다.

뒤를 이어 총리가 된 존 메이저John Major 역시 마스트리히트 조약Maastricht Treaty(EC의 통합 수위를 높여 정치·경제·통화연합을 추구하는 EU를 설립하기로 합의한 조약) 비준을 두고 보수당 내 의원들Tory rebels이 영국의 전통적인 의회주권sovereignty of parliament을 약화시킨다며 반대한 사건과 '검은 수요일Black Wednesday'(영국 중앙은행이 파운드화 폭락을 방어하지 못해, EEC가 유럽 환율시장의 안정을 도모하기 위해 도입한 유럽 환율조정장치European Exchange Rate Mechanism에서 영국이 퇴출된 사건) 등 유럽통합과 관련된 문제로 고전을 면치 못하다 노동당에게 정권을 내줍니다. (참고로 영국 보수당을 전신인 Tory Party로 칭하기도 하고, 보수당원을 Tory라고 부르기도 합니다.)

이렇게 유럽(연합)과의 관계만큼 영국 정치에 있어 분열을 조장하고divisive 감정을 자극하는emotive 문제는 없다고 합니다. 혹자는 빙산의 일각과도 같이 드러난 것보다 더 큰 갈등이 도사리는 문제라고 표현하기도 합니다. 《BBC》는 영국과 유럽의 'long and rocky relationship(오랜 험난한 관계)'을 역사적 배경을 통해 설명한 기사에서, 'in or out'이라는 양극화된 반응polarized reaction을 불러온 이 이슈가 정당 간 대립 뿐 아니라 정당 내에도 깊은 분열을 초래하기 때문에 아주 해롭다는 버논 보그다너Vernon Bogdanor 교수의 말을 인용합니다. 사학자historian이자 헌법전문가constitutional expert인 그는 전후post-war 영국 정치의 근본적인 갈등이 좌·우의 충돌보다는 영국의 미래가 유럽에 달려있느냐, 그렇지 않느냐의 충돌로 볼 수도 있다고 했습니다.

영국이 EU의 시발점인 유럽석탄철강공동체 발상에 냉담하게 반응하자 당시 서독 총리chancellor of West Germany 콘라트 아데나워Konrad Adenauer는 영국이 유럽통합의 노력을 막아서고 있다며 영국이 스스로를 유럽국가라기보다는 '유럽의 이웃'으로 여기는 것 같다고("She regards herself more as a neighbor of Europe than as a European nation.") 말했다고 합니다. 실제로 영국에서는 'Europe'이 '영국을 제외한 유럽all of Europe except for Britain'을 뜻하기도 한다고 옥스퍼드 사전에 나와 있습니다. 이런 사례에서도 나타나듯이 영국은 유럽(연합)

과 일정 거리를 유지해arms-length attitude to Europe 왔습니다. 유럽 단일 통화the euro single currency가 도입돼 유로존eurozone이 형성됐을 때도 자국 파운드화pound sterling를 유지했고, 여권이나 국경검문border checks 없이 회원국 간 자유로운 이동을 보장한 솅겐조약Schengen Agreement 에도 가입하지 않는 등 EU와 가장 느슨한 관계를 맺고 있는most semi-detached 회원국이었죠.

journey from ambitious Eurosceptic to passionate EU defender

EU 회원국, 또는 회원국이 되려는 나라에서 EU와 관련된 국민투표 Referendums related to the European Union를 실시하곤 하는데, 가입할지를 묻는 찬반 투표가 대부분이었고, 유로화 채택이나 EU의 정책 관련 투표도 있었다고 합니다. EU와의 관계로 논란이 끊이지 않는 영국이지만 1975년 이후 EU 관련 국민투표를 한 적이 없어 정치인들 사이에서 그 필요성에 대한 주장은 계속되어 왔다고 합니다. 그러던 영국이 2016년, 회원국으로서의 위치를 유지할지 말지 다시 한 번 국민에게 묻습니다.

Brexit referendum은 영국 보수당이 2015년 총선공약manifesto commitment으로 내세우며 실시하게 됐고, 그 중심에는 데이비드 캐머런David Cameron 총리가 있습니다. 그는 총선에서 노동당에게 3번이나 패했던 보수당을 2번 연속 승리로 이끌었지만, 단 한 번의 위험한 노박으로 모든 것을 잃고 영국을 EU에서 빼낸 인물로 역사에 남게 됐습니다.

스코틀랜드 저널리스트 알렉스 마씨Alex Massie는 《포린폴리시

Foreign Policy》에 기고한 글에서, 토리당을 현대화하고to modernize the Tory Party 영국을 통합하려to unify the United Kingdom 했던 총리가 정반대의 결과를 낳았다고 썼습니다. 그에 따르면 캐머런은 보수당에 변화가 요구되는 때에 대표가 돼, 감세tax cuts와 동성결혼gay marriage 등 경제적으로는 보수적이지만 사회적으로는 진보적인economically conservative but socially liberal, 더 온화하고 포용적인gentler, more inclusive 토리를 이끌려 한 총리로, 이전 보수당 총리들이 유럽 문제로 인한 내분party divisions over Europe으로 어떤 결과를 맞았는지 잘 알기에, 당면 현안immediate and pressing concerns을 푸는 데 방해만 되는 이 문제로 당이 대립하는 것을 가능한 피하려 했다고 합니다. 당 대표가 된 뒤 2006년 보수당 회의Conservative Party Conference 첫 연설에서, 보수당이 국민의 관심사things that most people care about를 논하는 대신 자신들에게 가장 큰 관심거리what we cared about most를 이야기해왔다며, 부모들이 육아를 걱정하고 있을 때 '우리는 유럽에 대해 계속 떠들어댔다'고 한 "we were banging on about Europe"은 그의 이런 의도를 보여주는 표현으로 언론에서 자주 인용됐습니다.

《폴리티코POLITICO》는 Brexit 투표를 앞두고 캐머런을 다룬 기사에서, 유럽에 대한 보수당의 집착을 끝내겠다고 다짐한 캐머런이 오히려 유럽에 의해 결정적인 위기를 맞게 됐다고 전했습니다. 아버지가 반EU 타블로이드anti-EU tabloid 열혈독자고, 대처 전성기에 보수당 연구원으로 입당한 캐머런이, 천성 Eurosceptic으로 단일통화 유로 도입에 반대하고"no to the single currency" 영국 주권을 더 이상 EU에 넘기는 데 반대하지만"no to further transfer of powers from Westminster to Brussels", 영국의 EU 탈퇴 또한 분명히 반대했으며not an outer, 총리가 된 뒤에는 원하는 것을 얻기 위해 EU와 협력해야 한다는 것을 어렵게 터득한, 정부와 당에 무엇이 최선인지 생각하는 실용주의자pragmatist라고 설명했습니다. Brexit 투표를 하기로 한 불가피한 결정도, EU 잔

2011년 5월. (왼쪽부터) 고든 브라운Gordon Brown. 토니 블레어Tony Blair. 존 메이저John Major 등 전임 총리들과 연정 파트너인 자유민주당 닉 클레그 부총리Deputy Prime Minister Nick Clegg와 함께 영국 의회에서 연설한 버락 오바마Barack Obama 대통령에게 박수를 보내고 있는 데이비드 캐머런 총리
(사진 출처: White House)

류를 지지한 것to back Remain도 모두 그의 이런 실용주의적 입장에서 비롯됐다고 해석했습니다. 탈퇴로 인한 위험성이 너무 크기 때문에 the risks of leaving are too great 투표결과를 잔류로 예상한 야심찬 총리가, Brexit 투표로 당내 분란을 일단락한 뒤 차기선거에서 노동당을 이기는데 전념하려는 의도였다는 거죠.

《가디언The Guardian》은 캐머런이 당에 치명적인 문제에 전략보다는 전술을 앞세워to put tactics before strategy 대응해 왔다고 했습니다. Soft Euroscepticism 성향의 캐머런이 친EU 파와 반EU 파 사이에서 저글링하며 EU 문제가 불거질 때마다 그때그때 대응책을 내놓았고, 당 운영상의 문제party management issue로 여기며 가능한 논외로 하려 했던 EU 문제가 긴축정책austerity과 이민immigration 등으로 매우 심각해지자, 더 이상 피할 수 없어 선택한 해결책이 Brexit 국민투표라고 했습니다.

캐머런이 국민투표의 필요성을 느낀 배경은 이렇습니다.

대처 총리의 반유럽적 레토릭과 태도anti-European rhetoric and stance는 유럽통합을 영국의 주권과 국가정체성에 대한 위협threat to UK sovereignty and national identity으로 보는 토리 우익Tory right wing의 풍조로 자리잡았고, EU에 호의적인 노동당이 13년간 장기집권하는 사이 EU의 변화와 더불어 보수당도 세대교체를 통해 의원들 사이에 Euscepticism이 더 보편화됐다고 합니다.

2010년 총선에서 가장 많은 의석을 차지하지만 과반을 확보하지 못한 보수당은 친EU 성향의 자유민주당Liberal Democrats과 연립정부Cameron-Clegg coalition를 꾸리고, 이로 인해 캐머런은 당내 hard Eurosceptics의 불만을 삽니다. 또 유럽과 관련된 이슈마다 캐머런이 제시한 부분적인 양보와 회유에 반EU 파들은 만족하는 대신 더 많은 것을 원하며 크고 작은 반란으로 맞섰다고 합니다.

2008년 글로벌 금융위기global financial crisis 이후 계속된 불황recession 으로 경기가 악화됐고, 2010년 유럽 재정위기European debt crisis가 영국에도 영향을 미쳤으며, 이주노동자의 유입으로 일자리가 줄고 복지 비용이 증가한다는 생각에 반이민·반EU 정서anti-immigration, anti-EU sentiment가 강해지는 가운데, EU 탈퇴를 주장하며 등장한 극우정당인 독립당(UKIP)이 강세를 보이자, 캐머런은 당내에서 계속 요구해 온 브렉시트 국민투표의 필요성을 느낍니다. 결국 그는 보수당 내 반EU 정서를 달래고to placate the Euroskeptics in his own party 당내 우익his own right flank을 위협하는 독립당을 견제할 방편으로 2015년 총선에서 보수당이 과반을 확보하면 EU 탈퇴를 묻는 국민투표를 실시하겠다고 pledge to hold an in-out referendum on EU membership 발표합니다.

2013년 1월, 런던 블룸버그 빌딩Bloomberg London에서 발표해 'Bloomberg speech'라고 이름 붙은 이 연설에서, 캐머런은 '유럽의 미래'에 대해 이야기하고 싶다고 운을 뗀 뒤 EU의 탄생, 영국과 유럽의 역사적 관계, 현재 EU의 위기와 개혁 방향, 변화된 EU에서의 영국의 미래에 대한 국민의 선택 등으로 이어가며 아주 긴 연설을 합니다. 여기에는 경제적인 번영을 위해 단일시장이 가장 중요한 Eurosceptic의 관점이 잘 드러나 있고, EU에 대한 불만과 브렉시트의 배경이 함축적으로 설명되어 있어 일부 소개합니다.

우선 EU가 평화를 위해to secure peace 탄생했지만 현재는 번영을 목적으로 한다고to secure prosperity 말한 뒤 영국이 EU를 대하는 태도의 바탕을 역사적 배경과 함께 설명합니다.

I know that the United Kingdom is sometimes seen as an argumentative and rather strong-minded member of the family of European nations. And it's true that our geography has shaped our psychology. We have the character of an island nation — independent, forthright, passionate in defence of our sovereignty. We can no more change this British sensibility than we can drain the English Channel. And because of this sensibility, we come to the European Union with a frame of mind that is more practical than emotional. For us, the European Union is a means to an end — prosperity, stability, the anchor of freedom and democracy both within Europe and beyond her shores — not an end in itself.

...

For all our connections to the rest of the world — of which we are rightly proud — we have always been a European power — and we always will be. From Caesar's legions to the Napoleonic Wars. From the Reformation, the Enlightenment and the Industrial Revolution to the defeat of Nazism. We have helped to write European history, and Europe has helped write ours.

...

Britain is characterised not just by its independence but, above all, by its openness. We have always been a country that reaches out. ... I never want us to pull up the drawbridge and retreat from the world. I am not a British isolationist. I don't just want a better deal for Britain. I want a better deal for Europe too. So I speak as British Prime Minister with a positive vision for the future of the European Union. A future in which Britain wants, and should want, to play a committed and active part.

EU에 쉽게 순응하지 않는 섬나라 영국의 감수성을 언급한 뒤, 영국에게 EU는 번영과 안정, 자유와 민주주의 같은 목적을 위한 수단이지 그 자체가 목적이 아니라며, 독립성과 더불어 개방성도 공존하는 영국이 적극적으로 동참하고자 하는 EU의 미래상을 제안하며 연설을 이어갑니다.

현재 EU가 직면한 위기를 유로존 불안, 유럽의 경쟁력 저하, EU에 대한 회원국의 불만 증가, 이 세 가지로 봤는데, 마지막 항목에 대한 설명에는 남유럽 국가들을 위한 구제금융으로 재정분담금이 늘어난 것에 대한 영국민의 불만이 포함되어 있습니다.

Third, there is a **growing frustration** that the EU is seen as something that is done to people rather than acting on their behalf. And this is being intensified by the very solutions required to resolve the economic problems. People are increasingly frustrated that **decisions taken further and further away from them** mean their living standards are slashed through enforced austerity or **their taxes are used to bail out governments on the other side of the continent.**

캐머런은 EU가 이런 위기에 대처하기 위해서는 근본적인 혁신 fundamental, far-reaching change을 통해 21세기형 EU로 새로워져야 한다며 이를 위한 자신의 비전을 제시합니다. 몸집을 줄이고 불필요한 관료주의에서 벗어나leaner, less bureaucratic Union 경쟁력 제고에 앞장서는 EU, 권력이 중앙에만 집중되지 않고 분산되기도 하는 EU, 민주적이고 공정한 EU가 되어야 한다고 말하며, 특히 회원국의 다양성을 인정해야 한다고 강조합니다. EU가 회원국들의 '보다 긴밀한 연합'을 추구하지만 영국은 이에 반대하며 'ever closer union'이 아닌 회원국의 다양성이 공존해 서로 협력하는 유연한 EU가 되어야 한다고 아래와 같이 말합니다.

The second principle should be flexibility.
We need a structure that can accommodate the diversity of its members — North, South, East, West, large, small, old and new. Some of whom are contemplating much closer economic and political integration. And many others, including Britain, who would never embrace that goal.
I accept, of course, that for the single market to function we need a common set of rules and a way of enforcing them. But we also need to be able to respond quickly to the latest developments and trends. Competitiveness demands flexibility, choice and openness — or Europe will fetch up in a no-man's land between the rising economies of Asia and market-driven North America.

이제 영국민이 EU에 대해 느끼는 환멸을 이야기합니다.

Today, public disillusionment with the EU is at an all time high. There are several reasons for this.
People feel that the EU is heading in a direction that they never signed up to. They resent the interference in our national life by what they see as unnecessary rules and regulation. And they wonder what the point of it all is. Put simply, many ask "why can't we just have what we voted to join — a common market?"
They are angered by some legal judgements made in Europe that impact on life in Britain. ... But people also feel that the EU is

now heading for a level of political integration that is far outside Britain's comfort zone. They see Treaty after Treaty changing the balance between Member States and the EU. And note they were never given a say.

EU가 영국민이 청하지 않은 방향으로 나아가며 그들의 일상에 간섭하고, 정치적 통합의 수준을 높여가며 회원국과의 균형을 깨뜨리고 있는데, 영국 국민은 이에 대해 어떤 발언권도 주어지지 않았다고 했습니다.

영국민에게 이런 현실을 계속 받아들이라고 하는 것은 결국 EU 탈퇴를 보장하는 길이 될 것이라며, EU와의 문제가 저절로 사라지길 바라지 않고 논의를 통해 정면으로 맞서기 위해 국민투표를 실시하려 한다고 말을 이어갑니다.

Simply asking the British people to carry on accepting a European settlement over which they have had little choice is a path to ensuring that when the question is finally put — and at some stage it will have to be — it is much more likely that the British people will reject the EU. That is why I am in favour of a referendum. I believe in confronting this issue — shaping it, leading the debate. Not simply hoping a difficult situation will go away.

이어 지금 당장 국민투표를 실시하자는 의론이 있는데, 현재의 EU에서 탈퇴여부를 묻는 것은 완전히 잘못된 결과를 불러올 것이라고 말합니다.

Some argue that the solution is therefore to hold a straight in-out referendum now. ... A vote today between the status quo and leaving would be an entirely false choice. ... It is wrong to ask people whether to stay or go before we have had a chance to put the relationship right.

...

The European Union that emerges from the Eurozone crisis is going to be a very different body. It will be transformed perhaps beyond recognition by the measures needed to save the Eurozone. We need to allow some time for that to happen — and help to shape the future of the European Union, so that when the choice comes it will be a real one. A real choice between leaving or being part of a new settlement ... a settlement which would be entirely in keeping with the mission for an updated European Union I have described today. More flexible, more adaptable, more open — fit for the challenges of the modern age.

EU가 유로존 위기에서 벗어날 시간이 필요하고, 이와 더불어 자신이 말한 비전을 반영해 새롭게 태어난 EU와 영국의 관계를 재정비한 뒤 국민의 선택을 물어야 한다고 말했습니다. 이 관계는 단일시장이 핵심이며 국민이 영국의 운명을 선택하게 될 거라고 말하죠.

It will be a relationship with the Single Market at its heart.
It is time for the British people to have their say. It is time to settle this European question in British politics. I say to the British people: this will be your decision. And when that choice comes, you will have an important choice to make about our country's destiny.

...

We would need to weigh up very carefully the consequences of no longer being inside the EU and its single market, as a full member. Continued access to the Single Market is vital for British businesses and British jobs.

영국 국민이 의사를 표할 때가 됐다고 말한 캐머런은, EU에서 떠난다는 것, 단일시장에 대한 완전한 접근권이 없어지는 것에 대해 심사숙고해야 한다고 말한 뒤, 대안으로 거론되기도 하는 노르웨이나 스위스 모델(EU 회원국은 아니지만 단일시장 접근권이 있는 경우)을 설명합니다.

There are some who suggest we could turn ourselves into Norway or Switzerland — with access to the single market but outside the EU. But would that really be in our best interests?
I admire those countries and they are friends of ours — but they are very different from us. ... And while Norway is part of the single market — and pays for the principle — it has no say at all in setting its rules: it just has to implement its directives.
The Swiss have to negotiate access to the single market sector by sector. Accepting EU rules — over which they have no say — or else not getting full access to the Single Market, including in key sectors like financial services.

노르웨이는 단일시장에 속하고 그에 따라 비용도 지불하지만, EU의 규칙을 정하는데 발언권이 전혀 없고, 스위스의 경우 (산업) 부문별 협상을 통해 단일시장에 접근할 수 있지만, 그들 역시 아무런 결정권이 없는 EU 규칙을 그대로 받아들여야 완전한 단일시장 접근권을 확보할 수 있다며 부정적인 입장을 보였습니다.

그러면서 회원국에게는 지켜야 할 규칙이 있고, 모든 것이 만족스럽지 않을 지라도 경제적인 이익과 국제적 위상 및 영향력 등 더 많은 것이 주어진다면 떠날 이유가 없다고 말합니다. 한 번 떠나면 되돌릴 수 없으니 충분한 시간을 가지고 제대로 된 논의를 한 뒤 선택하라고 당부하죠.

The fact is that if you join an organisation like the European Union, there are rules. You will not always get what you want. But that does not mean we should leave — not if the benefits of staying and working together are greater. We would have to think carefully too about the impact on our influence at the top table of international affairs. There is no doubt that we are more powerful in Washington, in Beijing, in Delhi because we are a powerful player in the European Union. That matters for British jobs and British security.

...

We should think very carefully before giving that position up. If we left the European Union, it would be a one-way ticket, not a return. So we will have time for a proper, reasoned debate. At the end of that debate you, the British people, will decide.

캐머런은 영국이 EU와 새로운 합의new settlement를 이끌어 낼 수 있다고 확신하고, 유연하고 융통성 있고 개방된 EU가 영국과 EU 모두에게 최선이라고 믿으며, 세대를 이어 번성할 EU와 회원국 모두의 성공을 위해, 투표가 있을 그날까지 자신의 주장을 이루기 위해 쉴 새 없이 노력하겠다고 말하며 연설을 끝맺습니다.

EU migrants, taking British jobs and pushing down wages?

보수당 내 친EU 파와 반EU 파 모두에게 환영받은 이 약속은 늦어도 2017년까지 잔류냐 탈퇴냐를 묻는 국민투표를 실시하겠다는 당 공약 Conservative party manifesto 2015으로 다음과 같이 명시됩니다.

"For too long, your voice has been ignored on Europe. We will give you a say over whether we should stay in or leave the EU, with an in-out referendum by the end of 2017."

총선에서 의외로 선전한 보수당은 예상을 깨고 과반 확보에 성공합니다. 이후 상황은 캐머런이 공약을 꼭 지킬 수밖에 없는 방향으로 전개됩니다. 그해 8월 독일이 120만 명의 난민migrants, refugees, asylum seekers을 받아들입니다. 이들이 독일에서 시민권German citizenship을 얻게 되면 여권이 발급되고, 영국으로 들어와 사회보장social benefits과 의료보험health care 혜택을 받을 수 있기 때문에 반EU 정서를 자극하는 계기가 됐습니다. (그래서 앙겔라 메르켈 독일 총리German Chancellor Angela Merkel가 브렉시트를 불러온 장본인이라고 말하는 이도 있었죠.)

독일 여권이 있으면 유럽연합 어디든 자유롭게 갈 수 있고, 어디서든 살면서 일할 수 있지만, 난민이 여권 신청의 필수조건인 시민권을 취득하는 일은 상당히 어렵다고 합니다. 《BBC》의 Reality Check에 따르면 독일에 들어온 난민에게 모두 망명이 허용되는to be granted asylum 것도 아니고, 허용된 이들도 6~8년 정도 독일에서 살면서 일정 조건을 갖춰야만 시민권을 신청할 수to apply for German citizenship 있다고 합니다.

브렉시트와 관련해 가장 민감한 문제가 immigration입니다. 이주노동자에 대한 거부감을 보이는 영국이지만 이들의 노동력이 절대적으로 필요하다고 하죠. 캐머런은 2010년 선거를 앞두고 영국에 전입한 인구에서 전출한 인구를 뺀 순인구 이동net migration을 연간 10만명 아래로 낮추겠다고less than 100,000 people a year 약속했습니다. 그런데 2015년 영국의 순인구 이동은 33만 명이었고, 이 중 절반 정도가 EU 국가들로부터 유입됐다고 합니다. 캐머런은 이에 대해 경제회복으로 노동시장이 활기를 띠면서strength of the labour market 자신이 예상했던 것보다 더 많은 노동력을 끌어들였다고 해명하며, 이 야심찬 목표"right ambition for Britain"를 거둬들이지 않을 것이라고 했습니다. 또 올바른 방법이 아닌 잘못된 방법으로 문제를 해결하려 해서는 안 된다며, 이민자 문제를 해결하겠다고 EU와 단일시장을 떠나 경제를 망치고 국가에 해가 되게 해서는 안 된다고 말했죠.

《가디언》이 확인한 바에 따르면, 2013년부터 3년간, 영국에 유럽연합 회원국 노동자EU workers in Britain 수가 140만 명에서 210만 명으로 급격히 늘었다고 합니다. 브렉시트를 주장하는 이들은 이 수치를 근거로 이민이 통제불능out of control 상태이고, 영국민이 수백만 명의 해외노동자들과 경쟁하며 임금하락의 압박을 받고 있다고to suffer downward pressure on their wages 주장했습니다. 하지만 이주노동자 수가 증가한 것은 오랜 침체 이후 경기가 회복되면서 생긴 현상이며 영국민British nationals의 일자리는 이보다 더 늘었다고 《가디언》은 전했습니다. 영국 통계청(ONS)Office for National Statistics에 따르면 2013년 이래 유럽 노동자 수가 70만 명 증가한 반면, 같은 기간 취업한 영국인은 백만 명이 더 많아by the extra one million Britons, 이 기사가 나온 2016년 5월(브렉시트 투표를 한 달여 정도 앞둔 시기) 영국의 취업자British citizens working in the UK labour force 수는 2,800만 명을 기록했다고 합니다. 이에 비해 외국인 노동자foreign nationals는 3백만 명이라고 했습니다.

런던정경대학(LSE)London School of Economics 경제성과센터Centre for Economic Performance의 조사에 따르면 유럽인의 유입이 증가한 지역에서 영국인UK-born workers의 실업이나 임금저하가 심화되지 않았고, 2008년 이후 임금하락은 글로벌 경기둔화weak economic recovery가 원인이지 이민 때문이 아니라고 했습니다. 간병인care workers이나 점원shop assistants, 요식업 종사자restaurant and bar workers 등 특정 부문에서 저숙련low-skilled 인력의 유입으로 임금이 부정적인 영향small negative effect을 받았다는 일부 조사도 있었지만, 이마저도 8년 동안 1%에 미치지 못하는 수준less than 1% over a period of eight years이었다고 합니다.

또 영국 국세청(HMRC)Her Majesty's Revenue and Customs 자료에 따르면 지난 4년간 유럽의 이주노동자가 세액공제tax credits나 육아수당child benefit으로 혜택을 본 것보다 소득세income tax와 국민보험national insurance으로 지불한 돈이 25억 파운드 이상£2.54bn 더 많고, 영국 예산책임청Office for Budget Responsibility은 유럽 이주민이 영국의 연간 경제성장률에 0.6% 추가적인 기여labour contribution를 한다고 추산했습니다.

그렇다면 유럽에서 일하고 있는 영국인은 얼마나 될까요? 같은 기사에서 《가디언》은 2015년 현재, 유럽에 살고 있는 영국인은 120만 명 정도이며, 1년 이하 단기 체류 노동자의 경우 유럽에서 유입되는 노동자보다 유럽으로 가는 영국인 노동자가 5만 명 정도 더 많다는 영국 통계청의 수치를 전했습니다.

영국에 유리한 무역과 외국의 투자 등 단일시장에서 얻는 경제적인 혜택이 더 많기 때문에 이민자는 '필요악necessary evil'이 아니라고 한 한 런던정경대학 교수의 말도 기사는 덧붙였습니다.

'special status' in the EU

유럽 난민사태European migration crisis로 국민투표를 실시하라는 당내외 압박이 더욱 심해지자 캐머런은 영국이 회원국으로 남아있을 수 있는 유리한 위치를 확보하겠다며 EU와 재협상에 들어가고, 2016년 2월 새로운 협상결과new settlement를 발표합니다.

Within the last hour I have negotiated a deal to give the UK special status in the European Union.

...

Britain will be permanently out of ever closer union — never part of a European superstate.

There will be tough new restrictions on access to our welfare system for EU migrants — no more something for nothing.

Britain will never join the euro. And we have secured vital protections for our economy and full say over the rules of the free trade single market while remaining outside of the euro.

I believe it is enough for me to recommend that the United Kingdom remain in the European Union — having the best of both worlds.

...

But with this new agreement I believe the time has come for me to fulfil the promise I made when I stood for a second term as Prime Minister. So tomorrow I will present this agreement to Cabinet. And on Monday I will make a statement to Parliament and commence the process set out under our EU Referendum Act, to hold a referendum on Britain's membership of the European Union. The British people must now decide whether to stay in this reformed European Union or to leave. This will be a once-in-a-generation moment to shape the destiny of our country. There will be many passionate arguments made over the months ahead. And this will not be a debate along party-political lines. There will be people in my party — and in other parties — arguing on both sides. And that is entirely right.

This is an historic moment for Britain. And people must be free to reach their own conclusion. And in the end this will not be a decision for politicians. It will be a decision for the British people.

...

In an uncertain world, is this really the time to add a huge new risk to our national and our economic security? I don't believe that is right for Britain. I believe we are stronger, safer and better off inside a reformed EU and that is why I will be campaigning with all my heart and soul to persuade the British people to remain in the reformed EU that we have secured today.

협상결과 영국이 EU에서 "special status(특별한 지위)"를 부여받았나고 밀한 캐머런은 회원국으로 남기 위해 열과 성을 다해 "heart and soul" 캠페인에 임하겠다고 했습니다.

앞부분에서 간략하게 밝힌, 캐머런이 EU로부터 얻어낸 주요 협상 내용을 구체적으로 들여다보면, EU의 설립목표 founding goal로 오랫동안 추구되며 상징적인 의미를 갖는 "ever closer union"에서 영국은 확실히 면제돼unequivocal opt-out 어떠한 정치적 통합 의무가 없고not bound to any political union, 유로존에 적용되는 금융규제financial regulation 로부터 런던 금융가는 보호되며safeguards for the City of London financial center, 이주노동자의 사내 복지혜택in-work benefits과 육아수당을 제한할 권리 등을 확보해 이주노동자의 유입influx of EU migrant workers에 영향을 줄 수 있게 됐다고 합니다.

《로이터Reuters》는 28개국 연합에 영국을 계속 남아있게keeping Britain in the 28-nation bloc 하려는 EU 리더들이 대체적으로 영국에 유리하게largely favorable to Britain 타협한 일괄 조치package of measures에 만장일치로 찬성했다고 전했습니다. 영국의 EU 탈퇴 가능성을 접하고 유럽통합이 역사적 전환점을 맞았다고historic turning point for European integration 느끼는 유럽 지도자들의 말도 전하며, 영국이 EU 회원국 중에서 두 번째 경제대국EU's second-largest economy이고 유엔 안전보장이사회UN Security Council 상임이사국permanent members에 속하는 단 두 나라(프랑스와 영국) 중 하나로, 영국의 탈퇴가 유럽의 결속과 다른 회원국에 미치는 영향이 클 것으로 예상된다는 설명도 덧붙였습니다.

캐머런은 영국에 유리한 협상을 이끌어냈다고 자신했지만, 탈퇴를 주장하는 이들은 영국의 법률과 국경에 대한 통제권control over its laws or its borders을 되찾지 못하고 미미한 변화"very minor changes"만 가져올 "hollow deal(공허한 거래)"이라고 했습니다. 이미 가장 느슨한 관계를 맺고 있는 영국이 EU 테두리 안에서within the confines of the EU 얻어낼 자율권이 별로 없기not much further autonomy 때문에 Eurosceptics를 설득하기 위한 이런 캐머런의 시도는 실패할 수밖에 없다는 해석도 있었죠.

Britain Stronger in Europe vs. Vote Leave

이로써 2016년 6월 23일 열리는 브렉시트 국민투표를 향해 'In' campaign과 'Out' campaign이 본격적인 경쟁에 돌입합니다.

캐머런 총리와 노동당 대표 제러미 코빈Jeremy Corbyn, 주류 정당 대부분almost all mainstream parties이 잔류파 공식 캠페인official Remain campaign 'Britain Stronger in Europe(유럽 안에서 더 강한 영국)'을 지지했고, 캐머런은 EU와 단일시장을 떠나는 것은 영국 경제에 손실을 자초하는 행위"act of economic self-harm for Britain"라며 탈퇴로 인한 수년간의 불확실성years of uncertainty과 경제적 피해를 경고하는 전문가들을 앞세워 잔류를 주장했습니다.

전 런던 시장former mayor of London 보리스 존슨Boris Johnson과 한때 캐머런의 측근이었던 법무장관Justice Secretary 마이클 고브Michael Gove가 전면에 나서고 보수당 각료cabinet ministers 6명과 의원Conservative parliamentarians 140명이 지지한 탈퇴파 공식 캠페인official Leave campaign 'Vote Leave(탈퇴에 투표를)'는 그동안 빼앗긴 'sovereignty(주권)'를 되찾자며 탈퇴를 주장했습니다.

2019년 1월 영국 채널4Channel 4와 미국 HBO에서 방영된 TV영화 〈Brexit: The Uncivil War〉를 보면 양진영의 캠페인이 어떻게 전개됐는지 감을 잡을 수 있습니다. (한국에서도 〈브렉시트: 치열한 전쟁〉이라는 이름으로 방영됐다고 하는군요.)

영화는 캐머런 총리의 공보책임자Downing Street Director of Communications 크레이그 올리버Craig Oliver가 이끈 Britain Stronger in

Europe과 전직 토리 정치고문former Tory advisor이자 전략가strategist인 도미닉 커밍스Dominic Cummings가 이끈 Vote Leave의 대결을 병치해 보여주는데, 배우 베네딕트 컴버배치Benedict Cumberbatch가 기성 정치권에 강한 반감을 보이는 도미닉 커밍스를 연기했습니다.

잔류 캠페인은 경제를 전방에 내세워 EU를 떠나는 것이 현상태를 위기에 빠뜨리는 것이라며 팩트를 바탕으로 이성heads에 호소한 반면, 탈퇴 캠페인은 현상태로 그대로 있으면 더 많은 것을 잃게 된다며 감정hearts에 호소하는 전략을 사용합니다.

기득권에 대한 반란insurgence against the Establishment과도 같은 캠페인을 펼치겠다고 한 도미닉 커밍스는 정부에 대한 신뢰를 잃은 채 배제되고 무시된 이들이 오랜 기간 억눌러온 분노를 담아낼 메시지를 구상하면서, '유럽'은 그들에게 일어난 모든 부정적인 것을 상징한다고 말하죠. 그래서 마땅히 그들의 것이어야 하지만 빼앗긴 것을 되찾자며 'Take Back Control'이라는 슬로건을 만들어냅니다.

잔류파는 "better off in", "safer", "stronger"라는 말을 내세우지만 탈퇴파는 "take back control of our money, our law, and our borders"라고 말합니다.

영국이 EU를 탈퇴하면 2030년까지 매년 한 가구당 4,300파운드를 손해 볼 거라고"Families would be £4,300 worse off" 주장하는 잔류파를 향해 탈퇴파는 영국이 EU에 매주 3억 5천만 파운드를 보낸다고"We send the EU £350 million a week" 주장하며 차라리 그 돈을 의료보험에 쓰자고"let's fund our NHS instead" 했습니다. (하지만 양 캠페인이 주장한 수치 모두 부정확하게 부풀려졌다고 언론이 밝혔습니다.)

가장 중요한 이슈인 immigration과 관련해 Vote Leave는 "Turkey"

라는 말을 앞세워 불안감을 조성하며, EU를 떠나는 것만이 영국의 국경 통제권power to control its own borders을 확보하는 길이라고 했습니다. (하지만 인권문제 등으로 EU 가입이 지연되고 있는 터키가 조만간 회원국이 될 가능성은 희박하며, 영국이 거부권을 행사할 수 있다고 합니다.)

두 진영 모두 아직 마음을 정하지 못한, EU를 떠나고는 싶지만 장래가 불안해 망설이는 '설득이 가능한persuadable' 유권자를 공략합니다. 이미 궁핍한already deprived 빈곤층에게 잔류 캠페인의 탈퇴가 야기할 경제적 충격에 대한 경고가 설득력을 발휘하지 못하는 사이, Vote Leave는 잘 알려지지 않은 캐나다 데이터 분석회사data analytics company based in Canada AggregateIQ와 접촉해, 소셜미디어를 통해 수집한 유권자 정보로 개인별 맞춤 정치 메시지individualized political messages를 보내는 대대적인 표적광고micro-targeting advertising를 합니다. AggregateIQ는 각 유권자가 민감하게 반응하는 이슈에 대해 감정을 자극하는 이미지와 메시지emotional triggers를 보내 그들의 마음을 움직이는to manipulate people 방식으로 브렉시트 투표에서 핵심적인 역할 pivotal role in Brexit을 합니다.

AggregateIQ는 데이터 분석회사data analytics firm 케임브리지 애널리티카Cambridge Analytica가 2016년 미국 대선에서 사용한 소프트웨어 election software platform을 설계한 것으로 알려졌고, 케임브리지 애널리티카를 소유한 로버트 머서Robert Mercer는 초기 인공지능을 개발한 developer in early artificial intelligence 미국의 컴퓨터공학자computer scientist 로, 높은 수익을 올리는 헤지펀드의 두뇌 역할을 하는 억만장자hedge fund billionaire이며, 미국 공화당의 주요 자금줄이자 트럼프 선거운동의 가장 큰 후원자였습니다. AggregateIQ와 케임브리지 애널리티카, 로버트 머서의 관계를 파헤친 《가디언》 기사는 한 억만장자가 자신의 부를 이용해, 대량으로 수집한 데이터mass data-harvesting와 심리전 기술psychological warfare techniques로 전세계 선거를 좌지우지하는 실험을 하며 민주주의를 뒤흔들고 있다고 했습니다.

여기서 잠깐, 탈퇴 캠페인을 이끈 인물을 연기한 베네딕트 컴버배치는 원래 잔류파라고 합니다. 《파이낸셜 타임스Financial Times》는 투표를 앞두고 각 캠프를 지지한 유명인을 소개했는데, 물리학자 스티븐 호킹Stephen Hawking, 뮤지션 엘튼 존Sir Elton John, 축구스타 데이비드 베컴David Beckham, 소설가 J. K. 롤링J. K. Rowling, 버진그룹 총수Virgin entrepreneur 리처드 브랜슨Sir Richard Branson 등은 잔류를 지지한다고 했습니다. 1992년 파운드화 대폭락을 예견하고 선제 매도로 betting against sterling 큰 이익을 낸 Black Wednesday의 장본인, 조지 소로스George Soros도 브렉시트를 반대했는데, 그는 브렉시트가 실현되면 달러 대비 파운드화 가치가 폭락할 거라고 경고하며 'Black Friday'를 예견한 글을 《가디언》에 기고하기도 했습니다. (그는 투표결과가 탈퇴로 나온 뒤에도, 케임브리지 애널리티카 스캔들이 탈퇴 캠페인과 관련이 있다는 의혹이 불거지자, 반 브렉시트 단체anti-Brexit campaign 'Best for Britain'에 추가로 거금을 기부하기도 했습니다.) 반면, 배우 마이클 케인Sir Michael Caine과 가전기업 다이슨Dyson Ltd의 대표 제임스 다이슨Sir James Dyson은 브렉시트를 지지한다고 합니다.

2016 UK EU membership referendum

2016년 6월 23일 목요일, 총 33,577,342명(투표율overall turnout

72.21%)이 참여한 국민투표에서 잔류in favour of Remain 16,141,241표 (48.11%), 탈퇴in favour of Leave 17,410,742표(51.89%)의 결과가 나옵니다.

투표마감 직전까지 결과를 예상하기 힘든 상황이었지만, 유고브YouGov와 같은 여론조사기관과 대부분의 언론사에서 근소한 차로 잔류를 예상했다고 합니다. 이미 두 번의 국민투표(2011 United Kingdom Alternative Vote referendum, 2014 Scottish independence referendum)에서 자신이 원하는 방향으로 결과가 나왔고, 2015년 총선에서는 여론조사기관과 전문가들을 어리둥절하게 하며to confound pollsters and pundits 보수당을 승리로 이끌었던 캐머런도 잔류라는 결과를 자신했다고 주요 언론은 분석했습니다. 영국 정재계 대부분most of the British establishment & British business이 확고하게 잔류를 지지했고, 경제적으로 이해타산적인out of economic self-interest 유권자들이 마지못해서라도 현상 유지를 선택할 거라고to endorse the status quo 예상됐기 때문입니다.

하지만 대영제국에 대한 향수nostalgia for empire, 외국인에 대한 반감dislike of foreigners, 불평등이 심화하는 영국사회increasingly unequal Britain에서 버림받고 목소리를 잃은abandoned and unheard 이들의 저항, 이 모두가 한데 어우러져 EU는 영국이 직면한 문제에 대한 올바른 해결책이 될 수 없다는 결론으로 이어졌습니다. 그러나 과연 이들이 자신의 삶에 직접적인 영향을 미칠 경제적인 타격에 대해 충분히 알고서 부표에 임했는가는 의문으로 남았습니다.

causes and consequences

'Out'이라는 결과에 대한 언론사들의 분석은 다양했지만, 어느 정도 공통점이 있었습니다. 앞서 영화에서 제시한 것처럼 영국민의 지배층에 대한 반항으로 보는 견해도 그 중 하나입니다.

《가디언》은 캐머런이 EU와 재협상을 하며 노력하는 모습을 보였지만, 영국인들의 삶에 작용한 역학 관계forces and dynamics in British life 속에서 조바심치는 유권자와 확고한 투지를 드러낸 반EU 언론 및 의원들anti-European press and hard-sceptic MPs 앞에서 무력했다고 전하며, 이민문제에 대한 분개indignation about immigration, 정치인에 대한 경멸disrespect for politicians, (잔류 캠페인의) 두려움을 조장하는 경고에 대한 저항reluctance to be frightened by warnings, 언론(주로 보수 및 극우 포퓰리즘 타블로이드)의 왜곡된 보도press distortions, 잔류 캠페인에 적극적인 모습을 보이지 않았던 노동당Labour's weakness in delivering its vote(2015년 총선 이후 새로 노동당 대표가 된 제러미 코빈은 이전 당대표들과 달리 EU에 반감을 보였던 인물로, 나름 노력했음에도 불구하고 잔류 캠페인에 소극적이었다는 비난을 받았습니다) 등 이 모든 요인이 EU뿐 아니라 정재계 기득권층에 대한 '대중의 보복'popular payback이라는 전반적인 정서에 일조했다고 분석했습니다.

앞서 언급한 《포린폴리시》에 쓴 글에서 알렉스 마씨는 캐머런이 국민으로부터 신뢰를 잃은 이유를 되돌아봐야 한다고 했습니다. 브렉시트라는 위기의 근원은 역사가 오래됐지만 2008년 글로벌 금융위기와 연결돼 있다며, 6년간 지속된 정부의 긴축정책을 참아내야 했던 국민이 국민투표로 EU에 대한 반감을 표현expression of anti-European animus했을 뿐 아니라 '정부에 대한 반란'을 일으킨 것이라며 'a revolt against

Westminster'라고 했습니다. 지배층governing officer class에 신물이 난 국민이 이 기회에 캐머런의 정강이를 통쾌하게 걷어찼다고"kicking Cameron in the shins" 했죠.

2010년 메리엄-웹스터 사전Merriam-Webster's Dictionary '올해의 단어Word of the Year'로 선정된 'austerity'는 정부의 재정적자를 줄이기 위한to reduce government budget deficits '긴축(재정)정책'을 의미하는 정치·경제 용어political-economic term입니다. 주로 공공지출 축소public spending reductions와 증세tax increases가 그 방법으로 사용되는데, 영국 정부는 2008년 이후 경기침체로 재정적자가 갑자기 늘자 2010년부터 본격적인 긴축정책을 시행합니다. 캐머런은 정부의 과도한 지출excessive government spending을 없애겠다며 'age of austerity(긴축의 시대)'라는 말을 대중화하기도 했죠.

긴축정책의 효과에 대해서는 경제학자마다 의견이 분분하지만, 금융위기 이후 그리스가 대표적인 실패 사례로 꼽힙니다. 긴축정책이 어떤 환경에서 어느 정도로, 또 얼마나 길게 시행되느냐에 따라 그 결과가 다르지만, 정부의 고용축소로 공공부문뿐 아니라 민간부문의 실업도 증가할 수 있고, 가계 가처분 소득이 줄어by cutting household disposable income 소비가 위축되는 등 경기를 둔화시킨다고contractionary 합니다. 또 복지비welfare payments, 주택보조금housing subsidies, 사회복지사업social services 등이 줄기 때문에 긴축정책은 부유층보다는 중산층과 빈곤층에게 더 큰 타격을 주며 불평등을 심화시킨다고 하죠.

브렉시트 국민투표는 캐머런이 계속 회피한 유럽문제를 처음으로 정면돌파하려한 시도였을지 모릅니다. 탈퇴라는 결과가 나오지 않을 것을 확신하고, 이를 계기로 유럽문제를 확실히once and for all 잠재운 뒤 차기 선거에서 노동당을 물리치는 데 열중하려 한 캐머런은, 이제는 pro-EU, anti-EU를 너머 soft Brexit, hard Brexit으로 더욱 균열한 자신의 보수당과 극명히 양극화돼 정신적, 경제적 고통을 겪는 영국 사회를 혼란스럽고 모호한 미래에 남겨둔 채, 투표결과가 나온 지 몇 시간 만에 사퇴를 발표합니다. 투표 전 아이들의 미래를 두고 주사위를 던지지 말라고not to roll the dice on our children's future 당부했던 캐머런에게 브렉시트 국민투표야말로 총리직premiership을 내건 도박이었던 거죠.

이번에 다룬 say가 나오거나 영국과 EU의 관계, 브렉시트, 데이비드 캐머런 총리의 연설 등과 관련된 읽을거리와 볼거리를 아래 추천합니다.

📑 You might want to read (or watch) this

BBC
<Britain and the EU: A long and rocky relationship>
By Sam Wilson (2014.4.1.)

BBC
<Thatcher and her tussles with Europe> (2013.4.8.)

POLITICO
<Why Britain keeps its distance>
By Thomas Kielinger (2015.12.27.)

Foreign Policy
<David Cameron Was a Historic and Disastrous Failure>
By Alex Massie (2016.6.24.)

POLITICO
<David Cameron, the accidental European>
By Tom McTague (2016.5.20.)

The Guardian
<The downfall of David Cameron: a European tragedy>
By Martin Kettle (2016.6.24.)

GOV.UK (www.gov.uk)
<EU speech at Bloomberg> (2013.1.23.)
<PM statement following European Council meeting: 19 February 2016>

The Atlantic
<It's Five Minutes to Midnight in the U.K.>
By David Frum (2019.3.10.)

BBC
<Reality Check: How many refugees in Germany will become EU citizens?>
(2016.4.29.)

The Guardian
<Are EU migrants really taking British jobs and pushing down wages?>
By Alan Travis (2016.5.20.)

CNN Business
<Why Britain needs the immigrants it doesn't want>
By Ivana Kottasová (2017.10.18.)

Financial Times
<The effects of EU migration on Britain in 5 charts>
By Chris Giles (2018.9.19.)

Reuters
<Cameron hails EU deal to give Britain 'special status', battle looms>
By Jan Strupczewski, Elizabeth Piper (2016.2.19.)

The Guardian
<David Cameron on EU referendum: let us not roll the dice on our children's future> By Heather Stewart, Anushka Asthana, Rowena Mason (2016.6.3.)

BBC

<Reality Check: Would Brexit cost your family £4,300?>
By Anthony Reuben (2016.4.18.)

BBC

<Boris Johnson: Does his £350m a week Brexit claim add up?> (2017.9.18.)

BBC

<Vote Leave's targeted Brexit ads released by Facebook> (2018.7.26.)

The Guardian

<The great British Brexit robbery: how our democracy was hijacked>
by Carole Cadwalladr (2017.5.7.)

HBO / Channel 4

<Brexit: The Uncivil War>

Financial Times

<Remain campaign scores with support from Beckham and Soros>
By Henry Mance (2016.6.21.)

The Guardian

<The Brexit crash will make all of you poorer — be warned>
By George Soros (2016.6.20.)

Quiz Fill in the blank

Mayor of London Sadiq Khan said that the public should be
given the final s_____ in another referendum to stop the UK
"crashing out" of the EU.

사디크 칸 런던 시장은 영국이 노딜로 아무 대책 없이 EU를 떠나는 것을 막기 위해 다시 한 번 국민투표를
실시해 국민이 최종 결정을 하게 해야 한다고 말했다.

say

NEWS

World | US Politics | Foreign Policy | Business | Culture | Environment | Immigration | Inequality | **Brexit** | Tech | More ▾

a *hung* parliament
and a coalition of chaos

'걸다, 매달다'의 뜻인 hang의 과거분사 hung은 명사 parliament 와 jury 앞에서 형용사로 특별한 의미를 띕니다. 각각 '절대다수당 political party with an overall majority이 없는'과 '평결을 내리지 못하는 unable to reach a decision or verdict'을 뜻하죠.

영국처럼 과반을 차지하는 정당이 정부를 구성하는 의원내각제 parliamentary (cabinet) system에서 선거결과 절대다수당이 나오지 않는 경우를 hung parliament라고 합니다. 우리말로는 '헝의회'라고 옮기더군요. 이 경우 대개 의석을 많이 가진 정당이 소수정당과 연합해 안정적인 과반을 확보하는to form a working majority 연립정부coalition government를 세웁니다.

미국처럼 배심재판jury trial을 하는 경우, 배심원의 의견이 갈려 평결에 이르지 못한 '불일치 배심'을 hung jury라고 합니다. 이 경우 미결정 심리mistrial로 재판은 무효가 되고, 이후 재심retrial을 하게 될 수도 있습니다.

이해를 돕기 위해 hung이 여러 의미로 쓰인 예를 모아봤습니다.

Banners reading "Enough is Enough" and "Never Again" were hung up in support of the students protesting gun violence.

총기폭력 반대 시위를 하는 학생들을 지지하는 의미에서 'Enough is Enough', 'Never Again' 이라고 쓰인 현수막이 걸려있었다.

A portrait of Aung San Suu Kyi, which once hung proudly on the wall, has been removed from the Oxford college where she studied.

모교인 옥스퍼드대에 한때 자랑스럽게 걸려 있던 아웅산 수치의 초상화가 철거됐다.

Brexit doubts leave firms 'hung out to dry'

〈브렉시트 불확실성으로 기업들, 곤란한 상황에 방치되다〉 (BBC / 2019.2.13.) ◀ 아무런 합 의 없이 EU를 탈퇴하는 노딜 브렉시트에 정부가 대비하고 있지 않다며 영국 기업들이 정부 를 비난한 내용을 전한 기사

The Swedish general election resulted in a hung parliament after a far-right party made significant gains.

스웨덴 총선결과 극우정당의 주목할 만한 선전으로 헝의회가 되었다.

political deadlock since a general election delivered a hung parliament

총선으로 헝의회가 된 이후 정치적인 교착상태

If a jury is hung, the judge declares a mistrial, allowing prosecutors to start the process over with a new group of jurors.

배심원단이 평결을 내지 못하면 판사는 미결정 심리를 선언하고, 검사는 새로운 배심원단으 로 재판을 다시 시작할 수 있다.

After his first trial ended in a hung jury, Bill Cosby was convicted of drugging and sexually assaulting former Temple University employee Andrea Constand.

빌 코스비는 첫 공판이 불일치 배심으로 끝난 이후, 템플대 직원이었던 안드레아 콘스탄드에 게 약을 먹이고 성폭행한 혐의로 유죄평결을 받았다.

브렉시트 국민투표결과가 '탈퇴'로 나오자 데이비드 캐머런David
Cameron 총리가 이에 책임을 지고 물러나고, 내무장관Home Secretary이
었던 테레사 메이Theresa May가 집권 보수당의 새 대표로 선출됩니다.
브렉시트라는 이례적인 상황을 맞아 당대표 선거는 빠르게 진행됐고,
2016년 7월, 대처Margaret Thatcher에 이어 두 번째 여성 총리가 된 메이
는 브렉시트 협상을 떠맡게 됐습니다. 그도 캐머런처럼 잔류파였지
만, 당대표 출사표를 던지며 한 연설Tory leadership launch statement에서
국민의 결정을 실행에 옮기는 것이 정부와 의회가 할 일이라며 제2의
국민투표는 없을 거라고 다음과 같이 분명히 말하죠.

... First, **Brexit means Brexit**. The campaign was fought, the vote
was held, turnout was high, and the public gave their verdict.
There must be no attempts to remain inside the EU, no attempts
to rejoin it through the back door, and no second referendum. The
country voted to leave the European Union, and it is the duty of the
Government and of Parliament to make sure we do just that. ...

Plan for Britain
- - - - - - - - - - - - - - - - -

2017년 1월 17일, 메이 총리는 "Brexit means Brexit"이 무슨 뜻인지
좀 더 명확하게 밝힙니다. 정부 영빈관 런던 랭커스터하우스Lancaster
House in London에서 메이는 올바른 브렉시트 협상을 위한 영국 정부
의 'Plan for Britain'를 제시합니다. 'Lancaster House speech'라고도

불리는 이 연설에서 메이가 광범위하게 제시한 영국 정부의 브렉시트 협상 목표broad objectives를 한 마디로 말하자면, EU와 완전히 결별하는clean break with the European Union '하드 브렉시트hard Brexit'입니다.

하드 브렉시트는 기존 EU와의 관계를 최대한 끊고few of the existing ties 떠나는 것으로, 단일시장과 관세동맹 탈퇴도 포함됩니다. 따라서 자체적으로 새로운 무역협정을 맺어야 하고, 이렇게 되면 관세장벽으로 수출 경쟁력이 떨어지거나 금융시장에서의 이권을 잃을 수 있지만 국경과 이민을 통제할 수 있습니다. 이에 반해 '소프트 브렉시트 soft Brexit'는 EU와의 관계를 가능한 유지하며as closely aligned to the EU as possible 떠나는 것으로, 단일시장 접근, 관세동맹 잔류, 노동력의 자유로운 이동 등이 계속될 수 있음을 의미합니다. EU 잔류를 원했던 사람들이 선호하는 방향이라고 합니다.

어떤 대가를 치르더라도 이민규제가 단일시장보다 더 중요하다는

테레사 메이 영국 총리
(사진 출처: Controller of Her
Majesty's Stationery Office)

의미로 영국민의 선택을 해석한 메이는, 하드 브렉시트를 공식화한 이번 연설에서 EU 단일시장 탈퇴, 새로운 무역협정 체결, EU 사법부로부터 독립, EU와의 최종 합의안에 대한 영국 양원 승인 등을 언급했습니다.

연설의 주요한 부분을 소개하자면, 우선 영국이 유럽연합에서 '완전히' 탈퇴하겠다고 말한 부분입니다.

... We are leaving the European Union, but we are not leaving Europe. And that is why we seek a new and equal partnership — between an independent, self-governing, Global Britain and our friends and allies in the EU. Not partial membership of the European Union, associate membership of the European Union, or anything that leaves us half-in, half-out. We do not seek to adopt a model already enjoyed by other countries. We do not seek to hold on to bits of membership as we leave. No, the United Kingdom is leaving the European Union. And my job is to get the right deal for Britain as we do. ...

EU와의 브렉시트 협상에서 최종 합의안이 나오면 발효 전 영국 양원의 승인을 받겠다고 한 부분입니다.

... And when it comes to Parliament, there is one other way in which I would like to provide certainty. I can confirm today that the Government will put the final deal that is agreed between the UK and the EU to a vote in both Houses of Parliament, before it comes into force. ...

영국 내 유럽사법재판소 관할권jurisdiction of the European Court of Justice에서 벗어나 영국 사법권을 되찾겠다는 내용입니다.

... So we will take back control of our laws and bring an end to the jurisdiction of the European Court of Justice in Britain. Leaving the European Union will mean that our laws will be made in Westminster, Edinburgh, Cardiff and Belfast. And those laws will be interpreted by judges not in Luxembourg but in courts across this country. Because we will not have truly left the European Union if we are not in control of our own laws. ...

EU를 떠나면서 단일시장 접근권을 유지하려면 영국에 표결권이 없는 EU 규정을 준수를 해야 하고, 이는 유럽사법재판소의 권한을 계속 받아들여야 한다는 의미이므로, 영국은 단일시장을 떠나 새로운 자유무역협정을 통해 유럽시장에 접근하겠다고 합니다. 단일시장은 상품, 자본, 서비스, 사람의 자유로운 이동을 추구하는데, 유럽 지도자들은 영국이 이 4가지 자유를 보장하지 않으면서 단일시장의 이점만 챙기려 해서는 안 된다며 'cherry-picking(과실 따먹기)'이라는 표현을 쓰곤 했죠.

... But I want to be clear. What I am proposing cannot mean membership of the single market.
European leaders have said many times that membership means accepting the '4 freedoms' of goods, capital, services and people. And being out of the EU but a member of the single market would mean complying with the EU's rules and regulations that implement those freedoms, without having a vote on what those

rules and regulations are. It would mean accepting a role for the European Court of Justice that would see it still having direct legal authority in our country. It would to all intents and purposes mean not leaving the EU at all. And that is why both sides in the referendum campaign made it clear that a vote to leave the EU would be a vote to leave the single market. So we do not seek membership of the single market. Instead we seek the greatest possible access to it through a new, comprehensive, bold and ambitious free trade agreement. ...

관세동맹에 대해서는 새로운 관세협정을 맺길 바란다고 했습니다.

... I know my emphasis on striking trade agreements with countries outside Europe has led to questions about whether Britain seeks to remain a member of the EU's Customs Union. And it is true that full Customs Union membership prevents us from negotiating our own comprehensive trade deals.
Now, I want Britain to be able to negotiate its own trade agreements. But I also want tariff-free trade with Europe and cross-border trade there to be as frictionless as possible. ...

메이는 EU 내에 영국에 대한 징벌적 협상을 요구하는 목소리가 있는데, 나쁜 거래를 하느니 아예 거래를 하지 않겠다고 경고하기도 합니다.

... So I believe the framework I have outlined today is in Britain's interests. It is in Europe's interests. And it is in the interests of the wider world.

But I must be clear. Britain wants to remain a good friend and neighbour to Europe. Yet I know there are some voices calling for a punitive deal that punishes Britain and discourages other countries from taking the same path. That would be an act of calamitous self-harm for the countries of Europe. And it would not be the act of a friend. Britain would not — indeed we could not — accept such an approach. And while I am confident that this scenario need never arise — while I am sure a positive agreement can be reached — I am equally clear that no deal for Britain is better than a bad deal for Britain. ...

triggering Article 50

영국의 협상 목표와 전략negotiating strategy이 분명해질 때까지 탈퇴 절차withdrawal process를 서두르지 않겠다고 했던 메이는 2017년 3월 29일, 리스본조약 50조를 공식 발동합니다formally invoked Article 50. EU법의 기반이 되는 리스본조약Treaty of Lisbon의 일부로 2009년 발효된 50조Article 50는 EU 회원국의 탈퇴 권한과 방침plan for any country that wishes to exit the EU을 명시하는데, 이 조약 이전에는 공식적인 탈퇴 방법이 제시되지 않았다고no formal mechanism 합니다. 리스본조약 50조에 따라 테레사 메이 총리가 도날트 투스크 EU 정상회의 상임의장European Council president Donald Tusk에게 탈퇴 의사를 알리는 편지letter notifying of the UK's intention to leave the EU를 보내면서 영국은 브렉시트 국민투표 9개월 만에 44년을 함께 했던 EU를 떠나는 길에 본격적으로 접어듭니다.

리스본조약 50조 발동을 알리는 의회연설Prime Minister's Commons statement on triggering Article 50에서 메이는 브렉시트라는 특별한 기회

unique opportunity를 통해 영국이 가장 중요하게 여기는 것에 대한 주도권을 되찾고to take control of the things that matter most to us, EU와는 안보와 경제security and economic affairs에 있어 서로 협력하는 새로운 동반자 관계partnership based on co-operation를 위해 협상하겠다고 하죠. 단일시장을 떠나는 하드 브렉시트 노선을 다시 한번 언급한 메이는 돌이킬 수 없는no turning back 길로 들어선 영국이 이제는 하나가 될 때라며"it is time to come together" 분열된 영국의 재통합을 강조합니다.

리스본조약 50조에 따라 영국은 탈퇴의사를 통보한 시점으로부터 2년이 되는 2019년 3월 29일 EU를 떠나게 됩니다. 이 날이 'Brexit Day'이고, 기간연장은 EU 회원국 모두가 동의해야by unanimous agreement from all EU countries 가능하다고 합니다. 그 사이 어떤 상태로 EU와 헤어질지 divorce deal(이혼 협상)을 진행하는데, 이 협상의 합의안이 (the Brexit) Withdrawal Agreement입니다. 만약 Brexit Day까지 어떤 합의에도 이르지 못하고no formal agreement 기간연장도 되지 않으면, 영국은 아무런 준비 없이 EU를 떠나는 no-deal Brexit을 맞게 됩니다.

브렉시트 관련 기사를 읽다 보면 다양한 용어Brexit jargon를 만나게 되는데, 이 경우《BBC》가 도움이 됩니다. 언제나 알기 쉽게 기사를 쓰는《BBC》가 브렉시트 용어를 한데 모아 〈Brexit: Jargon-busting guide to the key terms〉라는 제목으로 간단히 설명해 두었습니다.

2017 UK general election

EU와 브렉시트 협상 개시일이 2017년 6월로 윤곽을 드러내자 메이 총리는 의회를 해산하고 조기총선을 실시하겠다고 합니다. (조기총선을 snap election이라고 하더군요. 불시에 치르기 때문에 이렇게 부르나 봅니다.)

영국은 2011년 제정된 '고정임기 의회법Fixed-term Parliaments Act 2011'에 따라 5년마다 총선을 치르게 되어있지만 2가지 예외가 있습니다. 의원 2/3 이상이 조기총선에 동의하거나with the support of two-thirds of House of Commons MPs 정부 불신임안motion of no confidence이 통과되는 경우입니다.

메이는 당대표 선거에 나설 때부터 조기총선은 없을 거라고 말했지만, 2017년 4월 18일, 조기총선 계획을 깜짝 발표합니다. 그가 내세운 이유는 브렉시트 협상에서 리더로서 자신의 입지를 공고히 하기 위해서to strengthen her hand in Brexit negotiations입니다. 본격적인 브렉시트 협상을 앞두고 정부의 협상 계획에 반대하는 야당으로 인해 의회가 분열division in Westminster을 겪고 있고, 이는 성공적인 Brexit에 걸림돌이 될 것이므로, 강하고 안정적인 리더십strong and stable leadership으로 협상을 이끌기 위해서는 더 많은 의석이 뒷받침되어야 한다고 하죠.

이에 대해 언론은 캐머런의 사퇴로 총리가 된 메이가 선거를 통해 국민으로부터 직접적인 신임direct mandate을 얻으려한다고 해석했습니다. 선거를 성공적으로 이끌어 자신이 주도하는 새 정부를 꾸리면 EU와의 협상에서 우세한 위치에 설 수 있을 뿐 아니라 협상을 둘러싸고 의견이 분분한 보수당 내 강경파들hardliners in her own party에 대한 지배력도 강화할 수 있기 때문이죠.

《BBC》는 메이가 당시 여론조사opinion polls 결과를 무시할 수 없었을 것이라고 전했습니다. 그해 4월 중순 여론조사에 따르면 보수당 지지율이 노동당Labour Party보다 약 20퍼센트포인트percentage point

앞섰다고 합니다. 또 원래 예정된 선거
(2020년)가 Brexit Day 이후 겨우 1년
뒤이기 때문에 EU와의 합의안이 자리
잡을 시간과 브렉시트 이후 영국의 미래
에 결정적인 역할을 할critical to the UK's
post-Brexit future 자유무역협정free trade
agreements을 체결할 시간이 부족하기 때
문에 조기총선으로 이 시간을 확보하려
는 계산도 있다고 했습니다.

다음날 발의된 메이의 조기총선안
motion calling for a general election은 2/3가
훨씬 넘는 의원들의 찬성으로 통과됐고,
이로써 EU와의 협상 개시를 겨우 열흘
앞둔just 10 days away 시점에 총선이 열리
게 됐습니다. 메이는 5월 3일 총리관저
앞에서outside Number 10 6월 8일 열리게
될 총선에 대한 성명을 발표합니다.

I have just been to Buckingham Palace
for an audience with Her Majesty
The Queen to mark the dissolution of
this Parliament. The 2015 Parliament
is now at an end, and in 36 days the
country will elect a new Government
and choose the next Prime Minister. The choice you now face is all

---

BBC

British Broadcasting Corporation의
머리글자인 《BBC》는 영국 공영방송
사British public service broadcaster입니다.
1922년에 개국한 세계에서 가장 오래된
국영방송기관으로, 직원 수에 있어 규모
가 가장 크다고 합니다. 텔레비전과 라디
오 방송, 온라인서비스 등으로 고품질 프
로그램을 제공해 공익에 기여하는 BBC
는 TV수신료로 운영됩니다. 'The Beeb',
'Auntie' 또는 이 둘을 섞은 'Auntie
Beeb'이라고 불리기도 한다는 군요.
TV의 경우, 영국에서 시청률이 가장 높
은 채널인 BBC One과 교양 프로그램
을 주로 방송하는 BBC Two가 대표 채
널이고, 청소년과 젊은 층을 타깃으로 한
온라인 전용internet television service BBC
Three, 대안적인 프로그램을 방송하는
BBC Four, 뉴스 전문 BBC News, 의회
전문 BBC Parliament, 어린이를 위한
CBBC, CBeebies 등의 채널이 있습니다.
웹사이트 BBC.com의 기사는 복잡한 내
용도 간단명료하게 전합니다. 정확하고
공정한 뉴스를 어렵지 않은 단어, 길지
않은 문장 등 일정한 기준에 따라 이해
하기 쉽게 작성해서 전합니다.
BBC는 양질의 다큐멘터리로 유명하죠.
BBC.com에서 다큐멘터리도 볼 수 있
지만 미디어 플레이어인 iPlayer를 통해
제공되는 동영상 콘텐츠는 영국 내에서
만 볼 수 있습니다. 하지만 라디오 등 음
성 콘텐츠는 모바일앱을 통해 들을 수
있죠. BBC News 모바일앱도 짧은 뉴스
클립 등을 제공합니다.
▶ website: www.bbc.com

about the future. Whoever wins on 8 June will face one overriding task: to get the best possible deal for this United Kingdom from Brexit. And in the last few days, we have seen just how tough these talks are likely to be. Britain's negotiating position in Europe has been misrepresented in the continental press. The European Commission's negotiating stance has hardened. Threats against Britain have been issued by European politicians and officials. All of these acts have been deliberately timed to affect the result of the general election that will take place on 8 June.

막 여왕 폐하를 뵙고 왔다며 말을 시작한 테레사 메이는 2015년 총선에 의해 구성된 의회가 끝이 났고, 영국은 36일 뒤 새로운 정부와 차기 총리를 선출할 것이라고 말했습니다. 고정임기 의회법이 제정되기 전 의회해산은 총리의 권고로 여왕이 행사하는 왕실 특권이었다고 합니다. 이제는 선거일에 따라 의회가 자동해산되지만 이 전통에 따라 메이 총리가 여왕을 알현한 것이죠.

6월 8일 총선에서 누가 승리하든 영국을 위한 최선의 브렉시트 협상을 해야 하는 중책을 맡게 될 것이라고 말했습니다. 영국이 EU에 탈퇴 의사를 공식 통보한 한 달 뒤인 4월 29일, 브뤼셀에서 열린 EU 특별정상회의Special European Council(Article 50)에서 27개 회원국은 브렉시트 협상을 위한 가이드라인guidelines for the Brexit negotiations을 만장일치로 채택했습니다.

지난 며칠 동안 브렉시트 협상이 얼마나 힘들게 진행될지 알 수 있었다고 한 말은, 이 정상회의 이후 영국과 EU의 의견차가 가시화 된 것을 말하며, 협상의 난항을 예고한 메이는 유럽 언론의 오도, EU 집행위원회의 완고한 협상 자세, EU 정치인과 관료들의 위협, 이 모든 것이 영국 총선결과에 영향을 미치려는 의도라고 했습니다. 하지만 자신은 리스본조약 50조를 발동하면서 유럽대륙의 친구이자 동맹국들에게 영국이 어떤 악의도 없음을 분명히 밝혔다며 말을 이어가죠.

By contrast, I made clear in my letter to the President of the European Council invoking Article 50 last month that, in leaving the European Union, Britain means no harm to our friends and allies on the continent. We continue to believe that no deal is better for Britain than a bad deal. But we want a deal. We want a deep and special partnership with the European Union. And we want the EU to succeed. But the events of the last few days have shown that — whatever our wishes, and however reasonable the positions of Europe's other leaders — there are some in Brussels who do not want these talks to succeed. Who do not want Britain to prosper. So now more than ever we need to be led by a Prime Minister and a Government that is strong and stable. Because making Brexit a success is central to our national interest. And it is central to your own security and prosperity. Because while there is enormous opportunity for Britain as we leave the European Union, if we do not get this right, the consequences will be serious. And they will be felt by ordinary, working people across the country.

메이는 '나쁜 합의bad deal보다는 어떤 합의도 하지 않는 편no deal이 낫다'고 믿지만 그래도 협상이 합의에 이르길 바란디머, 영국은 EU와 '깊고 특별한' 관계를 원하고 EU가 잘되길 바라지만, 이런 바람과는 달리 EU 측에는 협상이 성공하길 원치 않는 이들이 있다며, 순조롭지 않을 협상을 위해 영국에는 '강하고 안정적인' 리더십이 필요하다고 말합니다. 메이의 이런 EU에 대한 반복적인 비난은, 총선에서 표를 얻기 위해 브렉시트 협상을 이용하며 EU와의 관계를 악화시키는 무책임한 행동이라는 말을 듣기도 했습니다.

The choice the country faces now is very simple. Because there are only two people who can possibly be Prime Minister after the 8th of June to negotiate Brexit. It is a choice between me — and Jeremy Corbyn. With me you will get strong and stable leadership, and an approach to Brexit that locks in economic growth, jobs for our children and strong finances for the NHS and the country's schools. Or you will get Jeremy Corbyn with a hung parliament and a coalition of chaos. Britain simply will not get the right Brexit deal if we have the drift and division of a hung parliament.

총선에 대해 본격적으로 언급한 부분입니다. 6월 8일 이후 브렉시트 협상에 임할 차기 총리가 될 사람은 보수당 대표인 자신과 제1야당 노동당 대표Leader of the Opposition인 제러미 코빈 밖에 없다고 말했습니다. 자신을 선택하면 강하고 안정적인 리더십으로 브렉시트 협상을 이끌어 경제성장, 후대를 위한 일자리, 국민건강보험과 교육을 뒷받침할 탄탄한 재정 등이 보장된다며 장밋빛 미래를 말하고 있습니다. 하지만 제러미 코빈을 선택하면 hung parliament와 연정의 혼란에 휩싸일 것이라며, 분열하여 표류하는 의회로 어떻게 제대로 된 협상을 할 수 있겠냐고 말하죠.

"Give me your backing"을 반복하며 보수당을 찍어달라는 호소로 연설을 마치지만, 총선은 테레사 메이의 예상과는 다른 방향으로 흘러갑니다.

heading for a hung parliament

선거운동 기간 내내 테레사 메이와 보수당은 'Strong and Stable'을 외쳤고, 노동당은 'FOR THE MANY, not the few(소수가 아닌 다수를 위하여)'를 외쳤습니다.

조기총선을 발표할 때만 해도 보수당의 압도적인 승리landslide victory를 점치게 했던 노동당과의 지지율 차는 현저히 줄어, 선거 직전 여론조사에서 3~12퍼센트포인트 범위를 나타냈습니다. 언론은 비록 노동당의 승리를 점치지는 않았지만, 어떤 정당도 절대다수 의석을 얻지 못하는 hung parliament를 전망했습니다.

몇 주 만에 영국 정치판도를 변화시킨 주역은 두 주요 정당 대표였던 것으로 보입니다. 내성적인introvert 성격에 'Strong and Stable'이라는 슬로건과 대조적으로 (특히 도전적인 질문을 받으면) 공개석상에서 불안한 모습을 보이며 'lousy campaigner(선거운동에 서툰 사람)'라는 말을 들은 메이는, 다른 당 대표들이 다 나온 TV토론회에 (내무장관Home Secretary Amber Rudd을 대신 내보내며) 혼자 나오지 않았고 dodged direct TV debates with other party leaders, 일명 치매세"dementia tax"라 불린 노인요양 지원축소 공약을 발표했다가 논란이 되자 철회하면서 보수당 주요 지지층인 영국 노년층older Britons을 실망시켰으며, 노동당에 대해 네거티브 전략으로 일관했습니다. 선거 전 맨체스터와 런던에서 있었던 2번의 테러Manchester Arena bombing, 2017 London Bridge attack도 불리하게 작용했는데, 총리가 되기 전 안보를 책임지는 내무장관이었던 메이가 영국 경찰 수를 대폭 줄였기cuts to police numbers 때문입니다.

이에 반해, 'vote-losing liability(표를 잃게 하는 골칫거리)'라는 말을 듣기도 했던 노동당 대표 제러미 코빈은 이번 총선에서 아주 훌륭한 캠페인을 펼쳤습니다. 미국의 버니 샌더스Bernie Sanders와 함께 기성정치에 돌풍을 일으킨 아웃사이더로 언급되는 제러미 코빈은, 1980년대 하원의원이 된 후 줄곧 철도 민영화 반대, 부자증세, 최저임금 인상, 고등교육 무상화 등을 주장했고, 국가의 복지 축소가 불평등을 키웠다며 긴축에 반대했습니다. 또 이라크 전쟁을 반대하며 반전·평화 노선을 걸었고, 정부는 폐쇄적인 엘리트 집단의 전유물이 되어서는 안 된다며 노동자 출신 의원 수가 늘어야 한다고 말해 왔습니다. 중도좌파 정책의 노동당에서 비주류에 머물던 그가 2015년 노동당 대표가 되자, 시대에 뒤떨어진 좌파 막스주의자out-of-touch old-style Marxist left-winger라는 말을 듣기도 했고, 당대표 자리에서 몰아내려는 시도attempt to unseat him as Labour leader도 있었지만 살아남으며, 2017년 총선에서의 상승세로 모두를 놀라게 했습니다.

삼촌 같은 외모의 코빈은 불안정해 보이는 메이와 달리 침착하면서도 유머러스하게with a touch of humor 공개토론을 즐겼고, 메이에게서 찾아볼 수 없는 공감능력을 보여주며displayed all the empathy, 사회정의 social justice 실현, 대학 무상교육free college tuition, 국민건강보험과 복지 재정 확대more money for the National Health Service and welfare, 철도와 공공 서비스의 재국유화re-nationalization of the railways and utilities, 법인과 고소득자 증세 등의 공약으로 젊은층을 겨냥했습니다. 7년간 집권한 보수당 정부의 긴축정책seven years of Conservative-led government austerity policies을 공격한 코빈의 메시지를, 수년간의 임금동결과 공공지출 삭감years of frozen wages and public spending squeezes에 지친 유권자들이 반겼다고 하는군요.

2016년 4월, 버락 오바마Barack Obama 미국 대통령과 만나고 있는 영국 제1야당 노동당 대표 제러미 코빈

(사진 출처: Pete Souza, Chief Official White House Photographer)

결국, 보수당은 조기총선 전보다 12석을 잃어 317석으로 과반의 석(하원 650석 중 326석)을 확보하지 못했고, 이에 대한 책임은 오롯이 메이 총리의 몫이었습니다. 《BBC》는 영국 정치 역사상in British political history 가장 큰 자충수 중 하나one of the biggest own goals로 기록될 거라고 했고, 《뉴욕타임스The New York Times》는 메이의 조기총선 실시 결정이 캐머런의 브렉시트 국민투표 실시 결정과 견줄만하다며, 메이가 밀고 있는 유럽과의 완전한 결별에 대한 대중의 저항public's resistance to the complete break from Europe이 총선결과로 나타났다는 전문가의 분석을 전했습니다. 《가디언The Guardian》은 사설editorial을 통해 장기간의 긴축을 참아내며 더 나은 공정한 사회로의better and fairer way for Britain 변화를 열망한 국민의 뜻을 메이와 보수당이 읽지 못했다고 했습니다. 또 잔류를 선택한 절반에 가까운 국민을 반역자traitors처럼

취급한 보수당의 선거운동을 언급하며, 메이가 브렉시트 접근방법을 재고해야to rethink the approach to Brexit 한다고 했습니다. 영국 경제에 도움이 되고, 영국을 하나로 통합하며, EU와 반목이 아닌 협력하는to work with the EU not against it 브렉시트를 만들어가길 원하는 국민의 정서를 인식해야 한다고 했죠.

a minority government with a confidence-and-supply arrangement

쓸데없이 조기총선을 실시해unnecessary early election 과반을 상실했다며 보수당원들의 분노를 사고 사퇴 압박calls for her to resign까지 받은 메이는 10석을 얻은 북아일랜드 민주연합당(DUP)Democratic Unionist Party of Northern Ireland과 confidence and supply(신임과 공급) 합의를 통해 소수여당정부minority government를 꾸립니다.

2010년과 2017년 총선 모두 보수당이 가장 많은 의석을 차지하고도 과반을 확보하지 못해 헝의회가 됐지만, 새로운 정부를 꾸리는 방식은 달랐습니다.

2010년에는 보수당 대표 캐머런이 57석을 얻은 자유민주당Liberal Democrats과 내각을 함께 구성하는power-sharing 연립정부coalition government를 꾸렸습니다. 자민당 당수 닉 클레그Nick Clegg가 부총리Deputy Prime Minister인 Cameron-Clegg coalition이 출범했죠.

2017년에는 소수당이 내각에 참여하지 않고 신임을 묻는 투표motions of confidence나 예산안 표결budget supply votes에서 다수당을 지지하는 confidence and supply 방식으로, 민주연합당을 연정파트너로 한 보수당 소수정부Conservative minority government가 출범했죠.

404

2017 총선 이후 총리 관저 앞에서 연설하는 테레사 메이 총리 (2017.6.9.)

(사진 출처: HM Government)

북아일랜드 민주연합당은 성소수자 권리와 낙태gay rights and abortion 를 반대하고, 기후변화를 부정하며in denial about climate change, 대부분이 브렉시트를 반대한 북아일랜드에서 EU 탈퇴를 주장한hard Euroscepticism 우파 포퓰리즘right-wing populism 정당으로, 이번 연정을 대가로 10억 파운드(약 1조 5천억 원)의 추가 재정지원£1 billion of additional public funding for Northern Ireland을 약속받았다고 합니다. 이를 두고 메이 총리는 자신과 당을 위해 공공자금을 유용했다는 비난을 받았습니다.

노동당을 뽑으면 형의회로 연정의 혼란에 휩싸일 거라고 경고했던 메이는 스스로 그 소용돌이 안에in her very own coalition of chaos 갇혔고, strong and stable과 거리가 먼 소수정부로 브렉시트 협상에서 영국의 입지도 약화될 수밖에 없을 거라고 언론은 전했습니다.

the Brexit withdrawal agreement

2017년 6월에 본격적으로 시작된 브렉시트 협상은 2018년 11월, 합의에 이릅니다. 11월 25일 벨기에 브뤼셀에서 열린 EU 특별정상회의에서 영국 정부를 대표하는 테레사 메이와 EU 27개국 정상은, 영국이 EU로부터 '질서정연한 탈퇴orderly withdrawal'를 할 수 있는 길이 되어 줄 합의문에 공식 서명합니다. 이들이 승인한 서류는 두 가지입니다. 영국의 EU 탈퇴 조건terms of the UK's exit from the EU을 다룬 Withdrawal Agreement(599쪽)와 브렉시트 이후 양측의 미래관계를 다룬framework for the future relationship between the EU and the UK Political Declaration(미래관계 정치선언, 26쪽)입니다. 영국 의회의 비준을 받아야 하는 이 합의안의 주요 골자는 다음과 같습니다.

2019년 3월 29일로 예정된 공식 탈퇴일 이후 전환기인 transition period 또는 implementation period는 21개월로 2020년 12월 31일까지입니다. 새로운 무역협정을 포함해 EU와 미래관계를 합의하게 될 이 기간time for the UK and EU to agree their future relationship 동안 영국은 EU 규정을 계속 준수해야to abide by all EU rule 합니다. 하지만 규칙에 대한 EU 회원국으로서의 표결권은 상실no formal say in making or amending EU rules and regulations합니다. 또 이 기간 동안 계속 유럽사법재판소의 관할 아래under European Court of Justice jurisdiction 있게 됩니다. 전환기는 양측 합의에 따라 연장될 수 있지만 1~2년으로 한정됩니다.

소위 'divorce bill'이라고 칭하는 재정적인 합의financial settlement도 어느 정도 산출됐는데, 정확한 수치는 합의안에 제시되지 않았지만 《BBC》는 영국이 최소 390억 파운드at least £39bn를 EU에 지불해야 할 것으로 추산했고, 전환기가 길어지면 금액이 더 증가할 수도 있다고 했습니다.

영국에 사는 EU 회원국 국민EU citizens in the UK과 유럽에 사는 영국인UK citizens in the EU 모두 브렉시트 이후에도 거주와 사회보장에 대한 권리residency and social security rights가 유지되며, 전환기에 이주해 자리잡은 사람은 그 이후에도 체류가 허가되고, 한 곳에 5년 이상 체류하면 영주권 신청이 가능하다고 합니다.

전환기 동안 기존의 관세동맹을 대체할 새로운 무역협정에 이르지 못해no long-term trade deal 아일랜드Republic of Ireland와 북아일랜드Northern Ireland 사이에 hard border가 들어서는 것을 피할 수 없게 되면, 당분간 영국이 EU 관세동맹temporary single custom territory에 잔류하는 backstop(안전장치)이 발동된다고 합니다.

현재 아일랜드와 영국령인 북아일랜드 사이에는 국경을 통제하는 물리적인 시설physical checks or infrastructure이 없습니다. 영국과 아일랜드 모두 EU 회원국이었기 때문이죠. 아일랜드 섬의 평화와 원활한 무역을 위해 필수적인 국경개방open border이, 영국의 단일시장과 관세동맹 탈퇴로 변화를 맞게 된 상황에서, 새로운 무역협상이 이루어지지 않거나 이에 대한 해결책이 마련되지 않아 hard border가 다시 등장하게 될 사태에 대비한 안전망safety net이 backstop이라고 합니다.

그런데 문제는 북아일랜드와 나머지 영국에 다른 수준의 관세동맹이 적용된다는 점입니다. 북아일랜드는 현재와 같은 EU 관세동맹 규칙을 전부 준수하고 영국 본토는 기본사항만 준수하는 식으로, 북아일랜드에 대한 이런 별도의 지위separate status for Northern Ireland는 영국의 통일성을 해친다는damaging to the union as a whole 우려를 낳았습니다. 또 backstop이 발동되면 영국은 EU의 "level playing field(공평한 경쟁의 장)" 조건을 따라야 하므로 경쟁우위competitive advantage에 설 수 없고, EU의 동의 없이 backstop을 종료할 수도 없다고cannot leave the backstop independently 합니다. 그래서 브렉시트 강경파들은 영국이 EU의 관세동맹에 영원히 갇힐 수 있어 EU로부터 완전히 벗어날 수 없다며 반발했죠.

이런 우려에 대해 메이 총리는 backstop은 일시적인temporary 조치이고 발동된다 하더라도 최단기간"the shortest possible period" 지속될 것이라고 말했지만, 보수당 내에서도 1/3 이상 반대한 메이의 브렉시트 합의안은 영국 의정 사상 최대 표차로 부결됩니다voted down in historic Commons defeat. 《BBC》는 "the largest defeat for a sitting government in history"라고 표현했습니다. 부결 발표 직후 노동당 대표 제러미 코빈은 정부 불신임안을 제출했지만, 민주연합당의 도움으로 메이 총리는 정권을 유지할 수 있었죠.

이후 backstop의 시한부 적용 보장 등 일부 수정된 합의안으로 다시 표결하지만 이 또한 부결됐고, 원래 Brexit Day였던on the day the UK was due to leave the EU 2019년 3월 29일에 실시한 세 번째 표결에서도 부결됩니다. 메이가 합의안 하원 통과를 조건으로 총리직까지 내놓았는데도 말이죠. 교착상태를 타개하기 위해to break the Brexit deadlock 하원은 의향투표indicative votes도 실시하지만 이 또한 모두 실패했습니다. 의향투표는 대안으로 여러 옵션a series of options을 제안해 과반이 지지하는to command a majority 방안이 있는지 보는, 의회의 의향will of Parliament을 묻는 투표입니다.

What next?

하원의 노딜 브렉시트 거부로 브렉시트는 연기를 거듭했고, 현재 새로운 데드라인은 2019년 10월 31일이지만, 메이 총리는 영국이 가능한 빨리 EU를 떠나길 바란다고"aim to leave the EU as soon as possible" 말했습니다.

험난한 브렉시트 협상을 이끌면서 메이는 자신의 당 안팎 불신임 움직임에도 계속 살아남았습니다. 그래서 그에게 resilience(회복탄력성)라는 말이 따라다녔죠. 메이가 총리직을 계속 유지한 이유에 대해 '달리 대신할 인물이 없어서there is no clear replacement'가 일반적인 해석이지만, 브렉시트 합의안을 통과시키기 위해 노동당에게 손을 내미는 등 자신에게 주어진 사명을 끝까지 이루고자하는 메이의 결의는 분명해 보였습니다. 하지만 노동당을 설득하기 위한to win over opposition lawmakers 타협안으로 두 번째 브렉시트 국민투표 실시 여부chance to vote on a second referendum를 하원이 결정할 수 있게 하겠다고 제의한 게 결정적인 원인이 돼 보수당 내 강경파의 반발로 결국 사퇴하게 됩니다.

메이는 사퇴를 발표하며 영국의 인도주의자British humanitarian 니컬러스 윈턴 경Sir Nicholas Winton이 자신에게 타협의 중요성을 조언했다며, "Never forget that compromise is not a dirty word. Life depends on compromise."라고 한 말을 인용해 자신의 입장을 표현했습니다. 마지막에 사랑하는 조국을 위해 일할 수 있었던 기회에 감사한다며 "... the opportunity to serve the country I love"라고 말할 때는 울먹이기도 했죠.

브렉시트 합의안에 대한 첫 의회 표결을 앞둔 시점에 《가디언》은 논설을 통해, 보수당의 입장에 치중했던 메이의 접근방법은 실패했고, 이제는 국민이 참여하는 혁신적인 방안innovative ways to resolve the referendum vote을 모색해야 할 때라고 말했습니다. 변화를 요구한 목소리cry for change였던 브렉시트 투표결과를 반영해 최선의 방식으로 협상에 임해야 했던 정부가 하드 브렉시트를 고수하며 의회 대부분이 반대하는 합의안을 만들어냈고, 보수당 내 브렉시트 강경파들은 저소득층과 청년층에 특히 악영향을 미칠 노딜 브렉시트crashing out of the EU를 무책임하게 주장하고 있다고 비난하며, 이제는 국민에게 눈을 돌려to go back to the people 국민이 직접 논의에 참여해by establishing a citizens' assembly 대안을 찾고 의회가 이에 동참하는 방식으로 Brexit chaos를 헤쳐나가야 한다고 말했습니다.

하지만 몇 달 동안 메이의 사퇴를 손꼽아 기다리며waiting for her demise 야망을 키운 보수당의 유력 총리 후보들이 모두 강한 pro-Brexit 성향이어서 《가디언》의 바람대로 흘러갈 가능성은 거의 없어 보입니다. 《로이터TVReuters TV》는 차기 총리가 메이가 시도했던 만큼의 균형잡기balancing act 노력조차 하지 않을 것으로 예상돼, 영국의 혼란과 분열은 계속될 것으로 보인다고 전했습니다. 이런 영국의 정치적 변화로 2019년 핼러윈으로 예정된 브렉시트는 여전히 불투명한 상태입니다.

이번에 다룬 hung이 나오거나 브렉시트 진행과정, 테레사 메이 총리의 연설 등과 관련된 읽을거리와 볼거리를 아래 추천합니다.

You might want to read (or watch) this

CNN
<UK election: What does hung parliament mean?>
By Jane Merrick (2017.6.9.)

The Guardian
<How Bill Cosby went from 'America's dad' to convicted sex offender>
By Lucia Graves (2018.4.27.)

The Conservative Party (www.conservatives.com)
<Theresa May's launch statement> (2016.6.30.)

GOV.UK (www.gov.uk)
<The government's negotiating objectives for exiting the EU: PM speech> (2017.1.17.)
<Prime Minister's Commons statement on triggering Article 50> (2017.3.29.)
<Withdrawal Agreement and Political Declaration> (2018.11.25.)

The New York Times
<In 'Brexit' Speech, Theresa May Outlines Clean Break for U.K.>
By Stephen Castle, Steven Erlanger (2017.1.17.)

BBC
<Brexit: Your simple guide to the UK leaving the EU>

BBC
<Brexit: Article 50 has been triggered — what now?> (2017.3.29.)

BBC
<Brexit: Jargon-busting guide to the key terms>

The Conversation
<Theresa May's snap election gamble, explained>
By Garret Martin (2017.4.21.)

Evening Standard
<General Election officially under way as Theresa May meets Queen at

Buckingham Palace> By Tom Powell (2017.5.3.)

Reuters
<PM May says EU seeking to affect result of British election> (2017.5.4.)

BBC
<General election 2017: Why did Theresa May call an election?> (2017.6.9.)

BBC
<Theresa May: 10 reasons why the PM blew her majority>
By Alex Hunt, Brian Wheeler (2017.6.14.)

The New York Times
<Theresa May Loses Overall Majority in U.K. Parliament>
By Steven Erlanger, Stephen Castle (2017.6.8.)

The Guardian
<The Guardian view on the 2017 election result: a call for a different Britain>
Editorial (2017.6.9.)

Financial Times
<EU and UK to aim for post-Brexit 'single customs territory'>
By Jim Brunsden, Alex Barker (2018.11.15.)

BBC
<Brexit: what is the withdrawal agreement?> (2018.11.25.)

The Guardian
<Brexit deal: key points from the draft withdrawal agreement>
By Jon Henley (2018.11.14.)

BBC
<Brexit: Theresa May's deal is voted down in historic Commons defeat>
(2019.1.15.)

The Conversation
<Brexit indicative votes: what happens next?> (2019.3.28.)

The Guardian
<Obsession, vanity or grit: what makes Theresa May tick?>

By Heather Stewart (2019.1.16.)

The Guardian
<The Guardian view on Brexit: the government has failed — it's time to go back to the people> Editorial (2019.1.8.)

Reuters TV
<British PM Theresa May to resign on June 7> (2019.5.24.)

Quiz Fill in the blank

Investors desperately want to avoid the uncertainty a h＿＿＿＿＿ parliament would create for the British economy.

투자자들은 헝의회가 영국 경제에 불러올 불확실성을 모면하길 간절히 원한다.

Ᵹunɥ

413

어나더미닝

another meaning of the word

초판 1쇄 인쇄 | 2019년 7월 25일
초판 1쇄 발행 | 2019년 8월 2일

지은이 김지성
책임편집 조성우
편집 손성실
마케팅 이동준
디자인 권월화
용지 월드페이퍼
제작 성광인쇄㈜
펴낸곳 생각비행
등록일 2010년 3월 29일 | 등록번호 제2010-000092호
주소 서울시 마포구 월드컵북로 132, 402호
전화 02) 3141-0485
팩스 02) 3141-0486
이메일 ideas0419@hanmail.net
블로그 www.ideas0419.com

책값은 뒤표지에 있습니다.
잘못된 책은 바꾸어드립니다.